皇帝
也是人

范捷 著

隋唐卷

隋唐目錄
581–907

隋 唐 卷

卷首語　皇帝
也是人　　　　　　　　　　〇〇四

隋代　581— 618

隋文帝　雄才大略的
開皇　楊堅　　　　　　　　　　〇一〇
仁壽

隋煬帝　枉負罵名的
大業　楊廣　　　　　　　　　　〇二六

唐代　618— 907

唐高祖　乘勢而起的
武德　李淵　　　　　　　　　　〇四四

唐太宗　明達幹練的
貞觀　李世民　　　　　　　　　〇五八

唐高宗　綿裡藏針的
弘永開永調儀上咸總乾麟龍顯永　李治　　　　　　　　　　　　〇七
道淳耀隆露鳳元亨章封德朔慶徽　　　　　　　　　　　　　　　二

武周皇帝　冷酷殘暴的
萬萬天　　　　　　武則天　　　　　　　　　　〇八六
歲歲冊
神長大久聖神通登萬証延長如天載永垂光
龍安足視曆功天封歲聖載壽意授初昌拱宅

窩囊透頂的
唐中宗
景神嗣聖
龍龍
李顯 一〇六

巧於周旋的
唐睿宗
延太景文明
和極雲
李旦 一一六

隨性而為的
唐玄宗
天開先天
寶元
李隆基 一二六

命運悲苦的
唐肅宗
寶上乾至德
應元元
李亨 一四〇

中興乏力的
唐代宗
大永廣德
曆泰
李豫 一五二

自相矛盾的
唐德宗
貞興建中
元元
李適 一六四

苦於等待的
唐順宗
永貞
李誦 一七六

處事果敢的
唐憲宗
元和
李純 一八四

沉於享樂的
唐穆宗
長慶
李恆 一九四

玩心甚重的
唐敬宗
寶曆
李湛 二〇六

有道無才的
唐文宗
大和開成
李昂 二一六

曇花一現的
唐武宗
會昌
李炎 二二六

韜晦威權的
唐宣宗
大中
李忱 二三八

昏庸無道的
唐懿宗
咸通
李漼 二四八

渾噩癡玩的
唐僖宗
文光中廣乾
德啟和明符
李儇 二五六

生不逢時的
唐昭宗
天天光乾景大龍
祐復化寧福順紀
李曄 二六八

命運悲慘的
唐哀帝
天祐
李柷 二七八

皇帝也是人

卷 隋唐

中華文明的歷史悠長久遠，底蘊豐厚，歷經了數千年的風風雨雨，前後更替過大大小小數十個王朝。其間曾發生過無以計數的歷史事件，湧現出眾多各式各樣的歷史人物。審視這些事件和人物，歷朝的帝王無疑是其中的主角，他們在很大程度上引領着歷史發展的潮流，主宰着一定時期內的歷史進程。他們中有的創造出輝煌的基業，有的則平淡無奇，有的甚至昏庸暴虐，但他們畢竟演繹了一段段特定的歷史，是不同朝代不可或缺的主人。

由於宮闕相隔，人們似乎總鮮見帝王們的真容，總是自覺不自覺地將其「神化」，把他們想像得是多麼與眾不同。實際上他們也同普通人一樣，有鮮活的個性，有屬於自己的喜好和情感。而這些個性化的內涵往往會不同程度地對歷史進程產生影響，成為歷史發展的一部分。本書即着眼於此，展現歷朝帝王與普通人相同或相近的一面，讓他們從高高的皇位上走來，將其還原成一個個有血有肉、個性鮮明的普通人，以此來拉近與讀者的距離，為解讀不同時期的歷史增加新的視點。

把帝王作為普通人，並非要進行杜撰、演繹甚至編造，而是站在歷史的高度，採取嚴謹的態

度，在尊重史實的前提下融入哲學的思辨，採用平視的角度、故事性的筆法和適當的篇幅，關鍵是讓普通人喜歡讀。以往有關帝王的著述，大多集中於一些受關注的人物，以致造成了不同帝王間的資訊不對稱，多的過多，動輒洋洋數十甚至數百萬言；而少的又過少，造成彼此銜接上的支離破碎。本書意在簡明、兼收並蓄、節奏流暢上作些探索，並非要進行學術考證和研究，而是為了普及，給大眾讀者以閱讀的興趣。

本卷為隋唐卷，介紹建立大一統帝國的隋文帝、旋即將帝國帶入崩潰的隋煬帝，以及在隋朝基礎上建立的中國歷史中最輝煌的唐帝國的二十一位皇帝。

隋代
581 — 618

隋文帝
開皇
仁壽

雄才大略的楊堅

581-604

在世人心目當中，唐朝是中國歷史上最為鼎盛的時期，經濟發展，疆域廣闊，四方來拜。但史學界流行有這樣的話，叫「唐隨隋制」，意思是說唐朝是在隋代所制定的規制、刑律的基礎上發展而成，或者說隋對唐的生成和發展起到了至關重要的影響，因此，人們總將「隋唐」並稱。儘管隋存活的時間不長，但它對唐以及後世朝代的影響很深，特別是在官制、科舉、刑律、經濟及文化等方面。而這要歸功於一個偉大的人物——隋文帝楊堅。

隋文帝楊堅像

生於亂世
代周自立

講別的開國帝王一般只說到其父母，而講楊堅則得介紹一下他的家族。楊氏家族祖籍弘農華陰（今屬陝西），被稱為「弘農楊氏」，世代為官，是漢、魏、北朝以至隋、唐著名的門閥世族之一。先祖為東漢太尉楊震，其八世孫楊鉉任北平太守，鉉之子楊元壽在北魏任武川鎮（今屬內蒙古）司馬，全家遷居於此；元壽之子楊惠嘏任太原太守，孫楊烈任平原太守，曾孫楊禎任寧遠將軍；楊禎的兒子楊忠即楊堅的父親。楊忠十八歲時曾東遊泰山，碰上南梁軍北伐，被俘，在江南生活了五年，又回到了北方。西魏大統三年（537 年），楊忠追隨獨孤信投靠在西魏專權的宇文泰。大概在東遊時，楊忠娶了妻子呂氏，即楊堅的母親。呂氏小名苦桃，濟南人，家境貧寒，屬於平民，二人門不當戶不對，是以感情為基礎，這也使得日後楊堅兼具有貴族與平民的雙重性格。

西魏大統七年（541 年）六月，楊堅出生於馮翊（縣治今陝西大荔）般若寺。為什麼出生在寺廟？按照當時的習俗，王公貴族都到寺院生子，那既是一種身份、地位的象徵，也有託神靈保佑的成分。據說楊堅出生時寺院內「紫氣充庭，神光滿室」，這當然是出於杜撰，是想告訴世人當時天有異象，楊堅絕非凡人。

楊堅的相貌與眾不同，史籍稱「為人龍頜，額上有五柱入頂，目光外射，有文在手曰『王』。」說他天生一副龍相，下顎修長，前額有五根柱子直通頭頂，眼光外射，手紋成一「王」字。有個來自河東的尼姑，見到他說道：「此兒所從來甚異，不可於俗間處之。」於是將他抱至一另外的房間，悉心照料。一天，楊堅的母親呂氏抱著他，忽見他頭上長出兩根犄角，遍體佈滿鱗甲，大驚失色，失手將他摔到了地上。這時尼姑從外面進來，說：「你這一摔讓孩兒受了驚嚇，做皇帝肯定要晚幾年。」

因為家庭的背景，楊堅很小便到為王公貴族開辦的學校裡讀書。他平時不苟言笑，據說連跟他最親近的孩子也不敢隨便跟他開玩笑。他學習成

績並不優異，甚至很差，以致後世多譏諷他不學無術，他也自稱「不曉書語」。這不知是由於他不用功還是不願意去學習那些枯燥、乏味的課程，似乎應當出於後者，否則他稱帝後建綱立制則解釋不通。

楊堅及父楊忠所處的北周，前身為掃平五胡十六國一統北朝的拓跋魏，即北魏。北魏衰落後分裂為東魏和西魏，兩魏的皇帝都是傀儡，背後實際由兩大軍閥掌控，即東魏的高歡和西魏的宇文泰。後來二人都從幕後走到了台前，高歡之子高洋篡東魏為齊，史稱北齊，都鄴城；宇文泰之子宇文覺篡西魏為周，史稱北周，都長安。

楊忠即在宇文泰的手下任職，因功勳卓著，位至柱國、大司空，被賜普六茹姓，封隨國公。楊堅從十四歲因父爵而被授予散騎常侍、車騎大將軍、儀同三司等榮譽職銜。宇文泰對他很賞識，說：「此兒相貌異常，不似經常能出現的人物。」次年，又升為驃騎大將軍、加開府；周明帝繼立，再封大興郡公；周武帝繼位，十九歲的楊堅被任命為隨州刺史。楊忠所追隨的鮮卑大貴族獨孤信看到楊堅頗有潛質，遂將自己十四歲的女兒嫁予他。獨孤信是北周的重臣，長女是周明帝的皇后，楊堅娶了獨孤氏的千金，地位更為提升。北周天和三年（568年），楊忠死，楊堅繼承了隨國公的爵位。建德六年（577年），北周滅北齊，楊堅立下戰功，進封柱國；次年，出任定州總管，不久轉亳州總管。

楊堅一路看漲的行情引起了有些人的忌恨。宇文泰去世，太子年幼，由宇文泰的侄子宇文護輔政。宇文護見楊堅實力日強，多次想除掉他，但未能得逞。宇文護的政治野心很強，幹掉了少主，另立新君，即周武帝，意在獨攬大權。但周武帝並不甘於做傀儡，暗中積蓄力量，欲奪回權力，兩大勢力的爭鬥一觸即發。宇文護為了加強實力，看中楊堅的才能，向其示好，意在拉攏。

宇文護在朝中的勢力佔盡優勢，換作別人肯定會「背靠大樹」，但楊堅卻很冷靜，記住父親在世時告誡他「兩姑之間難為婦」的話，在皇帝與權臣間保持了中立。結果證明楊堅的選擇是對的，不久周武帝採取措施，

殺掉了宇文護，並將其黨羽一網打盡。這次行動實際上很冒險，周武帝並不具備什麼實力，可他受不了宇文護的跋扈，拚死一搏，竟成功了。楊堅沒有受到任何牽連，周武帝還選了他的長女做太子妃，使他的地位進一步鞏固。

但朝中詆毀、排擠楊堅的聲音始終沒有停止。別的抓不住什麼，有人又拿他的相貌作文章，齊王宇文憲對周武帝說：「普六茹堅相貌非常，臣每見之，不覺自失，恐非人下，請早除之。」說得周武帝起了疑心，問計於畿伯下大夫來和。來和「少好相術，所言多驗」，他實際上看出楊堅不凡，但想給自己留條後路，對周武帝說：「楊堅可靠，如果皇上讓他做將軍，帶兵攻打陳國，沒有攻不下的城防。」可待人走了，他對楊堅說：「公當王有四海。」

周武帝放心不下，又暗地裡派人請星相家趙昭偷偷為楊堅看相。趙昭與楊堅素來友善，當着武帝的面佯裝觀察，說：「皇上，請不必多慮，楊堅的相貌極其平常，無大富大貴可言，最多不過是個大將軍罷了。」這下使武帝打消了顧慮，以致內史王軌勸諫道：「楊堅貌有反相。」武帝說：「要是真的天命所定，那有什麼辦法啊？」楊堅算是渡過了難關。

楊堅的一副「偉人相」受到不少人尊崇，楊堅做隨州刺史時，驃騎將軍龐晃與之結交，說：「公形貌異於常人，恐有帝王之命，若做了皇帝，別忘了我。」楊堅笑答：「這是什麼話！」但見一野雉飛過，說：「你射中它，如果我做了皇上，你可帶着它去領賞。」龐晃一箭射中，楊堅甚為得意。楊堅做定州總管，龐晃任常山太守，楊堅轉赴亳州總管，龐晃勸他就此起兵，建立帝王之業，楊堅握着龐晃的手說：「時機還不成熟啊。」

宣政元年（578年），周武帝死，子宇文贇即位，即宣帝，也是楊堅的女婿。此人性情殘暴，行為乖戾，楊堅雖為岳丈，但他充滿戒心，曾對楊妃說：「我一定滅了你們全家。」一次，他命內侍在皇宮埋伏殺手，召楊堅進宮，之前叮囑殺手：「只要楊堅有一點無禮聲色，即殺之！」他與楊堅議論政事，楊堅因早有防備，不管宣帝怎樣激怒，都泰然處之，

使宣帝無機可乘。

楊堅感到了自己處境不妙，便通過宣帝的親信、內史上大夫鄭譯向皇帝透露自己久有出藩之意，此正合宣帝心思，當即任命他為揚州總管。這下宣帝才放了心。宣帝驕奢淫逸，沉溺於酒色，花巨資修建洛陽宮，引得上下不滿。為了逍遙自在，他竟將皇位禪讓給兒子宇文闡，自稱天元皇帝，整日淫樂於後宮，大象二年（580年），又萌生南伐的念頭。

宣帝的昏庸給了楊堅最終以代周自立的決心和機會。宇文闡即位，即靜帝，只有七歲，根本無法治理國事。而宣帝南伐未啟，突然病故，終年二十二歲。大臣劉昉與鄭譯為討得日後騰達，聯名推舉楊堅以皇太后父親的身份總攬朝政，輔佐靜帝。楊堅任大丞相，迅速改組朝廷，起用具有政治遠見的大臣，革除宣帝苛政，鎮壓了不滿其專權、先後起兵反叛的相州總管尉遲迥、鄖州總管司馬消難、益州總管王謙等勢力，基本上控制了朝政大權。

大象三年（581年）二月，靜帝被迫讓位於楊堅，楊堅三讓而受天命，身着早已準備好的黃袍入宮，即位於臨光殿。他是中國歷史上首位穿着黃袍的皇帝，之後為歷代帝王所傚傚。封靜帝為介國公，享邑五千戶，原各種待遇不變。因楊堅自隨國公起家，定國名為隨，但隨有走車，似不吉利，便改為隋，都長安，改元開皇。此年楊堅四十歲。

穩定局面
躬行改革

楊堅加冕後即汲取北周宇文氏沒有強根固本、為外人操縱的教訓，追諡父親楊忠為武元皇帝，廟號太祖，母親呂氏為元明皇后；立獨孤氏為皇后，長子楊勇為皇太子；封弟弟楊慧為滕王，楊爽為衛王兼雍州牧；次子楊廣為晉王兼并州總管，三子楊俊為秦王兼洛州刺史，四子楊秀為越王兼益州總管，五子楊諒為漢王，後接任并州總管；封兩個侄子楊靜和

楊智分別為道王和蔡王，分別派臣僚輔佐，從而建立起以楊氏家族成員為主要班底的政權體系。

掌控政權需要靠兄弟、子嗣，但管理政權則要用賢臣、能人，這相當於董事會與經理人之間的關係。當時要沒有劉昉、鄭譯等人的推舉、擁戴，楊堅難以順利地控制北周朝政以至自立稱帝，論功行賞是權力分配的一條原則。但這幾個人在北周時多是以阿諛迎奉得寵，道德水準極低，並不具備治國的才能。楊堅稱帝後，他們恃功自傲，大肆撈取權力和好處。對此，楊堅的頭腦是清醒的，為了改善朝政，他說：「沒有這幾個人，我就沒有今天。但我知道他們實際上都是反覆無常的小人，在周宣帝時以無賴進幸，至宣帝病重，他們為撈到好處，共推我為顧命大臣。我要治理國家，他們又跟我搗亂。對這些人，若任用他們，他們不會老老實實地做事；不使用他們，他們又滿腹牢騷。並非我不用功臣，他們實在不可用。」所以，楊堅在組建朝廷時逐漸疏遠、罷免、甚至處死了這些人，起用了一批有政治頭腦和能力的人，高熲為尚書左僕射兼納言，虞慶則為內史監兼吏部尚書，李德林為內史令，韋世康為禮部尚書，元暉為都官尚書，元嚴為兵部尚書，長孫毗為工部尚書，楊尚希為度支尚書，楊惠為左衛大將軍，後又提拔了有經濟頭腦的蘇威和有軍事才能的楊素，成為了朝廷的骨幹。

在楊堅稱帝前，北周滅北齊已統一了北方，但還有來自北部突厥的威脅和南方殘存的陳和西梁。楊堅即位後，不久即取得了與突厥之戰的勝利；開皇七年（587年），廢西梁後主蕭琮，西梁亡；出兵伐陳，於開皇九年（589年）攻入建康城，活捉陳後主叔寶，陳亡；各地陳軍投降，惟嶺南地區冼夫人據守，開皇十年（590年），隋派使臣韋洸等人安撫，冼夫人率眾迎接，嶺南諸州悉為隋地。至此，隋結束了自西晉永嘉之亂以來二百八十年的分裂，天下一統。

內外局勢穩定後，楊堅接受高熲等人的建議，在政治、經濟、軍事等方面進行了一系列的改革。此次改革應當說是劃時代的，它汲取了以前歷朝的經驗和教訓，進行調整和完善，並將其固定下來，為後世歷代封建王朝所遵循。

楊堅
隋文帝

確立三省六部制。北周的體制主要效仿西周，實行所謂「六官制」，即天、地、春、秋、冬、夏，稱謂複雜，職掌不明，辦事效率低下。楊堅參照漢、魏兩朝，確立了三省六部制，即在朝廷設立三師、三公和五省，三師、三公只是榮譽虛銜，掌有實權的則是五省，即內侍、秘書、門下、內史和尚書省；內侍省是宦官機構，管理宮中事務；秘書省掌管書籍曆法，這兩省不起重要作用；其他三省是掌有實權的政務機構，內史省負責決策，門下省負責審議，尚書省負責執行，即後來唐朝繼承的三省制。

尚書省下設吏、民、禮、兵、刑、工六部，每部設尚書，總管本部事務。吏部掌管全國官吏的任免、考核、升降和調動；民部掌管全國的土地、戶籍以及賦稅、財政收支；禮部掌管祭祀、禮儀和對外交往；兵部掌管全國武官的選拔和兵籍、軍械等；刑部掌管全國的刑律、斷獄；工部掌管各種工程、工匠、水利、交通等。在五省之外，還設有御史、都水二台、太常、光祿、衛尉等十一寺，左右衛、左右武衛、左右武侯等十二府，置上柱國、上大將軍、上開府儀同三司等十一種勳官，特進、左右光祿大夫等七等散官，作為虛銜授給有功官員，不負責具體事務。

簡化地方官制。南北朝以來，由於郡縣設置過繁，形成了「民少官多，十羊九牧」的局面。隋初沿用北周州、郡、縣三級地方體制，開皇三年（583年），楊堅聽從河南道行台兵尚書楊尚希建議，廢郡而改為州、縣兩級制，州設刺史，縣設縣令。為有效控制地方，規定九品以上官員由吏部統一任免及接受考查；刺史、縣令三年輪崗，縣佐不能任用本郡人。

修訂《開皇律》。北周的法律既殘酷又混亂，「內外恐怖，人不自安」。楊堅命高熲等人參考魏晉舊律，製訂《開皇律》；開皇三年（583年），又命蘇威、牛弘進行修改，旨在「權衡輕重，務求平允，廢除酷刑，疏而不失」；刪除苛酷條文，廢除宮刑（閹割）、車裂（五馬分屍）、梟首（砍下頭懸掛在旗桿上示眾）等酷刑；一概不用滅族；減去死罪八十一條，流罪一百五十四條，徒、杖等罪千餘條，保留了律令五百條；刑罰分為死、流、徒、杖、笞五種，完成了自漢文帝刑制改革以來的歷程。

推行均田制，整頓戶籍。楊堅實行「大索貌閱」、「輸籍定樣」兩項措施，即將百姓按保、閭、族進行編制，分別置長，官吏根據相貌核對戶口，如果戶口不實，正長發配邊地，有效地防止了地方豪強和官僚勾結，營私舞弊。開皇三年（583年），隋清查出無戶籍人口一百六十四點一五萬，其中男丁四十四點三萬人。官府以此為依據收取賦稅，使得國家收入大增；大批農民從豪強的奴役下解放出來，調動了生產積極性。

廣建糧倉。通過經濟上的改革，糧食連年豐收，各地建設糧倉，其中著名的有興洛倉、回洛倉、常平倉、黎陽倉、廣通倉等，存儲糧食皆在百萬石以上。直至唐貞觀十一年（637年），當時隋已滅亡二十年，楊堅已死去三十三年，隋儲備的糧食和布帛還未用完。1969年，在洛陽發現了一座隋朝的「含嘉倉」，面積達四十五萬多平方米，內有二百五十九個糧窖，其中一個糧窖還存有已炭化的穀子五十萬斤，可見其當時的富足。

改革貨幣、度量衡。魏晉以後各國錢幣鑄造混亂，大小重量不等，質量低劣，嚴重影響商品交換。楊堅稱帝後改鑄新幣，世稱「隋五銖」，錢體外圓內方，大小、形狀統一，錢面印有「五銖」的字樣，重量也為五銖，即每一千錢重四斤二兩。開皇三年（583年），楊堅下令廢止各種古幣及私人鑄造的錢幣，只准五銖錢流通，其他貨幣一經發現一律沒收、銷毀。同時還規定，以古尺一點二為一尺（合今二十九點一九厘米），古斗三升為一升（合今五百九十四點四毫升），古秤三斤為一斤（合今六百六十八點一九克）。設置銅斗鐵尺於市場，作為標準。

生性猜疑
傳嗣失當

楊堅作為一世英主，開創了「開皇之治」盛世，國家強大，百姓富庶，社會安定，成為中國歷史發展的鼎盛時期之一。他主持修建的國都大興

城（即長安城）大氣磅礡，建築精美，佈局合理，堪稱中國古代城市建設規劃的上乘之作，也是當時國家經濟實力和科技水平的綜合體現，被譽為「世界第一城」；其設計理念和佈局方式，對中國後世及日本、朝鮮的都市建設都具有深遠的影響。他命宇文愷率眾開掘漕渠，自大興城西北引渭水，略循漢代漕渠故道而東，至潼關入黃河，長一百五十多公里，名廣通渠。此為修建大運河之始，溝通了黃河和長江兩大流域，加速了全國各地區間的交流與融合。隋初建時只有人口四百萬戶，到楊堅去世時則達到了八百九十萬戶，以一戶六口計，全國人口不下五千萬，這個數字直到唐玄宗「開元盛世」時才達到。隋代正式建立的行政區劃並實施有效管轄的範圍超過了以往，以後歷朝都沒有達到它的規模；他征討和安撫周邊突厥、吐谷渾、契丹、高麗各族，各族間和睦相處，長年沒有戰事。

楊堅力倡節儉，勤政愛民。他雖貴為天子，但食不重肉，不用金玉飾品，宮中的妃妾不作美飾，是中國歷史上最為節儉的皇帝之一。他教育太子及各級官員要節儉，強調奢侈腐化不能使國家長治久安。他的車馬用具壞了，派人修補，而不許做新的。他的陵墓修得相當簡易，遠不如秦漢皇陵的規模；按照他生前的遺囑，入殮沒有陪葬大量金銀珠寶，以致當地百姓皆傳說泰陵無寶可盜，歷代軍閥、土匪覬覦，均無收穫。他平時十分留意民間疾苦，一年，關中旱災，他看到百姓吃糠拌豆粉，便拿來給大臣們看，責備自己沒有治理好國家；遭遇水旱，便下令開倉濟民，渡過難關；在路上遇見老弱病殘的人，往往主動讓路，讓士兵給行動不便的人擔物品，還把自己的馬送給百姓，讓其趕路。

魏晉以來軍閥割據，戰事不斷，胡人當政，武夫掌權，漢文化得不到發揚光大甚至飽受摧殘，春秋戰國、漢等朝代流傳下來的典籍因戰火損失大半。開皇三年（583年），楊堅下詔求書，規定獻書一卷賞絹一匹，一時間「民間異書，往往間出」，「一、二年間，篇籍稍備」；隋代的藏書量是中國歷代最多的，最多時達三十七萬卷，七萬七千多類。只可惜後世不斷遭遇戰火，大部分書籍沒能流傳下來，到唐玄宗時藏書八萬卷，其中唐以前的圖書只剩下兩萬八千餘卷，想來甚為痛心。楊堅登基

後曾下一詔書：「建國重道，莫先於學，尊主庇民，莫先於禮。」表明了他尊重和保護文化的治國理念。

史書對楊堅基本上是一片讚揚聲。可人們也許要問，隋之盛世為何很快就歸於滅亡，像秦朝一樣存活那麼短暫？難道僅僅是因為他的繼任者隋煬帝荒淫誤國，他自己就沒有責任？回答無疑是否定的。剖析這位偉人，其性格中存有一個很致命的弱點，即猜疑，包括對朝臣，也包括對子嗣；另外，他有一個很跋扈的老婆，對他處處掣肘，以至削弱了他統治的基礎和力量。

楊堅猜疑心重應當說是與之俱來的，或者說是一種必然。他身為北周舊臣，代周自立，從本質上講，是一種僭越或篡權。所以，他當上皇帝後，對臣屬總是不放心，時時提防，處處猜疑。到他晚年，那些助他登基、平定天下、推行改革的文臣武將幾乎所剩無幾，或遭殺戮，或被貶謫，大部分並無明顯過錯，都成為他猜疑的犧牲品。

梁睿是北周舊臣，在征討王謙時立有大功，出任益州總管。因在益州人望頗高，楊堅懷疑他擁權自重。梁睿提出滅陳的建議，楊堅雖認為有理，但回信卻暗示不要過分干預國事。梁睿體悟到楊堅的態度，便辭去益州總管赴京任官，從此不問政事，甚至故意收受賄賂以表示自己並無大志，終因遭致非議被免官。

王世積也是北周官員，在平定尉遲迥和滅陳中建有大功，進位上柱國。他見到諸多功臣被殺，終日把盞，常喝得爛醉如泥，不參與政事，以此躲避。開皇十九年（599年），楊堅征伐遼東，王世積為行軍元帥，還師後被任命為涼州總管。其一親信皇甫孝諧犯罪被官府通緝，投奔到他處尋求庇護，他予以拒絕，結果皇甫被抓。為施報復，皇甫竟編造說有人講王世積有大貴之相，當作皇上，在涼州做總管時又有人勸他自立為王，他只是認為涼州地廣人稀才未起兵。這本是一派胡言，但楊堅卻相信，將王世積處死。

虞慶也是北周舊屬，在戰突厥和滅陳時都立有大功，深受楊堅賞識，位

至尚書右僕射，是朝中除皇帝外的第二號實權人物。開皇十七年（597年），李賢叛亂，朝中無人願去平叛，楊堅點名讓虞為行軍總管。這時虞的內弟與虞的小妾勾搭成奸，怕被發現，竟向楊堅誣告虞不願出兵。楊堅聽後很不高興，走時沒給虞餞行。虞不明就裡，心中不快，回師中遇一山谷，出於軍人的習慣，說在此設防可以據守，並無他意，結果被楊堅派去的眼線上告，楊堅以謀反罪將其處死。

高熲是隋朝的開國元勳，助楊堅稱帝、平叛、滅陳、實施改革，鞍前馬後，左膀右臂，任尚書左僕射，為朝中首臣。其父原為獨孤信的部下，被賜獨孤姓，而楊堅是獨孤信的女婿，二人的關係更非同一般。楊堅對其非常信任，將其比之鏡子，說可以矯正自己的過失；常直呼「獨孤公」，對詆毀他的人不予理睬，甚至要治罪。楊堅將自己的孫女嫁給高熲的兒子，授官封爵都到極限。可到開皇末年，楊堅對長子楊勇不滿，想以次子楊廣代之，於是試探高熲的口氣，說：「晉王妃得上天暗示，說楊廣應得天下。對此應如何處置？」高熲未領會楊堅意圖，說傳嗣應嚴守嫡長子繼承的祖制，不可違背。楊堅心中不悅，但又說不出什麼。不久，高熲正室夫人過世，楊堅勸其再娶，高熲以年齡大回絕。但後來高熲的妾又生兒子，楊堅受獨孤皇后挑動，認為高熲是在欺騙自己，心存不快。楊堅為削弱楊勇的勢力，從東宮挑選衛士，高熲提出：「若盡取強壯者，太子顯得太弱。」楊堅把臉一沉，說：「我經常出巡，需要強壯的護衛，太子用那麼多壯士作何？不行這些人從我這下班後再到東宮值班。我熟悉前朝的情況，你別仍想走老路。」此言話中有音，因楊勇的女兒是高熲的兒媳，楊勇繼位，高熲則為國丈，而楊堅就是以國丈身份取得皇位的。後來，高熲因王世積一事受到牽連，楊堅罷黜了其左僕射和上柱國的職銜。在一次宴會上，楊堅對高熲說：「不是我有意虧待你，而是你犯有不可饒恕的罪過。」之後又當著眾臣，說：「高熲就像我的兒子，平時不見，還挺想念；可自從免官之後，我就忘了他，好像根本沒這個人。做大臣的第一要義是不可產生控制皇帝的想法。」鑒於此，不幾天便有人告高熲有謀反跡象，楊堅心知肚明，只是不想落下殺戮功臣的惡名，剝奪了高熲的全部官職，貶為平民。因高熲在立太子一事上得罪了楊廣，所以，楊廣繼位後不久便藉故將其殺害，一位功勳卓著的開國重

臣就這樣含冤而死，到死也是莫須有的罪名。

楊堅唯恐臣屬對己不忠，顛覆自己的統治，為樹立權威，經常四處派人查訪，懲處起來手段殘忍。刑部侍郎辛亶穿條紅褲，本想討個吉祥，亨通於官場，但楊堅卻誤認為是為了辟邪，到朝堂上辟邪，無疑避的是皇帝，馬上下令將其推出去斬首。大理寺丞趙綽提出異議，楊堅竟說：「你可惜他就不可惜你自己的性命嗎？」一次，眾臣上朝，幾個武官的穿着與佩劍不符，楊堅認為這是對朝廷的不敬。但他沒有向武官問罪，而是責問御史為何沒有當場對其進行彈劾，於是下令殺掉御史。諫議大夫毛思祖勸阻，也被當場殺頭。為懲罰臣屬，楊堅在宮廷中長期置放着杖棒，稍不如意，便對臣屬棍棒相加，常有人死於杖下。

楊堅覺得在高壓之外，還需要對臣僚進行心理上的征服。於是便把他之所為編造為上帝的旨意。王劭原是個學者，靠讚美楊堅有帝王之相做了著作郎。他看準楊堅的心思，從北周末年出現的種種符瑞，到《稽覽圖》、《易乾鑿度》、《河圖帝通紀》等讖緯書籍，廣泛收集能為楊堅稱帝做佐證的各種資料，穿鑿附會。把北周滅亡、楊堅專權到自立為帝以及隋的國號都說成是上帝的安排。楊堅自然愛聽這些，王劭也因此得到優厚的賞賜。王劭嘗到了甜頭，更進一步搜集民間歌謠，引證讖緯理論，參以各種符瑞，甚至旁證佛教經典，編成三十卷《皇隋靈感志》，專門闡釋楊堅登基的天意。楊堅對此甚是讚賞，下令將此書佈告全國。

楊堅的老婆獨孤氏是獨孤信的女兒。獨孤信是鮮卑人，關隴一帶的貴族，當年楊堅的父親楊忠追隨他起事，後來他又將女兒許配給楊堅，說來對楊家有「大恩」。獨孤信是史上有名的美男，他的三個女兒先後作了三朝的皇后，其中就包括獨孤氏。從這樣家族中走出，勢強位尊，自己又長得漂亮，自然有很強的優越感，加上她是胡人，性格中有着彪悍的一面，所以對楊堅表現得很強勢。

據說楊堅娶獨孤氏時曾發誓不與其他女人生子，是出自內心還是懾於獨孤氏的淫威無從考證，反正獨孤氏對楊堅管得很嚴且醋意十足，絕不許楊堅與其他女人接近，宮中眾多的嬪妃都成了擺設。一次，楊堅見尉遲

迥的孫女漂亮，便與其親熱了一番，誰知很快讓獨孤氏知道，待楊堅上朝後，便派人殺掉了尉遲姑娘。楊堅得知後痛心不已，但敢怒不敢言，一個人騎着馬出去溜躂，走出了二十多里地，害得朝臣們在山谷中找到天黑才找到。楊堅感歎：「我貴為皇帝，卻沒有行為自由！」另外，貶謫高熲，廢立太子，獨孤氏都起了非常大的作用，或者乾脆說都是獨孤氏的主意。中國史上的不少帝王，包括楊堅，別看爭奪皇權足智多謀，整治政敵心黑手狠，但對老婆卻無可奈何，真不知道是不是一條規律。直至仁壽二年（602 年）獨孤氏過世，楊堅才得以跟在滅陳時就選入宮中的宣華夫人、容華夫人親近，但此時他已六十二歲，屬於有心無力了。

因獨孤氏的刁蠻，楊堅只有五個兒子，且都為獨孤氏所生。楊堅曾引以為豪：「前代帝王往往寵幸嬪妃，進而喜歡她們的兒子，所以，上演過不少廢嫡立庶的鬧劇。而我從不與嬪妃親近，五個兒子同出自皇后，避免了庶子爭立的煩惱。」實際上他不是不想與嬪妃親近，而是不敢；而五個兒子雖都是嫡子，但未必就沒有煩惱。

楊勇是楊堅的長子，從小得父母喜愛，楊堅做隨王時就立其為世子，稱帝後又立為太子。為培養其理政才能，凡軍國大事都讓其參與，當時，楊勇只有十幾歲。一次，楊勇把一副鎧甲裝飾得很華麗，楊堅見後批評，告誡他追求奢侈是亡國之道，並賞賜他一把自己稱帝前用過的普通腰刀，讓他知道帝位來之不易。但隨着年齡的增長，楊勇不專政務，貪戀女色，去世時不過三十歲，生的女兒不算，光兒子就有十個，出自五六個母親，而且第一個兒子是跟尚未選入東宮的雲氏在外面生的，即私生子。獨孤氏最見不得男人跟妻子以外的女人生子，對楊勇很不滿意，楊堅也很生氣，指責楊勇，甚至懷疑他的第一個孩子是否楊家的後代。開皇十一年（591 年），楊勇的正妃元氏突然得病死去，此時楊勇正跟雲氏關係火熱，楊堅夫婦懷疑元氏是楊勇所害，進行嚴厲斥責，楊勇拒不承認，聲稱要殺死元氏的父親。楊堅對楊勇的行為非常惱火，開始派人調查楊勇的劣跡。

楊勇身為太子，周圍有不少攀附者，形成一股勢力，人稱「太子黨」。開皇十八年（598 年）冬至，眾官到東宮拜賀，楊勇欣然接受，並聚會

二三

賞樂。楊堅得知後很憤懣，也很擔心，專門下詔要求杜絕此類事情發生，並下定了廢太子的決心。於是便從太子衛隊中挑走壯士、剪除其黨羽，高熲勸阻，則被認為是太子黨予以罷黜。楊勇知道了父親的所為，爺倆的矛盾公開化。楊堅對此很緊張，整日提心吊膽，唯恐兒子行兇，命皇宮衛隊嚴加防範，甚至夜裡睡覺都不敢脫衣服，上廁所要有人保護。其實楊勇並無多少謀略和膽識，攀附者經楊堅警告也不敢再與之往來。開皇二十年（600年），楊堅正式將楊勇貶為平民，誅殺和罷免了「太子黨」。

楊堅的次子楊廣有眼色，能討父母的歡心，他知道母親討厭男人沾花惹草，便在表面上只寵正妃。當楊勇失寵被貶，他很快謀得了太子位。仁壽四年（604年）正月，楊堅要到仁壽宮遊玩，把朝政的日常事務交給了楊廣。四月，楊堅生病，七月，病重，召楊廣等人入宮服侍。此間宮中發生了兩件事情，一是楊廣為處理楊堅身後事，徵求楊素的意見，但楊素的回信卻誤送到楊堅手中，楊堅見後很生氣，深受刺激；二是楊堅寵愛的宣華夫人陳氏告楊廣調戲她，楊堅悔得腸子都青了，急忙派人召回楊勇，但楊廣派親信張衡將服侍楊堅的人全部清走。同日，楊堅駕崩於仁壽宮大寶殿，享年六十四歲。謚號文帝，廟號高祖，葬於陝西咸陽城西之太陵。

枉負罵名的楊廣

605-617

楊廣是隋文帝的次子，隋朝的第二位皇帝。人們提起他總充滿憎惡，荒淫暴虐，誤政亡國。其實長久以來人們對他的評價存有偏頗，他雖稱不上一世英主，但也絕非一無是處，甚至能稱得上功績卓著。他很像歷史上的商紂王帝辛和明成祖朱棣，此二人都胸懷遠志，建功立業，帝辛征討東夷，播撒文明於淮河流域；朱棣修建京城，北征大漠，修永樂大典，七下南洋，但兩人的下場截然相反，帝辛遭後人指斥，朱棣則令後人稱頌，原因無非一個誤國，一個振興，楊廣與帝辛同為亡國之君，評價自然大體相當。

煬帝廣在位十三年

隋煬帝楊廣像

少從軍旅
謀得帝位

北周武帝天和四年（569年），楊廣出生於隨公府。小傢伙長得胖胖墩墩，眉清目秀，很招人喜愛，時任隨國公的父親楊堅、母親獨孤氏對其疼愛有加，取名楊英，小字阿嬤。北周時他就因父功被封為雁門郡公，隋建立，封為晉王，任并州（治今山西太原）總管，這年他只有十三歲。次年，隋置河北道行台尚書省於并州，他又任武衛大將軍上柱國河北道行台尚書令。

楊廣小小年齡便擔綱大任，是因為文帝接受北周孤弱而亡的教訓，藩封弟子，意在夯實楊氏家天下的根基。但文帝深知年少的皇子們難堪重任，楊廣更是令人擔憂，於是在朝中挑選正直賢能之臣輔佐。王韶剛直不阿，任并省右僕射；李雄文武兼施，任兵部尚書；李徹武力練達，任總晉王府軍事，文帝對楊廣的培養可謂煞費苦心。王韶等人也沒辜負文帝的重託，對楊廣直言匡正，傾注心血。一次，王韶出巡長城，楊廣在并州鑿湖造山，王韶歸來後「自鎖而諫」，讓楊廣停止了工程。

楊廣自幼秉承楊氏文治武功的家風，習文練武，刻苦鑽研，加之天份，在文、武諸方面都造詣頗高。他經歷和目睹了父皇代周稱帝的奮鬥過程，有着很強的進取心和韜略意識；良好的教育使他具有很高的素質和追求，但貴族的生活環境又使他耳濡目染了聲色和奢華，所以，在他身上兼具雙重性格，既有遠大的目標和克服、戰勝困難的勇氣和決心，能幹大事；但享樂甚至放蕩又是他天性，或者是他進取的目標和動力。偉人好色在很多人看來似乎是正常的，但如果放蕩得太出格，以此而誤國、亡國，那就不可饒恕了，恰如楊廣。

楊廣在稱帝前很低調、收斂，因為他是一個藩王，要想得到令人垂涎的帝位，必須尋找和創造機會。他必須好好表現，給父皇和母后留下良好的印象。一次，文帝到他的住處，他故意將一把落滿灰塵的琴上的弦弄斷，以示自己要遠離聲色，文帝很高興；又一次，他行獵遇到大雨，隨

從送上油衣，他說：「士卒都被雨淋濕，我怎麼能自己穿此油衣呢？」不管他這麼做是出自真心也好，沽名釣譽也罷，但能看出他的志向絕非僅僅貪於物慾，而是要成就功業；要達此目的，必須遠離聲色，體恤群下。

開皇八年（588年），楊廣贏得了機會。隋出兵伐陳，於壽春（今安徽壽縣）置淮南行省，楊廣為尚書令，與秦王楊俊、清河公楊素為行軍元帥。隋軍東起滄海，西至巴蜀，五十萬大軍均受其節度，次年，陳朝滅亡。楊廣統帥三軍，當然在很大程度上是個名義，實際指揮部署的是元帥長史高潁，親率三軍攻破陳都建康的是賀若弼、韓擒虎，沿江東下掃平殘餘勢力的是大將楊素。但楊廣畢竟是統帥，在賢臣的輔佐下，入建康後，將陳後主身邊的施文慶、沈客卿等佞臣殺掉，以謝三吳民眾；命收圖籍、封府庫，資財一無所取，表現出很高的軍事及政治才幹。滅陳讓中國結束了自東晉以來南北對峙的局面，楊廣對此做出了很大貢獻。但在之中也暴露出其好色的天性，他聽說陳後主有個寵妃叫張麗華，國色天香，冠絕南北，高潁率軍攻入陳宮後，他即派人告知高潁留下張妃，高潁覺得不妥，便力主將張妃殺掉，楊廣對此懷恨在心。

滅陳後，楊廣進位太尉，再任并州總管。開皇十年（590年），江南士族高智慧起兵作亂，被平。文帝命楊廣為揚州總管，鎮江都（今江蘇揚州），這使得他一生對此地都懷有深厚的感情。開皇二十年（600年），突厥達頭可汗進犯北部邊境，文帝命楊廣與楊素、史萬歲、漢王楊諒率軍分道出擊。楊廣部下秦州總管長孫晟熟悉地形，建議在河流上游放毒，突厥人畜死病甚眾，撤退而走，長孫晟乘機攻擊，突厥人大敗。

文帝共有五個兒子，長子楊勇，次子晉王楊廣，三子秦王楊俊，四子蜀王楊秀，五子漢王楊諒，全為獨孤氏所生。照文帝看來，幾個兄弟一母同胞，一定會互相禮讓，不會鬧出什麼矛盾，但這種想法顯然過於天真了。從大量的史實看，有多少親兄弟為爭得皇位兩眼發紅甚至刀光血影，輪到文帝這幾個孩子也不例外。文帝在做隨國公時，遵照封建的嫡長繼承制，立楊勇為世子，即爵位繼承人，稱帝後又將其立為太子。按照正

常的傳接程序，楊勇將在文帝身後繼位，楊廣及幾個弟弟是沒有這個資格和權力的。

但世事難料，楊勇覺得自己是「鐵定」的皇位繼承人，便有些飄飄然以至目中無人、狂妄自大起來，結黨營私，拉幫結派，縱情聲色，甚至在一些事情上敢與父皇分庭抗禮。他忘記了這時還是父皇當家，況且皇位繼承是一件充滿變數和風險極高的事情。楊勇的舉動引起了文帝及獨孤后的強烈不滿，開始想要換掉他。

楊勇的輕狂給自己帶來危機，同時也給楊廣提供了機會。楊廣抓住機會加緊表現，加之他已經具備了很好的基礎。他南征北戰，戰功卓著，享有聲望。但僅僅於此是不夠的，還需進一步博得父母的認可，同時要網羅、培植自己的親信。楊廣在很多人眼中是個昏庸、狂暴之徒，實際上他在這方面心智極高，很有政治頭腦，以致他在謀取儲位以至登頂巔峰的過程中表現得淋漓盡致。

楊勇與其說是被別人擊敗不如說是自己打敗了自己，他狂妄自大，忘乎所以，母后非常厭惡男人寵愛姬妃，他卻偏偏冷落元妃而與其他姬妾取樂，尤其寵愛昭訓雲氏，讓母后極為不滿。正巧元妃突然染病死去，母后認為是他所害，進行訓斥。楊勇接二連三地與姬妾生下了十幾個孩子，更增加了母后的反感。文帝崇尚儉約，楊勇卻愛慕虛榮，他有一套蜀人精製的鎧甲，仍嫌不夠華麗，在上面裝飾漂亮的金玉，文帝看後很不高興。一年冬至，楊勇大張旗鼓地接受百官朝賀，文帝動怒，下詔今後要杜絕此事。

相比於楊勇，楊廣則表現得格外冷靜、謹慎，人往往是在冷靜的情勢下容易做事謹慎。為迎合母后，他只和王妃蕭氏居處，當和府中其他女人生了孩子都一律殺掉。這裡應當指出他是一個很「花」的人，尚能如此克制，確實能看出他的志向。每當父母派人來，他都要和蕭妃到門口迎接，並用豐盛的酒飯招待，臨走還送上禮物。來人得到好處，回去自然要向帝皇美言。有時文帝及獨孤后去楊廣府中，楊廣則將年輕貌美的姬妾藏匿，而讓年老醜陋的宮人身着粗衣招待，給崇尚節儉和厭惡聲色的

父母留下了極好的印象。

楊廣出任揚州總管，入宮辭別，跪在母后面前痛哭流涕，說：「我平日以至誠對待兄弟，不知為何得罪了皇太子，恐早晚要遭他毒手。」獨孤氏聯想到楊勇的種種劣跡，憤憤地說：「太子越發讓人難以忍受，給他娶元氏女，他將人家毒死，我還沒治他的罪，竟又想加害於你。我活着他都敢這樣，死後他會更加肆無忌憚。他沒有嫡子，以後你們要在阿雲（指雲昭訓）賤人所生兒子的面前稱臣，將成何體統！」母子倆抱頭痛哭，獨孤氏遂堅定了廢除楊勇的決心。

壽州刺史宇文述是楊廣的親信，說：「現在皇太子已失去帝后的寵愛，大王您以仁孝著稱，才能蓋世，屢建大功，受到帝后的鍾愛，天下非你莫屬。可廢立太子雖國家大事，但在父子骨肉之間，外人難以參與。能夠說得上話的只有楊素一人，楊素聽他弟弟楊約的話，我很早就認識楊約，讓我進京與之相見，共謀此事。」楊廣聽後很高興，送宇文述財寶並命其進京。

楊素為北周舊將，隋的開國元勳，深得文帝信任。此人善於觀風使舵，投機鑽營。宇文述進京後找到他任大理少卿的弟弟楊約，整日與之賭博，故意輸錢。楊約感到了事情蹊蹺，宇文述乘機說明來意：「你們兄弟功名蓋世，執掌朝政多年，不僅結怨於有些朝臣，而且得罪了皇太子。你們以皇帝為靠山，假如皇帝一死，你們將大禍臨頭。如今太子失愛，主上有廢立之意，你哥哥當出面請立晉王。如能建此大業，晉王必將感謝，你家的地位就穩如泰山了。」楊約找到哥哥，將此事答應下來。

一次宮中設宴，楊素試探獨孤后：「晉王仁孝恭順，很像當今聖上。」此話正觸及獨孤氏的隱處，便脫口向楊素講了一大通楊勇的壞話及楊廣的好處。事後送給楊素不少金銀，讓其搬倒楊勇。文帝也早想廢掉楊勇，一次在朝堂上問尚書僕射、齊國公高熲：「有神告訴晉王妃，說晉王必有天下，該如何辦？」高熲奏道：「長幼有序，怎能隨便廢掉太子呢？」文帝聽後不快，但又不好說什麼，內心開始對高熲不滿。

三一

獨孤氏原來對高熲很不錯，但有一次，獨孤氏因文帝臨幸尉遲迥的孫女而醋意大發，將姑娘殺掉，文帝心煩意亂騎馬出走，高熲尋找到文帝後進諫：「陛下豈以一婦人而輕天下！」獨孤氏得知高熲背後竟這樣說她，非常生氣，暗生忌恨。從此，高熲厄運當頭，屢遭貶謫，最後從一國之相被貶為庶民，文帝及獨孤后清除了廢立太子的障礙。

楊素在其中則起到了推波助瀾的作用，一方面詆毀楊勇，羅織罪狀；另一方面稱譽楊廣，製造輿論。他收買東宮下臣姬威，掌握楊勇的一舉一動並隨時添油加醋地奏報文帝；又指使太史令袁充對文帝說：「臣觀天文，皇太子當廢。」並進一步進言：「太子心懷怨望，恐有他變，應嚴加防範。」經過一番明爭暗鬥，文帝終於廢掉了楊勇，立楊廣為太子。

楊廣被立為太子引得其弟、蜀王楊秀的不滿，楊廣羅織罪名將其貶為庶人；楊勇伸冤，楊廣想方設法阻止其與文帝見面。仁壽四年（604 年），文帝病重於仁壽宮，楊廣入宮服侍。此時他已有些迫不及待，寫信給楊素問文帝後事，楊素的回信竟被誤送到文帝手裡，文帝大怒：文帝寵幸的宣華夫人陳氏入侍，楊廣對其非禮，文帝得知後怒不可遏，道：「畜牲何足付大事！」遂命兵部尚書柳述、黃門侍郎元嚴：「速召我兒！」柳、元以為要召楊廣，文帝連呼：「勇也！」二人忙去草擬詔書。

情勢急轉直下，楊廣索性來了個一不做二不休，他命心腹宇文述、郭衍率東宮衛士包圍皇宮，將宮內的人全部趕走；命張衡入宮，有的說是投毒，有的說是拉扯，將文帝害死，然後矯詔囚禁柳、元二人，派楊約殺死楊勇。是年七月，楊廣登基，改元大業，這年他三十六歲。漢王楊諒聞訊舉兵征討，很快被平息，楊諒被抓到長安幽禁而死。

楊廣
隋煬帝

大興土木
四方征討

楊廣登基後馬上開始實施他宏偉的抱負，大興土木，四方征討。他是一個非常有膽識和魄力的人，在位期間做了很多大事，開掘大運河、營建東都洛陽、修築長城、征伐吐谷渾、三征高句麗等。後人對這些事也像對他這個人一樣褒貶不一，甚至迥然相反，有的說他目標宏大，氣概不凡，創造了中華史上的奇跡，為後人留下了彌足珍貴的物質及精神文化遺產；有的則說他濫用民力、橫徵暴斂、勞民傷財、窮兵黷武，給人民帶來了無窮的災難。這兩種說法應當說都有道理，但又都存有偏頗，似乎應當將其中和，同時也從一個側面詮釋了楊廣的兩面性。

文帝曾於開皇四年（584 年）命宇文愷率眾開漕渠，自大興城西北引渭水入黃河，名廣通渠；仁壽四年（604 年），文帝死楊廣即位，改名永通渠；次年，楊廣徵發百萬士兵和伕役，開掘、疏浚了由黃河進入汴水、再由汴水進入淮河的通濟渠；同年還改造了從淮河進入長江的邗溝；大業四年（608 年），徵集河北百萬民工，開掘了引沁水向南到黃河，向北達涿郡（今北京）的永濟渠；大業六年（610 年）溝通了從京口（今江蘇鎮江）到達餘杭（今浙江杭州）的江南河。至此，聲勢浩大的漕渠開掘工程基本完成，前後耗時六年，即聞名於世的大運河，因其主幹道是從北方的涿郡到達南方的餘杭，故又稱京杭大運河。在修掘運河的同時，兩岸還修築御道，遍種楊柳，從長安到江都，沿途建有別舍離宮四十餘座及多處糧倉，作為轉運或貯糧之所。

大運河的開掘，將錢塘江、長江、淮河、黃河、海河等連接起來，「商旅往返，船乘不絕」，對南北經濟、文化交流，維護全國統一，起到了很好的促進作用；同時也加強了隋王朝對於南方地區的軍事和政治統治，使南方的大量物資源源不斷地運到洛陽和長安，鞏固了政權的物質基礎；將黃河及長江兩大流域相連接，實現了華夏文明更廣泛、深入的溝通與交流；使中國的水運業取得大的發展，為唐及後世歷朝的繁榮進步提供了重要的條件。

隨着隋統治區域的擴大，政權的物質需求大量增多，中原及江南富庶的資源及交通等便利條件，使政權東移成為一種必然。仁壽四年（604年），楊廣即位後不久駕幸洛陽，即漢、魏、晉、北魏之洛陽城，下詔：「洛邑自古之都，王畿之內，天地之所合，陰陽之所和。控以三河，固以四塞，水陸通，貢賦等。故漢祖曰：吾行天下多矣，唯見洛陽。」「今可於伊洛營建東京，隨即設官分職，以為民極也。」但原洛陽城破敗，不堪為都，楊廣遂決定另選新址，他站於北邙山上，向南遙望伊闕，見兩山對峙，伊水中流，氣象非凡，說：「此非龍門耶，自古何故不建都於此？」大臣蘇威很會接荏：「自古非不知，以俟陛下。」意思是並非歷代不知道，而是在等待陛下。

大業元年（605年），楊廣命尚書令楊素、納言楊達、將作大匠宇文愷營建洛陽城。每月役使丁男二百萬人，用近一年時間建成。新建的洛陽城規模宏大，氣勢非凡，「周圍六十九里三百二十步」，洛水橫貫，由宮城、皇城、郭城構成，自北向南依次為則天門、端門、建國門；宮城在郭城西北隅，皇城圍繞其東、南、西三面；皇城的大門叫麗景門，正殿為乾陽殿，此外還有大業殿、文成殿、武安殿、修文殿、儀鸞殿等。城西建有「西苑」，周長二百里，內有海（即湖），海中造有三座山；海北有龍鱗渠，沿渠設十六院；苑內殿亭樓觀，華麗無比；奇花異草，秀樹嘉木，遍佈其間；城內有豐都、通遠、大同三大市場，傍河渠而建，舟楫甚便；為貯藏各地運來的糧食，修有洛口倉、回洛倉、含嘉倉等。洛陽城建成後，取代長安而成為全國政治、經濟、文化以及水陸交通的中心，其規劃、設計不僅影響到後建及改建的城市，也為近鄰一些國家所傚倣。

洛陽城建成後，楊廣又徵丁男十萬餘人，開掘了一道千餘公里的長塹，以保衛東都，自今山西省河津縣龍門黃河岸起，東經山西高平、河南汲縣、新鄉，渡黃河，由開封、襄城而達陝西商縣。楊廣還兩次較大規模地修築長城。大業三年（607年）七月，「發丁男百餘萬築長城，西距榆林，東至紫河，一旬而罷，綿亙千里。」大業四年（608年），「七月辛巳，發丁男二十餘萬築長城，自榆谷而東。」有人說楊廣修築長城，

並非出於戰略目的，而是為了炫耀武威，築成後御駕巡視，吟詩作詞。

要使政權穩固，必須穩定周邊，楊廣通過冊封、賞賜等手段，當然要以強大的武力做後盾，讓周邊各民族及政權承認隋的宗主國地位，承擔納貢、出兵平叛等義務。隋當時正處於民族的整合期，周邊民族及其政權叛附不定，很令人頭疼。楊廣為了震懾及安撫，共進行過三次北巡和一次西巡，重點為突厥族居住區及西域地區。大業元年（605年），北方的契丹侵犯營州，楊廣遣將領韋雲起率突厥兵打敗契丹軍，俘獲男女人口四萬餘人及大批牲畜；大業四年（608年），楊廣派宇文述、楊雄等人滅吐谷渾，開拓東起青海湖、西至塔里木盆地、北起庫魯克塔格山脈、南達崑崙山脈數千里的疆域，實行郡縣管理。

大業五年（609年），楊廣親率大軍從長安出發到甘肅隴西，過青海橫穿祁連山，經大斗拔谷，到達河西走廊的張掖，沿途置西海、河源、鄯善、且末四郡，使甘肅、青海、新疆等地成為中國版圖的一部分。這是中國歷史上到過最西端的一位皇帝，一路上歷盡艱辛，排除萬難。楊廣到達張掖後，西域二十七國君主與使臣紛紛前來拜見，表示臣服。各國商人雲集，開啟了內地與這些地區以及西域的高昌、焉耆、龜茲、疏勒、于闐、康國、安國、米國、吐火羅等國的貿易往來；楊廣還派雲騎尉李昱出使波斯，波斯的使者、商人也隨至中原。此外，楊廣還將版圖拓展到東南的安南、占婆（今越南地區）及台灣等地；在海南島置儋耳、珠崖、臨振三郡；在北部內蒙古一帶置五原郡（內蒙古後套一帶）；將強大的突厥分裂成東突厥與西突厥，並在與東突厥的戰鬥中取勝，此期隋的疆域堪稱歷朝之最。

高句麗是當時居於朝鮮半島北部的政權，趁北朝末年、隋初中原戰亂、北方突厥頻頻入塞侵擾之機，多次派兵侵入遼東地區，掠奪土地、人口。文帝曾欲發兵征討，因高句麗上表謝罪，方才罷休。楊廣即位後不容高句麗囂張，決定御駕親征。為了征討，楊廣做了較長期的準備，大業四年（608年），開通永濟渠以便運輸兵馬、糧草；六年（610年），下令在全國徵集戰馬、驢騾，製造各種兵器；七年（611年），命幽州總

管造海船三百艘；隨後，調動江淮、河南、河北等地的民夫運送糧草到遼西，在全國範圍內徵調軍隊。一切準備就緒，於大業八年（612年）、九年（613年）、十年（614年）三次出兵討伐高句麗，第一次因軍隊作戰經驗不足，指揮不利，導致兵敗；第二次因楊玄感叛亂而中途終止；第三次高句麗國力消耗殆盡，隋軍取得平壤戰役的勝利，迫使高句麗王遣使請降，隋軍班師凱旋。

楊廣三征高句麗，維護了隋王朝的威嚴，但也為此付出了沉重的代價。戰前修造海船，為趕工期，工匠們長期立於水中，下身潰爛，死者十之三四；運輸糧草的民夫累、餓死者不計其數；首次征伐，隋軍兵士遠征勞頓，四萬兵馬在平壤中埋伏，生還者僅幾千人；高句麗的將領詐降，隋將宇文述被騙，三十萬將士僅有兩千七百人生還。楊廣雖最終「得勝」，但國庫空匱、人民賦役繁重，土地荒蕪，大批青壯年戰死疆場。

楊廣雖重視武備，但對文化並不怠慢，這也是其一大亮點。楊廣即位後不久便恢復了文帝時曾一度取消的國子監、太學、四門學和州縣學。任揚州總管時，曾設王府學士百人，修撰書籍，即位後詔命寫成《長洲玉鏡》四百卷，《區宇圖志》一千二百卷。自他任揚州總管至大業末年，對文史的修撰從未間斷，凡經術、文章、兵、農、地理、醫、卜、釋、道及至博彩、鷹狗等各方面的書籍都編成新書，共三十一部，一萬七千餘卷。當時，長安嘉則殿有書三十七萬卷，楊廣命秘書監柳顧言等進行整理，除去重複雜劣，精簡為三點七萬卷，置於洛陽修文殿，並抄成五十副本，分置兩京宮省官府。又於洛陽觀文殿修建精緻的書庫，其幔帳、書櫥及書庫的門全能自動關閉，藏書以甲乙丙丁為目，分統經、史、子、集四類，此為後世歷朝所沿用的四部分類法。楊廣整理、保存典籍的措施及古書分類的方法，對中國文化的傳承與發展作出了傑出的貢獻。

楊廣本人在文學、特別是詩歌創作方面天分極高，後人對之評價：「混一南北，煬帝之才，實高群下」；「隋煬起敝，風骨凝然。隋煬從華得素，譬諸紅艷叢中，清標自出。隋煬帝一洗頹風，力標本素。古道於此復存」；

「能作雅正語，比陳後主勝之」;「隋煬詩文遠宗潘、陸，一洗浮蕩之言。惟錄事研詞，尚近南方之體」。

任意揮霍
毀於叛臣

楊廣是個只算政治賬而不算經濟賬的人，一心只想建立功業，炫耀國家的強盛與富足，而不考慮國家的承載能力及給老百姓帶來的沉重負擔，致使國民經濟幾乎到了崩潰的邊緣，民不堪負，紛紛揭竿而起，握有兵權的豪強貴族乘機篡政，隋王朝歸於滅亡。所以，並怨不得後人對他謾罵和詆毀，不管你有多大功績，過分使用民力、對老百姓盤剝過重、政權超度揮霍，一定會遭到報復，最終歸於垮台。

楊廣向外邦炫富簡直可以說到了無以復加的地步。大業六年（610 年）正月十五，他在東都舉行盛大慶典，為向隨之西巡入京的諸國使節、商人展示帝國的強盛。在洛陽皇城外的定鼎門大街開闢戲場，由五萬名樂工通宵達旦地表演各種節目，前後持續了半個月。他下令將市場整飭一新，供各國商人參觀，店舖要進行裝潢，連賣菜的小商舖都要在店中鋪上地毯。各國客商路過酒店，要被邀請進去喝酒，且分文不收，還自欺欺人：「我中原富足，老百姓到酒店吃飯都不要錢。」他下令用絲綢將路旁的樹木纏裹，來訪的客商很奇怪，說：「你們這裡有人連衣服都穿不起，還不如把這些裹在樹上的絲綢拿去給他們做衣服！」

楊廣在作皇子和太子時為了偽裝，表現得仁孝、謙恭、寡慾、持儉，而一旦皇權到手，便失去了約束，縱情地享受起驕奢淫逸、甚至荒唐透頂的生活來。楊廣是個極端好色之徒，文帝病重時曾欲對宣華夫人非禮，文帝惱怒，要重新傳位給楊勇，楊廣搶先下手害死文帝。宣華夫人紅顏失色，覺得自己將大難臨頭，誰想楊廣竟派人送給她一個小盒，宣華夫人以為是毒藥而戰慄不敢開啟，來人相勸，打開來看竟是個同心結。當

晚，楊廣便與宣華夫人同床共枕，只可惜宣華夫人多愁善感，抑鬱成疾，不到一年便香消玉殞。

楊廣貪婪美色，滅陳時曾想得到陳後主的艷妃張麗華，未能得逞。稱帝後，除去後宮的后妃，在西苑十六院各養一名四品夫人及眾多宮女，輪流臨幸。大業八年（612年），命江淮諸郡選童女入宮。他無論在宮中還是出巡，經常讓僧、尼、道士、女官陪伴，稱為四道場，罷朝或住停，都要大擺酒宴，讓僧、尼、道士、女官與臣僚、嬪妃混在一起喝酒，大肆挑逗，甚至互相淫樂。

楊廣生性好動，不甘安分，喜歡四處遊玩，於是，修建離宮別館便成為他的喜好。史書講他「無日不治宮室」，除去長安、洛陽，在全國各地四處修宮築苑，出巡時總是時時留意，在宮中經常讓人拿來地圖，謀劃部署，於是，一處處宮苑拔地而起。大業三年（607年），在太原修建晉陽宮，次年在汾水之源建汾陽宮，後又在江南建江都宮，北方建臨朔宮；即便到了臨近滅亡的大業十四年（618年），還命毗陵郡（今江蘇常州）在郡東南修建大型宮苑，仿洛陽西苑規模，其奢華程度更甚；他還想在會稽建宮室，只是王朝覆滅，才未能如願。

楊廣享樂及濫用民力最登峰造極的則是他三遊江都。他在做晉王時曾任揚州總管，在江都生活了十年，對此地有着很深的感情。即位後，他分別於大業元年（605年）、大業六年（610年）和大業十年（614年）三次南下江都，第三次之後便常住於此，最後就死在此。楊廣三遊江都，每次都大顯帝王的威儀與排場，乘坐的是被稱為「龍舟」的大型船隻，上下四層，有六層樓高，上層有正殿、內殿、東西朝堂，可以舉行朝會；中間兩層有一百餘間房子，供他休息、娛樂；下層為宦官、宮女等近侍的住處。船上雕樑畫棟，金碧輝煌，極盡奢華；皇后、嬪妃、王侯、大臣、僧尼、道士等分乘不同的船隻，還有各種不同用途的大小船隻數千艘隨行，有兵船數千艘護駕。在陸地上，有幾萬名縴夫、兵士一路相隨，船隊前後綿延二百餘里，水陸共有二十幾萬人。所過州縣，都要為船隊提供給養、進行保衛。楊廣可謂出盡風頭，志得意滿，但他也許還意識

不到，這種巨大的鋪張和炫耀，給隋政權帶來了巨大危機，為其最終滅亡埋下了伏筆。

楊廣政權滅亡的原因是驕奢淫逸，事無節制，民生積怨，義軍蜂起；但直接推翻其政權並要了他命的則是朝中的叛臣。具有諷刺意味的是，這幾個叛臣正是他當年最為信任的重臣、親信和宗親的子嗣，老天似乎跟他開了個玩笑，也從一個側面反映出他不辨忠奸。

楊玄感是楊素之子，楊素死後襲封楚國公，官至禮部尚書。善文學，好結交賓客，後來瓦崗軍的頭領李密便曾是他家的常客。楊素晚年已遭楊廣猜忌，漸漸失寵，不知是驚怵還是染病，不久身亡。楊玄感感到了處境的危機，害怕楊廣翻他父親的舊案，致他們全家於死地，遂生反叛之心。大業五年（609年），楊玄感隨楊廣西征吐谷渾，曾試圖趁其不備行刺，但時機尚不成熟，未敢施行。大業九年（613年），楊廣二征高句麗，楊玄感受命在後方督運糧草，當時百姓苦於連年征戰，勞役繁重，怨聲載道，楊玄感覺得舉兵反叛的時機已到，遂與民夫講：「當今皇帝無道，不顧百姓死活，玄感願與諸位起兵殺無道昏君，救億萬黎民，如何？」聽者無不踴躍相從。此時李密來到楊玄感大營，楊玄感詢問其下一步該如何走？李密獻予上、中、下三策：上策入河北，阻斷楊廣歸路；中策取關中，據險而守；下策向東都，率軍攻佔，但拖延不得。楊玄感選擇了攻佔東都。但東都守備嚴固，又有長安發兵救援，楊廣從前線調集部隊回救，楊玄感腹背受敵，力不能支，戰敗自殺。楊玄感雖敗亡，但吹響了討伐楊廣的號角，統治集團內部發生分裂，不少官宦、貴族自立山頭，參與討伐，政權岌岌可危。

李密的父祖皆為北周、隋之顯貴，本人曾任東宮千牛備身，侍衛太子楊廣。後辭官，專心讀書。大業九年（613年），楊玄感反叛，李密曾做其幕僚，楊玄感兵敗後被捕，在押解途中逃脫。大業十二年（616年），與瓦崗軍頭領翟讓相識，二人戮力取得了一系列戰役的勝利。後翟讓讓位於他，開始領導瓦崗軍。瓦崗軍對摧毀隋政權起到了重要作用，楊廣連年派兵圍剿，可是直至隋亡，瓦崗軍仍然活躍在河北、河南等地。李

密一個達官、顯貴之後，竟然辭官與草莽結伙，說明他對楊廣政權完全失去了信心。

李淵為隋代宗室，其母與文帝獨孤后是姐妹，說來和楊廣是姨表兄弟。他與李密家族以及隋帝的楊氏家族都是北周「八大柱國」貴族集團的成員。李淵於隋末任太原留守，趁亂起兵入關中，佔據國都長安，擁立尚未成年的代王侑為帝，遙尊遠在江都的楊廣為太上皇，自己獨掌大權。此時楊廣受困江都，隋政權實際已名存實亡。待楊廣在江都被弒，李淵迫恭帝楊侑禪位，自己黃袍加身，建立了唐朝。

最後要了楊廣命的是宇文化及兄弟，仁兄弟是楊廣最為信任的大將宇文述的兒子。大業十二年（616年），宇文述死，同年，宇文兄弟隨楊廣到江都。大業十四年（618年），各地義軍風起雲湧，楊廣也預感到末日即將來臨，一日，他對着鏡子摸着自己的頭喃喃自語：「好頭頸誰當斫之？」隨楊廣到江都的北方兵士思念家鄉，人心不穩，反隋風暴日高，宇文兄弟借助兵士們的情緒，於三月十日在江都發動兵變，次日，將楊廣縊死，隋朝宣告滅亡。說來挺有意思，當年文帝是從鮮卑貴族宇文泰手中獲取了政權，到楊廣又終結於宇文氏家族的手中。

楊廣死後，連個像樣的棺材也沒用上，蕭后和宮人拆了幾塊床板做成個簡易的棺材，將其偷偷地葬於江都宮的流珠堂下；後又改葬於城西北的吳公台下；唐武德三年（620年），唐平定江南，李淵以帝禮將其葬於雷塘（今揚州市北）。楊廣死後隋的臣子為其上諡號明帝，廟號世祖；「煬」實際上是唐為其所上的惡諡，意在說明其罪惡多端，唐代隋自立是替天行道。具有諷刺意味的是，楊廣生前曾將此惡諡贈予陳後主，真是「以彼之道，還施彼身」！

楊廣
隋煬帝

唐代

618 — 907

乘勢而起的李淵

618-626

李淵是唐代的第一位皇帝，是中國歷史上最為輝煌的朝代——唐朝的開創者。人說「萬事開頭難」，做開國元首更為不易。但後人似乎對他並不那麼關注，起碼並不像對其他開國君主那樣充滿讚譽。這其中有一個很重要的原因，他是被其子李世民逼迫退位的，如果讓其形象光艷、偉岸，無疑則失去了讓其退位的理由，所以，李淵形象的高下在很大程度上是由李世民掌控的。

唐高祖李淵像

出身豪爵
將門虎子

北周天和元年（566年），李淵出生於長安。是十六國時期涼武昭王李暠的七世孫，漢代著名將軍李廣的後裔。祖父李虎，為後魏的左僕射，封隴西郡公，因佐助宇文泰建立關中政權有功，被賜姓大野氏，官至太尉，為著名的「八大柱國」之一。因位尊爵顯，為隴西郡望，死後追封為唐國公。父親李昞，襲封唐公，北周時任安州（今湖北安陸）總管、柱國大將軍。

李氏家族於隋文帝任北周丞相時恢復李姓。李淵的母親是文帝獨孤后的姐妹，妻子竇氏（紇豆陵氏，李世民的生母）是隋朝貴族神武公竇毅之女。人常說「將門出虎子」，加之為世族勳貴，李淵如虎添翼。七歲承襲唐國公，文帝時歷任譙州（今安徽亳州）、隴州（今陝西隴縣）、岐州（今陝西鳳翔）刺史；煬帝時為滎陽（今河南滎陽）、婁煩（今山西靜樂）兩郡的太守；後任殿內少監，大業九年（613年），升為衛尉少卿。

史籍講李淵「及長，倜儻豁達，任性真率，寬仁容眾，無貴賤咸得其歡心」，即在各類人等中都享有很高的威望。煬帝發動征討高句麗的戰爭，他受命在懷遠鎮負責督運糧草。當時賦役繁苛，民怨積深，大貴族楊玄感利用民眾不滿，起兵反隋。李淵飛書奏聞，煬帝命其鎮守弘化郡（今甘肅慶陽），兼知關右諸軍事，以備防楊玄感。楊玄感兵敗，他依然留守弘化。此間他廣樹恩德，結納豪傑，使煬帝有所察覺。大業十一年（615年）李淵調任山西、河東黜陟討捕撫慰大使，負責鎮壓山西、河東一帶的義軍。他攜家眷行至龍門，遭遇母端兒義軍的阻擊，李淵率部將其擊潰，收降萬餘人，聲威大震。次年，升為右驍衛將軍，奉詔為太原道安撫大使。

煬帝自婁煩巡遊雁門，被突厥始畢可汗包圍，形勢危急，李淵命兒子李世民從軍勤王，使煬帝躲過一劫。不久，煬帝派李淵與馬邑郡守王仁恭北禦突厥。這時，二人的兵馬加到一塊兒不足五千，王仁恭懼怕，李淵

李淵
唐高祖

則分析了突厥的生活習俗，決定挑選能騎善射者兩千餘人，飲食行獵，均仿照突厥。當遇到突厥騎隊，仍馳騁射獵，旁若無人，以示武威。李淵騎術射技精湛，每見飛禽走獸，箭無虛發。以致突厥人每見到李淵的兵馬，都避道而行。王仁恭敬佩李淵的膽識，又因其為隋室近親，言聽計從，不敢違拗。由此，李淵控制了防禦突厥的邊兵。一次，突厥南侵，李淵率兵出擊，大敗突厥兵於陣前，突厥人喪膽，收兵北撤，再不敢南下騷擾。

大業十三年（617 年），李淵受命任太原留守，郡丞為王威，副丞是武牙郎將高君雅。太原為軍事重鎮，不僅兵員充足，且糧草豐沛，儲糧可供十年之用。李淵暗自竊喜，感到可以在此發展實力，以圖大舉。

李淵初到太原，城南集結有「歷山飛」義軍，將上党、西河、京都的道路阻斷。這支義軍有十幾萬人，巧於攻城，勇於力戰，多次大敗隋軍。大業十二年（616 年）四月，「歷山飛」將甄翟兒曾率眾十萬人進攻太原，斬隋將潘長文，勢不可當。李淵到任，深知必須擊垮「歷山飛」以及迫突厥求和，方可樹立自己的威信，於是，率王威等及河東、太原兵馬前去討伐。

兩軍相遇於河西雀鼠谷口，義軍有兩萬餘人，佈陣齊整，十餘里間，首尾相連；李淵所率步騎僅有五六千人。王威等將領面露懼色，李淵從容不迫，面對敵我雙方實力懸殊的狀況，決定以智取勝，將所部分為兩陣，老弱之兵居中，高舉旌旗，載以輜重，排成長列，鳴鼓揮槍，造成是主力的假象；以麾下精兵數百騎伏於兩側。兩軍交戰，李淵命王威領大陣居前，鼓樂喧天，搖旗吶喊，義軍以為是李淵主力，選派精銳迎戰，王威驚慌失措而落馬，率部逃脫；義軍見陣中有大批輜重，紛紛來搶，李淵乘機率伏兵一躍而起，兩面夾擊，殺得義軍屍橫遍野，狼狽逃竄，李淵取得大勝。

擊敗甄翟兒義軍後，李淵在太原的地位鞏固。晉陽一帶的官宦、豪強、富商紛紛依附，如晉陽令劉文靜、鷹揚府司馬許也緒以及崔善為、唐儉、武士彠等；李淵命次子李世民在晉陽秘密聯絡英傑，傾財賑施，禮賢下

士；對各色人士，不論出身品行，只要有一技之長，能為所用，均以禮相加，廣為結納；其長子李建成在河東也暗中結交英俊，發展勢力。此時煬帝遠在江都，沉湎聲色，無暇他顧，李淵成為太原一帶的最高統治者。

晉陽起兵
長安稱帝

要說李淵一開始就有反意，要代隋自立，似乎並不副實。他出身權貴，有很高的地位和富足的生活，同時也有封建的正統觀念。當然，他的家族成長於南北朝亂世，那時政權更替頻仍，各路豪強見機行事，另立山頭，是很常見的事，這無疑在他的頭腦中注入有僭越的基因。但隋不同於北朝，是大一統的帝國，且非常強盛。在此情形下要進行反叛，需要有極大的勇氣和強大的實力，而李淵一開始並不具備，這從楊玄感反叛他所採取的態度上能夠看出。作為政治家，做事情總要權衡成功的概率及所獲利益的多寡。

翻閱中國的歷史，大一統國家的興衰總有一定的周期，呈現開創、守成、衰敗的過程。可隋朝例外，剛開創幾十年便出現巨大危機，這說來並不是它的反對勢力有多強，而是自己毀了自己，罪魁禍首無疑是煬帝。實際上是煬帝給了李淵等人機會。而在這之中挑頭起事的並非李淵，實力最強的也不是李淵，但最後成事的卻是他。從此能看出他超強的洞察力和掌控力，先是觀察，進而參與，最後爆發，一舉成為華夏霸主。

煬帝大興土木，炫武周邊，四處巡遊，搞得百姓苦不堪言，紛紛揭竿而起。大業七年（611年），王薄率先在山東長白山（今山東鄒平南），繼之孫安祖在高雞泊（今河北故城）、張金稱在鄃縣（今山東夏津）、高士達在清河（今河北景縣）、劉霸道在豆子䴚（今山東惠民）紛紛起事。當時全國出現了近二百支反隋勢力，經過一段時間的兼併、重組，

逐漸形成了以李密、翟讓領導的瓦崗軍、杜伏威領導的江淮義軍、竇建德領導的河北義軍等三支主要力量，在義軍的衝擊下，隋政權風雨飄搖，危在旦夕。

統治階層內部也出現分化，早在大業九年（613年），楊玄感以「為天下解倒懸之急，救黎民之命耳」的旗號起兵反隋；不少隋軍將領開始割據一方，群雄競起。這時李淵的思想開始發生變化，他預感到隋政權面臨瓦解，如果仍一味追隨朝廷，必將遭受毀滅的下場。大業十三年（617年）二月，馬邑人劉武周起兵，殺太守王仁恭，自稱天子，國號定陽。李淵遂以討伐劉武周為名自行募兵。同時，授意李世民、劉文靜等人四處活動，收攬人才。由於他是以保護朝廷的姿態出現，遠近的豪強、地方武裝紛紛歸附，不幾天便擁有了近萬人。

李淵的行動引起了忠於朝廷的郡丞王威、高君雅的警覺，密謀在晉祠祈雨時伺機將其殺掉。晉陽鄉長劉世龍與高君雅相識，得知二人的計謀便及時告訴李淵。李淵決定先發制人，五月的一天，黎明前派長孫順德、趙文恪率領新募兵五百人與李世民的軍隊埋伏於晉陽宮城東門外，派人請來王威、高君雅議事，密令劉文靜派開陽府司馬劉正會到庭告王威、高君雅勾結突厥，引兵入寇，李淵遂命人當場將二人拘捕、關押。不久，突厥真的來犯，眾人皆以為王、高二人所引，李淵藉機將二人殺掉，並宣佈自己大舉義兵，是為了安定天下。之後，派劉文靜出使突厥，與始畢可汗和親，建立關係。始畢可汗得李淵送來的美人和財寶，大喜過望，讓部族人趕着上千匹牲畜到太原進行貿易，並許諾遣兵護送李淵往西京長安。得突厥人的支持，李淵大業十三年（617年）六月，給諸郡發布檄文，稱「義兵」。

李淵起兵後即制定了目標：進軍關中，攻取長安，以施號令，圖謀大業。從此能看出李淵並非像其他草寇那樣僅僅想佔山為王，分裂割據，而是直視權峰。從歷史發展的角度看，他並不想將隋帝國割裂，而是要維護華夏的統一，當然他自己可能並意識不到這一點。

李淵的行動一開始就受到阻撓，西河（今山西汾陽）郡丞高德儒不服於他，堅守防地，阻其西進。這就考量李淵的實力和能力了，勝則能贏得良好開端，大壯聲威，鼓舞士氣；敗則將灰頭土臉，難以為繼。李淵命兒子建成、世民率部出擊，行前語重心長：「你們年富力強，但尚缺乏處事的經驗，此攻西河，正好檢驗你們的能力。」哥弟二人得父親的信任，率部直逼西河。行軍中與兵士們同甘共苦，所經之處秋毫無犯。將士用命，人心所向，結果不幾天便下西河，進城後只擒殺高德儒，此外不殺一人；開倉濟貧，深得民心。李淵得知後甚感欣慰，心想如此用兵，爭奪天下不難。但他可能忽略了一點，依靠兒子打天下，兒子所思所想的可能並非只是奉獻，當然這是後話。

西河戰役告捷，李淵置大將軍府，自稱大將軍，封李建成為隴西公、左領軍大都督，統帥左三軍；李世民為敦煌公，右領軍大都督，統帥右三軍；以裴寂、劉文靜為大將軍府長史司馬，殷開山、劉正會、溫大雅、唐儉、權弘壽、武士攫等為文官，以鷹揚王長階、姜寶誼、楊毛，京兆長孫順德、竇琮、劉弘基等為武將，初步建立起政治、軍事機構。

大業十三年（617 年）七月，李淵以三子李元吉為太原留守，親率三萬大軍西進，行至靈石縣賈胡堡，屯於霍邑（今山西霍縣）的隋武牙郎將宋老生擋住其去路。此時正逢秋雨綿綿，給養不濟，又傳言突厥與劉武周欲聯合乘虛襲擊太原。李淵猶豫，遂召集部將商議，裴寂認為太原乃軍事重鎮，將士家屬所居，應先還師以圖後舉；李世民則年輕氣盛，認為突厥構不成對太原的嚴重威脅，應不失時機攻下長安，以號令天下，稍遇挫折便打退堂鼓，必傷士氣；李建成也反對班師。李淵經權衡再三同意了兒子的意見，決意賭一把。

八月霪雨稍歇，給養也到，李淵率軍直逼霍邑。他將部隊分為數股，在城南一側做安營攻城狀。宋老生率三萬餘人出城來攻，李淵命部隊佯裝退卻，宋老生以為李淵膽怯，率兵來追，李淵令殷開山率騎兵出擊，命李世民斷其後路，宋老生受前後夾擊，被斬於城下，陣容大亂，死傷無數。平定霍邑後，李淵又連取臨汾（今山西臨汾）和絳郡（今山西絳縣）。

李淵
唐高祖

行至龍門縣，突厥康鞘利會同劉文靜率眾五百、馬兩千匹來投，李淵盛情款待。

九月，李淵進軍河東，此地有隋驍騎大將軍屈突通鎮守，難於逾越。李淵遣書給當地的義軍頭領孫華，其兵強馬壯，頗具實力。孫華收到書信帶數十騎來見，李淵拜其為左光祿大夫，封武鄉縣公，加馮翊郡守。在孫華的引導下，李淵率部渡河，圍攻河東。屈突通堅守城池不出，李淵攻城不克，裴寂主張用重兵相攻，殲滅屈突通，以絕後患；李世民則認為應兵貴神速，避實擊虛，直入關中。李淵決定兵分兩路，讓李世民率兵渡河入關，直取長安；另一部分兵馬則對付屈突通。此時李淵的女兒平陽公主也率兵前來，其在晉陽起兵後招兵買馬，攬引豪傑，發展到六七萬人。

平陽公主與李世民會師，屯兵於阿城；李建成自新豐至灞上；李淵率大軍自下邽西上，形成了對長安的包圍之勢。十月，李淵駐軍於大興城春明門西北，與李世民、李建成會師，共二十餘萬人。李淵令諸軍各依壘壁，勿入村舍，不得搶掠。遣使城下，諭以匡復之意，但守城的隋刑部尚書衛文升等人拒絕交城。李淵命建成和世民從兩側同時攻城，隋軍見大兵壓境，無心戀戰，只期盼屈突通和東都能來兵相救，可希望落空。十一月，李建成軍率先登城而入，隋軍頃刻土崩瓦解，李淵佔領了長安。

李淵進入長安後，下令封府庫，收圖籍，禁搶掠，命建成、世民率部維護秩序。百姓見李淵軍隊紀律嚴明，夾道歡迎，秩序井然。大業十三年（617年）十一月，李淵立年僅十三歲的隋代王楊侑為帝，即隋恭帝，改元義寧，遙尊煬帝為太上皇；自任尚書公、大丞相，封唐國公，總攬軍政大權；封建成為唐國世子，世民為京兆尹，改封秦王，元吉為齊王；裴寂為丞相府長史，劉文靜為司馬，很快控制了長安的局面。

大業十四年（618年）五月，煬帝的右屯衛將軍宇文化及在江都（今江蘇揚州）發動兵變，殺死煬帝，立秦王楊浩，自封大丞相，率十多萬禁衛軍北上，揚言要返回關中，在童山（今河南浚縣西南）被李密擊敗。

宇文化及率餘部走魏縣（今河北大名東），毒殺楊浩，自立為帝，國號許，年號天壽，次年在聊城被竇建德擒殺。

煬帝被殺，隋朝滅亡，李淵扶持的恭帝便失去了意義。於是，李淵迫恭帝禪位，自己即位於太極殿，國號唐，改元武德，都長安，大赦天下。授世民為尚書令，裴寂為尚書僕射，劉文靜為納言，隋民部尚書蕭禹、相國府司祿竇威為內史令。不久，又立建成為皇太子，世民為秦王，元吉為齊王，李唐王朝正式建立。

統一全國
無奈退位

李淵稱帝，面對的是四分五裂的局勢及千瘡百孔的社會經濟狀況，他首先需要解決的是消除各方的割據勢力，實現國家的統一，使新生的王朝得以鞏固，恢復和發展已瀕於崩潰的社會經濟。

李淵的統一行動首先指向對關中構成巨大威脅的薛舉、薛仁杲父子。薛舉是隋金城郡（治今甘肅蘭州）的富強，橫行霸道。大業十三年（617年）四月，驅逐隋朝官員，自稱西秦霸王，年號秦興。不久稱秦帝，遷都天水（今屬甘肅），封兒子薛仁杲為齊公，佔據了隴西全境，擁兵十三萬，是西北地區最強大的勢力。薛舉起兵反隋，目的要稱霸關中，不想卻讓李淵搶了先，於是集結十萬兵力進逼關中，對李淵構成嚴重威脅。李淵派李世民率軍出擊，薛家父子敗退。武德元年（618年）五月，李淵長安稱帝，薛舉又率精騎來擾，縱兵搶掠，關中大亂。李淵再次派兵攻打，由於輕敵，結果在高庶（今陝西長武縣北）之役中敗北，大將軍慕容羅睺、李安遠、劉弘基等被俘，高庶城失陷。薛舉得勝後趾高氣揚，欲乘勝攻取長安，但卻病亡，薛仁杲繼位。李淵命李世民再次率軍討伐，在高庶城外大破薛軍，將高庶城包圍，薛仁杲見重兵壓境，開城門投降。李淵從此掃平了爭奪關中的對手，隴西併入了唐朝的版圖。

西北還有涼州的李軌，本是豪民，樂善好施，在當地很有威望，任武威司馬。隋末政局動盪，他結納鄉里，攻克內苑城，自稱涼王，年號安樂，由戶部尚書安修仁掌管樞密，據有張掖、敦煌等河西五郡。李淵稱帝後，密遣安修仁的哥哥安興貴入涼，任左右衛大將軍。武德二年（619年），安興貴說通其弟，二人聯手擒獲李軌，涼亡，河西五郡併入唐境。

劉武周為河間景城（今河北交河東北）人，遷居馬邑（今山西朔縣），任鷹揚府校尉。隋大業十三年（617年）殺太守王仁恭，聚兵萬餘人，自稱太守，依附突厥，攻佔婁煩（今山西靜樂）、雁門、定襄（今內蒙古清河縣境）等郡，受封定陽可汗，不久稱帝，年號天興。唐武德二年（619年）勾結突厥南侵并州（治晉陽），李元吉抵擋不住，太原陷入危機。不久又攻陷平遙、介州，李淵派裴寂督軍抗擊，在度索原被劉軍打敗，幾乎全軍覆沒。劉武周乘勝進逼太原，李元吉逃回長安，劉控制了夏縣、蒲阪縣（即河東縣）等地，令關中震駭，李淵甚至產生了放棄太原一帶的念頭。在此緊要關頭，李世民站了出來，說太原乃唐起兵之地，民眾基礎好，物產豐富，是京師的物資供應地，若棄之則於心不忍，請求率部討伐劉武周。李淵遂命李世民自龍門（今陝西韓城縣境）渡河，進擊劉武周。李世民到後厲兵秣馬，堅壁不戰，待劉軍糧草殆盡，氣勢衰落，而一鼓作氣，將劉武周擊敗。其部將尉遲敬德投降，劉武周投奔突厥，後被突厥所殺。

薛氏父子、李軌、劉武周被清除後，關中形勢穩定，李淵進一步轉向中原。中原的勁敵是王世充，原隋江都通守，煬帝被殺後，在東都立楊侗為帝，擊敗瓦崗軍，瓦崗軍首領李密降唐，其餘將領多歸附王世充。武德二年（619年），王廢掉楊侗，自稱皇帝，年號開明，國號鄭，佔據洛陽，成為河南最大的割據勢力。武德三年（620年）七月，李淵派李世民攻打洛陽，沿途州縣相繼降唐，只剩下王世充困守。王世充向竇建德求援，竇為與王合力抗唐，接受了請求，引兵十萬進軍成皋（今河南滎陽縣汜水鎮）。李世民率軍搶佔武勞重鎮，阻擊竇建德，竇軍布長陣二十里，進逼唐陣，李世民堅守不戰，以逸待勞。竇軍被耗得精疲力竭，糧草用盡，李世民率部出擊，竇抵擋不住，敗退受傷被俘。王世充見大

勢已去，遂率兩千餘人獻城投降，洛陽歸唐，李淵基本上控制了黃河流域。

李淵還派李靖至夔州（今四川奉節）進攻佔據長江中游地區的蕭銑。蕭銑於武德元年（618年）在巴陵稱帝，擁兵四十萬，佔據巴蜀地區，武德四年（621年），李靖將其包圍，蕭銑投降。

竇建德被俘後被李淵所殺，看似塵埃落定，沒想到竇建德過去的部將推舉劉黑闥為首領，在漳南（今山東德州一帶）再次起兵反唐，劉英勇善戰，很快恢復了竇建德的故地。武德五年（622年），在洺州（今河北永年）自稱漢東王，屢敗唐軍。李淵命李世民、李元吉討伐，與劉黑闥血戰一日，未見勝負。李世民命在洺水上游放水，劉黑闥兵敗，逃奔突厥。數月後捲土重來，李元吉攻打，不勝，李淵又派李建成出兵，建成聽取魏徵建議，實行安撫，爭取民心，於武德六年（623年）將劉黑闥擊敗，唐控制了河北、山東地區。

杜伏威佔據着江淮地區，於隋大業十三年（617年）進駐曆陽（今安徽和縣），自稱總管，唐武德元年（618年）移居丹陽，上表隋越王楊侗，任東南道大總管，封楚王。唐圍攻洛陽，使人招降杜伏威，杜降唐，被封為吳王，任江淮以南安撫大使。劉黑闥兵敗被殺，杜伏威讓部將輔公拓留守丹陽，自請入朝。武德六年（623年）秋，輔公拓率軍反唐，自稱宋帝，李淵藉故殺杜伏威，派李孝恭、李靖等進攻輔軍，武德七年（624年）輔公拓敗走，被地方武裝捕獲，送唐營處斬，江淮從此成為唐的轄區。

李淵最後消滅的是梁師都，大業十三年（617年），梁師都在朔方起兵，攻佔了雕陽、弘化、延安等郡，自稱皇帝，國號梁，年號永隆，依附突厥，貞觀二年（628年）被唐所滅。至此，唐真正統一了中國。

李淵在統一全國的同時，在長安建綱立制，使唐的政權建設出具規模。政治上中央置三省六部，設御史台，地方實行州縣兩級制，加強中央集權；經濟上實行均田制和租庸調制，調動農民積極性，恢復和發展生產；

李淵
唐高祖

軍事上實行府兵制，減輕國家負擔，防止地方擁兵過重；吏治上實行科舉制，選拔優秀人才；制定《武德律》，廢止苛刑酷律。

李淵應當說是一位有魄力也有作為的皇帝，開創了大唐王朝，為後世「貞觀之治」盛世的出現奠定了基礎。但他稱帝後也犯了不少開國君主所常犯錯誤，即錯殺功臣和沉於享受，導致大權旁落，自己無奈退位。

武德二年（619年），李淵聽信裴寂所言，殺了劉文靜。劉文靜是李淵晉陽起兵時的重要謀劃者之一，在唐王朝建立過程中南征北戰，屢立戰功，是開國元勳。但李淵稱帝後卻以裴寂為相，劉文靜位在其之下，使劉心有不平。一日，他與弟弟喝酒，口出怨言，結果被人報告給李淵。裴寂等乘機陷害，說劉文靜欲反朝廷，李淵竟然聽信，殺了劉文靜。這說來是權臣相鬥，李淵忠奸不辨，實際上是內有玄機。李淵原為太原留守，駐地在晉陽，裴寂為晉陽宮監，二人相好，情投意合，裴寂為討李淵歡心，竟私下讓晉陽宮的宮女為李淵侍寢，李淵欣然接受，實在是色膽包天，此「穢亂宮掖」之事足以讓他滿門抄斬，而冒險行事的裴寂自然成為他的「心腹」。而劉文靜是位幹將，摧城拔寨，衝鋒陷陣，智謀多端，關鍵時刻肝膽相照，打江山必須要用這樣的人，但他充其量是個「親信」。

全國統一後李淵逐漸自滿，沉於聲色，荒於政事。在後宮廣置妃嬪，晚年「多內寵，小王且二十人」，即在幾年時間裡竟生了近二十個兒子；張婕妤、尹德妃等人得寵，為家族爭權奪利。

李淵荒於朝政造成的最嚴重後果、也是迫使他退位的直接原因則是兒子間爭權以至互相殘殺，即著名的「玄武門之變」。這件事說來是一樁「謎案」，其結果非常清楚，李世民率人殺了其兄弟李建成和李元吉，迫李淵退位，自己做了皇帝；而導致血案發生的原因卻說法不一，有的說李建成見李世民功高，欲削弱其力量，置其於死地，李世民被迫採取行動；而有的則說是李世民明火執仗地篡奪皇位。其實這種爭論或曰猜測並不重要，因為封建專制的傳襲必然充滿着血腥和陰謀。

李世民殺了兩兄弟後，讓尉遲敬德戴甲入宮報告李淵。這時李淵正和臣子蕭禹、裴寂乘小船蕩漾於南海池中，見尉遲全副武裝立於岸邊，面露驚色，忙問何事？尉遲說太子與齊王造反，秦王已將他們處死，可東宮和齊王府的軍隊在玄武門外騷亂，秦王怕驚動陛下，命我來保駕。李淵驚呆，半天才說：想不到這逆子竟會殺害自己的親兄弟！蕭禹忙說：陛下息怒，太子和齊王本來就沒有秦王功高，陛下如果把國事託付給秦王，一切事情就沒有了。尉遲促李淵下詔，令諸軍悉聽秦王節制。李淵無奈，只得寫下「手敕」，並於六月七日立李世民為太子。此時，全國局勢已被李世民掌控，李淵被迫提出「朕當加尊號為太上皇」，願早些退位。八月，李世民即皇帝位，李淵徙居太安宮，過起了太上皇的生活。

李淵退居太安宮後遠離朝政，倒也樂得清閒、自在。李世民對他以禮相待，貞觀七年（633 年）冬，在未央宮舉行盛宴，將李淵讓到上座，並上前敬酒，李淵命在座的突厥結利可汗跳舞，讓南蠻酋長唱歌，李世民當眾說：現在胡越一家，四夷臣服，都是您太上皇教誨之功，令李淵十分高興。李淵很識趣，對政事不聞不問，自己則沉湎酒色。李世民對李淵則盡量滿足，準備在長安城東北修建大明宮，讓李淵頤養天年。貞觀九年（635 年）五月，李淵病重，崩於太安宮，時年七十歲，諡神堯大聖大光孝皇帝，廟號高祖，葬於陝西咸陽三原之獻陵。

李淵
唐高祖

明達幹練的李世民

唐太宗
貞觀

627-649

唐朝是中國歷史上最輝煌的朝代，疆域廣闊，國力強盛，經濟繁榮，文化燦爛；各個國家的使者、留學生紛至沓來；隨着生活水平的提高，女士們體態豐腴，以胖為美；社會朝綱向治，輕徭薄賦。說到這一切，人們似乎想到的並非開國皇帝高祖，而是太宗李世民。

唐太宗李世民像

戰功顯赫
喋血禁門

隋開皇十八年（598年）十二月，李世民出生於位於陝西渭河平原的武功。當時，高祖李淵被隋文帝任命為隴州（今陝西隴縣）刺史，攜家眷趕往隴州赴任。行至武功的一處李氏「別館」，妻子竇氏產下了一個男嬰，使榮遷新職的父親及全家人都很高興。看着這個虎頭虎腦、活潑可愛的孩子，父親當即給其起名世民，意在志向遠大，濟世安民。後來，父親做了皇帝，即唐高祖，將這處別館命名為慶善殿，李世民即位後曾率百官重遊此地，並寫下《幸武功慶善殿》詩作以表紀念。

李世民在青少年時代，和全家人經常隨着父親職務的變遷各處調動，曾先後到過隴州（今陝西隴縣）、岐州（今陝西鳳翔）、滎陽（今河南鄭州）、婁煩（今山西樂靜）等地，直到十四歲時才來到京師長安，在這裡生活了兩年。這種顛沛的生活讓他增長了見識，飽覽各地的山川河谷，接觸各式民俗風情，瞭解社會各界的真實情況，學到了許多書上學不到的東西。使他有別於那些長期生長於京城深府的貴族子弟，眼界開闊，善於獨立思索，吃苦耐勞，能跟各種人打交道，遇事頭腦冷靜，處置果斷。

隋大業十一年（615年），父親調任山西、河東撫慰大使，李世民和全家人隨父遷往河東，這年他十八歲。八月，隋煬帝巡視北方邊塞，遭遇突厥首領始畢可汗所率十萬騎兵襲擊，被圍困於雁門孤城。煬帝下詔命各地募兵勤王，李世民奉父命應徵從軍，參加了屯衛將軍雲定興的勤王部隊，作戰中向雲將軍提出了虛張聲勢、多設旗幟為疑兵等退敵之策，深得讚賞。事後雲將軍致書李淵，誇獎李世民。第二年，李世民又隨父參加了鎮壓甄翟兒的戰鬥。

李世民隨父在山西期間全國形勢發生了巨大變化，各地義軍蜂起，隋王朝風雨飄搖，煬帝困守江都，政權危在旦夕。其父李淵權衡形勢，決定起兵。作為兒子的李世民，成為父親的得力助手，參與了起兵的策劃、

李世民 唐太宗

準備、組織與發動，一方面協助父親招募軍隊、集結力量；一方面在父親的授意下，利用各種關係和手段，結交大批豪傑人物，其中包括因逃避遼東戰役在太原的隋將長孫順德、劉弘基、竇琮，晉陽縣令劉文靜和晉陽宮（煬帝行宮）宮監裴寂等人，為起兵做好了充分的準備。

大業十三年（617年）五月，李世民協助父親除掉了煬帝派來監視他們的眼線，在晉陽起兵。哥哥李建成、弟弟李元吉及妹夫柴紹等先後率部從河東、長安趕來，力量迅速壯大，確定了西入關中奪取長安的戰略目標。父親命李元吉留守晉陽，李建成和李世民為領軍都督，分別統帥左右兩路大軍，一路征戰，攻陷了長安。父親李淵於大業十四年（618年）在長安稱帝，國號唐，年號武德。李建成以嫡長子的身份被立為太子，李世民封秦王，李元吉封齊王。

王朝建立後，國內尚有多股地方割據及綠林勢力，各自稱霸一方，劃地為王，蕩平這些割據勢力，是擺在李世民父子面前的首要任務。但是，父親稱帝已不便於再出征，指揮的重任落在了李世民的身上，這年他二十二歲。

李世民掛帥出征，制定了先西後東的戰略，率先攻取盤據在隴右地區的薛舉、薛仁杲父子。薛家父子佔據着隴西（今甘肅隴西）、西平（今青海樂都）、天水（今甘肅天水）諸郡，自稱秦帝，都天水，擁兵三十萬，是關中對唐威脅最大的勢力。武德元年（618年）七月，李世民與之會戰於高庶（今陝西長武北），採取深溝高壘、閉門拒戰的策略，意在耗掉薛軍的銳氣。不巧李世民突患瘧疾，只得將軍務交由隨軍長史劉文靜和司馬殷開山處置，告誡其切不可貿然出擊，可二人沒有聽進李世民的勸告，加之唐新定關中，官兵普遍存有驕傲之心，急於出兵，結果在淺水原大敗，損失慘重。此時薛舉暴死，薛仁杲繼位。兩月後李世民再次率部出征，屯兵於折庶城（今甘肅涇川東北）依然採取堅守不出的策略，相持了六十多天，將薛軍糧草耗盡，軍心動搖，結果一舉擊潰薛軍，包圍折庶城，薛仁杲見大勢已去，率眾投降。

劉武周盤據在代北，乘李世民討伐薛家父子的時機勾結突厥貴族向在山

西的唐軍進攻，佔領了李唐起家的晉州等地。李世民戰敗薛仁杲後即揮師山西，討伐劉武周。李世民率軍渡過黃河，與劉軍主力宋金剛對峙，依然採取堅壁不戰的方針，與敵軍比耐性，一拖就是五個多月，耗得劉軍人困馬乏，只得撤軍，李世民出兵追擊，劉軍大敗，劉武周和宋金剛被迫投奔突厥，後被突厥所殺。

平定劉武周後，只剩下王世充和竇建德兩股勢力。王世充盤據河南，建號鄭國，都城洛陽；竇建德擁有河北，建號夏國，都城洺州（今河北永年）。李世民採取各個擊破的原則，改變過去堅壁不戰為強兵攻堅，包圍洛陽，使王世充處於被動挨打的態勢。王世充率兵出城與唐軍決戰，李世民率精銳騎兵殺入敵陣，雙方血戰，斬殺和俘獲敵軍七千多人，王世充退回城中，堅守不出。

王世充向竇建德求援，竇建德出於對唇寒齒亡的考慮率兵解圍，李世民留弟弟元吉繼續圍困洛陽，轉赴虎牢關大戰竇建德，將其一舉擊潰。李世民押竇建德到洛陽城下，王世充見大勢已去，出城投降。

經過四年的浴血奮戰，李世民率部削平群雄，完成的統一，表現出過人的軍事才華。李世民作戰，之所以連戰連克，關鍵是能抓住機會，當機立斷。打薛舉時，李世民分離敵軍，看準機會率少數人馬追擊眾敵，他舅舅勸他別莽撞，他說：「機不可失，時不再來，今天這破竹之勢，萬不可失。」一劍砍斷馬韁繩，拍馬而去，取得了勝利。打宋金剛時，宋軍得不到給養被迫撤退，李世民急忙追趕，一晝夜行軍二百里，有人提議讓軍隊歇歇，李世民說：「功難成而易敗，機難得而易失，宋金剛計窮而走，眾心離散，一定要乘這個機會消滅他。」下命「再言停留者斬！」結果大獲全勝。打王世充時，竇建德增援，勢頭甚銳，大部分將領認為這時腹背受敵，應撤守，李世民審時度勢，果斷打援，將敵軍擊潰，生俘竇建德。

這樣的主帥焉有不勝的道理？他能耗得敵軍心浮氣躁，抓耳撓腮，精神崩潰；快又快得讓敵軍迅雷不及掩耳，緩不過神。李世民實在太「可怕」了，他有學問，但不迂；有膽量，但不蠻；有主見，但不偏。李世民即

李世民
唐太宗

位後曾對自己的軍事理念做過總結:「吾自少經略四方,頗知用兵之要,每觀敵陣,則知其強弱。常以吾弱當其強,強當其弱,彼乘我弱,逐奔不過數百十步。吾乘其弱,必出其陣後反擊之,無不潰敗。所以取勝,多在此也。」值得一提的是,李世民作戰時總是身先士卒、奮勇當先,每次作戰,都親率精騎衝入敵陣,用自己的膽氣帶動和鼓舞士氣,在士兵中享有無尚的威望。令人稱奇的是,他雖身經百戰,但卻憑藉着膽識和武藝,從來沒有受過傷,軍中將士都讚歎不已。

隨着李世民功績和威望的不斷提升,權力也在逐漸擴大,不但執掌軍隊,還擔任尚書令一職,位居宰相,在王朝的統治集團中,也包括在李氏兄弟當中佔據着非常顯赫的位置。李世民自太原起兵,在東征西戰中招攬和聚集了一大批人才,壯大了自己的實力,也成為支持和輔佐他走向成功重要因素,其中包括晉陽起兵時的劉文靜、長孫順德,唐軍攻克長安後進入秦王府的杜如晦、房玄齡,統一戰爭中歸附的名將秦叔寶(秦瓊)、程知節(程咬金)、尉遲敬德等人。武德四年(621年)七月,李世民從關東前線返回長安,跟隨他進京的猛將如雲,鐵騎萬乘,甲士如流,引得朝野上下轟動。此年冬,李世民受封為天策上將,地位在諸王之上,設天策府及屬官,作為他在軍事上的決策機構。

同年,李世民在秦王府設立文學館,吸收杜如晦、房玄齡等十八人入館,讓其在館內輪流值班以備顧問。李世民讓畫家閻立本為這些人畫像,文學家諸亮作贊,號十八學士,「十八學士登瀛洲」的說法由此而來。文學館實際上成為他的智囊團。

李世民的才能和功績引起了太子李建成的妒嫉,也感到了巨大的威脅,李建成開始網羅勢力,拉攏弟弟李元吉共同對付李世民。李世民返回京城後,兄弟間的矛盾更加凸現,由暗鬥到明爭,其目標只有一個,即皇位。

武德九年(626年),李世民在武將尉遲敬德、侯君集和謀臣長孫無忌、杜如晦、房玄齡等人的協助下,在玄武門設下伏兵,發動政變,射殺了李建成、李元吉,取得了皇位繼承權。高祖李淵被迫退位,李世民登基,

成為唐朝的第二位皇帝，改元貞觀，這年他二十九歲。

關於這一歷史事件，過程和結果都非常簡單，後人似乎不太願意去做過多的評價，「成者王侯敗者賊」，在某種程度上是中國人評判歷史的標準。更何況李世民打江山功勳卓著，稱帝後建功立業，詆毀的聲音就淡了。所以，活着的成為一代英豪，死了的便成為冤死的鬼魂。李世民策劃「玄武門之變」，實際上是用軍事的手段去對待政治，打仗沒有是非，只有強弱，與其坐以待斃，不如先下手為強。歷代君王莫不如此，李世民又算得了什麼？

武功蓋世
文治耀邦

李世民登上帝位，首先需要穩定政局。他接受了尉遲敬德提出的「殺人過多，不利於天下安定」的建議，採取寬大、安撫的策略，赦免了建成和元吉的黨羽，啟用了原東宮集團的重要謀臣魏徵、王珪、韋挺為諫議大夫，追封建成為息王，元吉為海陵王，按照皇室禮節改葬了兄弟倆，並且把自己的兒子趙王李福過繼為建成的後嗣，較為妥善地解決了「玄武門之變」造成的不利後果。

同時建立以自己為核心的政權機構。李世民着手整頓父親在位時的宰相班底，利用各種手段和藉口，相繼罷免了裴寂、蕭瑀、陳叔達等人的職務，將自己的舊屬及得力人才提拔為宰相，貞觀三年（629 年），確立了以房玄齡、杜如晦為左右僕射，李靖為兵部尚書，魏徵為秘書監的宰相班底。因李世民即位前曾做過尚書令，所以在貞觀期間，因避諱沒有人再擔任此職，尚書左右僕射則成為尚書省的最高職務。貞觀四年（630年），李世民又做進一步調整，確立了以房玄齡、李靖（杜如晦病故後李靖升為右僕射）、溫彥博、王珪、魏徵、戴胄、侯君集等人組成的宰相班底。選拔這些人打破了門戶之見，既有李世民的舊屬，也有原東宮

集團的成員，還有的與李世民沒有任何淵源。他們大都經歷過隋末、唐初戰爭的洗禮，具有很強的指揮和行政能力，擁有革故鼎新的強烈願望，與高祖的政權班底相比，增加了不少庶族出身的人物，明顯地呈現出從政的朝氣和進取精神，為王朝的興旺發達、開創「貞觀盛世」提供了保證。

治國的關鍵是任用人才，李世民任用賢能，廣羅人才，可以說到了非常癡迷的地步，也是成就「貞觀盛世」的關鍵所在。他說：「為政之要，惟在得人，用非其才，必難致治。」要求群臣廣開耳目，求訪賢哲，選擇和推薦人才。宰相封德彝一段時間沒有向他薦才，目中無「人」，他發怒道：「治世的道理，用人如同使用器物，各取所長，不乏賢才奇士！難道古代的治世都是從別的朝代引進人才嗎？你們不善知人，怎能誣一世之人沒有賢才呢！」他處處留心查訪，一旦發現人才即破格錄用。中郎將常何上疏朝政得失，所提二十多事見解高超，但按此人的能力是絕提不出如此見解的，經調查是他的食客馬周所撰，李世民便將馬周召進宮委以重任，官職一直做到中書令，是貞觀時期著名的樞要大臣。

由於李世民求賢若渴，不拘一格，使貞觀時期人才輩出，群賢畢至。有長孫無忌、房玄齡、杜如晦、魏徵、尉遲敬德、李孝、高士濂、李靖等文臣武將，有姚思廉、陸得明、孔穎達、顏師古等文學雅士，有歐陽詢、褚遂良、閻立德、閻立本等書法家、畫家，有少數民族將領阿史那吐樂、執失思力等。

除羅致人才，李世民特別能虛心聽取意見，虛懷納諫。史書對此大加渲染，流傳有不少關於他的故事。他說：「君主不能一人專斷，一個人的能力總是有限的，即使是一國之君，也不能遍知天下事，要治理好國家，必須聽取各方面的意見。」他問魏徵，君主怎樣才能明智而不昏暗？魏徵答：「兼聽則明，偏信則暗。」他又問該怎樣對待百姓？魏徵答：「君為船，民為水，水可載舟，亦可覆舟。」李世民信服魏徵的論點，作為執政的思想根基，並特別器重魏徵。

為了兼聽博采，太宗從制度上做了很多改革。詔令五品以上京官輪流到中書省值班，以便他隨時召見。軍國大事和五品以上官員的任免，先由宰相討論議決，再由皇帝批准。在處理一般政事上，要求中書省和門下省的官員各抒己見，據理力爭，相互檢查，以形成好的議政風氣。

為了達到求諫的目的，李世民將自己比喻成玉石金礦，臣下比喻成能工巧匠。為此他制定了兩條措施，一是詔令宰相入閣商議軍國大事，必須讓諫官和史官列席；二是重賞敢於進諫的官吏。有次他給個叫元律師的人定了死罪，主管刑律的官員孫伏迦上書，說元並沒犯該處死的罪，判死刑是濫加酷刑，違背了刑律的規定。結果李世民不但接受，還賞賜給孫一座價值百多萬的園子。別人認為賞賜過高，但李世民說我這麼做是為了鼓勵大家關心朝政，多提意見。李世民求諫不光盯住大事，也關心一些小事，他說：「凡大事皆起於小事，小事不改，大事將不可救；國家滅亡，都是從小事開始的。」

李世民認定賞罰嚴明是實現天下大治的重要保障，說：「賞罰是國家大事，獎賞有功的人，人們會爭相進功；處罰犯罪的人，惡人就會懸崖勒馬。」他命房玄齡、長孫無忌修改《武德律》，制定出《貞觀律》，主張慎刑寬法和嚴格執法，即制定法律不要太嚴苛，對老百姓不要管得過死，要給予一定的自由度，法律制定出來必須執行得了。所以，《貞觀律》比《隋律》要輕，光死刑就減去了近百條，可同時還增加了針對文武百官和經濟社會生活的令、格、式，擴大了法律監管的範圍。法律不光要瞄着老百姓，也要對各級官吏實施監管，增強了法律的公正性。李世民還選拔了一批公正無私的人擔任法官，以保證法律的執行；將死刑的終審權收歸中央，「死者不可復生，用法務在寬簡」。

李世民特別重視經濟的恢復和發展。由於戰爭的破壞，在他執政之初社會經濟狀況很不好，他一方面提倡戒奢崇儉，節省開支，另一方面積極推行輕徭薄賦，讓百姓修養生息。他即位後，所住宮殿還是隋代修建的，大部分已很破舊，他患有氣管病，住的地方很潮濕，大臣們提議蓋座新的，他沒有同意；為了減少宮中的消費，他下詔減少宮女，一次就解散了三千多人；他禁止厚葬，並作表率，在安排自己的陵寢時，要「以山

唐代閻立本繪《步輦圖》，描繪唐太宗李世民接見使者的情景。

為陵，容棺而已」；他禁止地方官給宮中進獻珍寶；由於他的倡導，貞觀初年，朝廷上下形成了崇尚節儉的風氣。他上任後即抓減輕農民負擔，由於戰爭和災害，免了蒲、芮等六州兩年的租稅，其他地方免一年；規定盡量減少徭役，如果非徵不可，也要放在冬閒季節。由於減輕賦役，到貞觀的第三年全國連續獲得大豐收，老百姓的日子過得很舒坦。

唐初與突厥的戰爭衝突一直存在，這支來自北方的遊牧民族經常南下騷擾。李世民授兵部尚書李靖為統帥，領兵十餘萬，經過奮戰，收復了陰山至漠北的廣大地區。李世民在各族中的威望不斷提高，各部族尊他為「天可汗」。其後，唐朝又陸續將吐谷渾、高昌、焉耆、龜茲等地納入版圖，使西部和北部地區重新得到鞏固和擴大。

在軍事討伐的同時，李世民還採取安撫策略，選拔了許多少數民族的首領到京師任官，有的擔任文職，有的甚至擔任禁軍的首領，東突厥的貴族首領任職的有五百多人，五品以上的高級官員有一百多人。他還採取和親的策略，最著名的是將文成公主嫁給吐蕃首領松贊干布，松贊干布為了迎娶文成公主在拉薩修建了華麗的布達拉宮。此外，還與亞洲乃至世界許多地區進行交往，日本等國派遣唐使到唐朝來學習。

李世民勵精圖治，銳意進取，使唐朝在武功、文治及懷遠等方面都取得了巨大成就，出現了天下大治的局面。他是中國歷代君王中非常有作為的一位，促進社會進步，給民眾以寬鬆的生存空間，也贏得了各族人民及歷史的尊重。

一世英明
晚年缺憾

廣羅人才，虛懷納諫，懷遠天下，需要寬廣的心胸，即老百姓所說的「肚量」。人常說「宰相肚裡能撐船」，即宰相得特別能包容，肚裡能容得下事，也能容得下人，小裡小氣，鼠肚雞腸，是當不成宰相的。而帝王卻往往很難做到這一點，他們憑藉權力，排除異己，以人劃線，聽不得不同意見，順我者昌，逆我者亡。但李世民卻能容天下各色人等，聽得進不同的意見，實屬不易。

李世民經「玄武門之變」登上帝位，但並沒有對「太子黨」大開殺戒，而是赦免了建成和元吉的黨羽。其實他心裡明白，這些人追隨兄弟，並不是追隨其人，而是在追隨其權力及權力背後的巨大利益。所以，他不但沒殺，反而起用了其中的能者，封魏徵、王珪、韋挺為諫議大夫，封在事變中曾帶兵攻殺他的薛萬徹為將軍，很快平息了「喋血禁門」所造成的負面影響，表現出「大人不記小人過」的氣量。

李世民在用人方面有句名言：「外舉不避仇，內舉不避親」，一切以德才為重。有人曾提議將秦王府的舊屬都晉職提官，他予以拒絕：「我以天下為家，不能私於舊部，用人只能惟才是任，而不可以新舊為標準。」這比「一朝天子一朝臣」的做法要強多了。

魏徵是李世民起用的原「太子黨」的舊臣，按理說魏徵應該小心謹慎，可他卻偏偏特別愛提意見。可李世民卻不計較，不但能聽得進去，還把

魏徵捧上了天，甚至還有些怕他，被後世傳為佳話。魏徵直言陳諫，從政期間共進諫了二百多事，大部分被採用，官職由諫議大夫、給事中、尚書右丞到秘書監，位列宰相。他曾向李世民上諫《十漸不克終疏》，列舉了十個方面的問題批評太宗，李世民看後心服口服，寫到屏風上，時時提醒自己。

一次，李世民備好車馬準備出巡，正好魏徵從外面回來，李世民不走了，魏徵問聽說陛下要巡幸南山，怎麼不去了？李世民說原來有這種想法，怕你不高興，所以不去了。一次，別人送給李世民一隻鷂鷹，李世民正玩兒得高興，見魏徵進來，怕挨說，忙揣到懷裡，等魏徵走後，一看鷂鷹給悶死了。可見李世民對進諫者的態度。魏徵死，李世民特別傷心，說道：「以銅為鏡子，可以正衣帽；以歷史作鏡子，可以知道國家的興衰成敗；以人作鏡子，可以知道自己的對錯。魏徵去世，使我失去了一面很好的鏡子。」

李世民深知帝王在貫徹法律中的作用，說：「國家法律，不是帝王一家之法，是天下人共同遵守的法律，因此一切要以法為準。」在當時那個年代李世民能說出如此的話來，實在太難得了。李世民的叔叔江夏王李道宗是開國元勳，為唐朝的建立立下汗馬功勞，犯罪後一樣免官削封，入了大牢；李世民姐姐的孩子趙節因參與太子承乾謀反，該當死罪，姐姐求情，李世民說：「賞罰不分仇人和親戚，這是至公之理，我不能因他是我外甥而赦免。」他兒子吳王李恪因打獵踩壞了老百姓的莊稼，官員彈劾他，李恪認為自己是皇子，不以為然，李世民不僅免去了其官職，還削去了他三百戶的封邑。

影響李世民大治天下還有一個重要人物，即夫人長孫皇后。長孫氏出身貴族世家，自幼受過良好教育，知書達理，寬厚仁慈。其兄長孫無忌是李世民打天下、奪皇位的功臣，李世民對其非常信任，委以宰相。長孫皇后對此常以漢代呂氏、霍氏外戚專權提醒李世民，要求降低兄長的官職，怕李世民不允，又讓長孫無忌主動請求，實在令人感動。而李世民能聽夫人的，表現出了男人的胸懷。歷史上不少皇后，挖空心思地為娘

家人撈取利益，甚至干預朝政，長孫皇后如此行事，堪稱楷模，只可惜英年早逝，享年僅三十六歲，李世民每每想起長孫氏來都十分傷心：「不能再聽到皇后的勸諫，失去這麼個好幫手，使我永遠不能忘懷。」

隨着國家的強盛和自己在各民族及周邊國家中威望不斷飆升，李世民有些飄飄然起來，驕傲和自滿情緒開始滋長，隋朝滅亡的歷史教訓開始淡忘。當初他總結隋煬帝亡國的原因有三：一是廣修宮室，四處巡幸；二是美女珍玩，徵求無止；三是東征西討，窮兵黷武。結果到貞觀中後期他自己也變得浮華起來，開始忘卻節儉，大興土木，建造宮殿，而且越建越豪華；開始追求享樂，玩心日重，「求駿馬於萬里，市珍奇於域外」，「難得之貨，無遠不臻，珍玩之作，無時能止」；老百姓的徭役加重，役工「道路相繼，兄去弟還，首尾不絕」，甚至出現百姓為躲避徭役而斷手斷足的現象。

李世民作為皇帝的貪慾、專斷的本性開始越來越多地暴露出來，任用官吏不再像貞觀初年那樣惟才是舉、德行、學識為先；兼聽納諫已大不如前，原是恐人不言，導之使諫，甚至鼓勵臣下犯顏直諫，現在變得漸惡直言，不悅人諫。魏徵死後，除劉洎、馬周還敢說上幾句，其他人都開始阿諛奉承。李世民日益專橫跋扈，疑忌手下人，動輒問罪，輕則貶黜，重則殺戮，特別是出身寒微的官吏，連尉遲敬德、房玄齡這樣的功臣也未能倖免。在太子廢立事件後，猜忌進一步升級，李世民原立長子承乾為太子，但其品行不端，加上腿有點跛，李世民想改立他喜歡的四子。魏徵在世時曾表示反對，認為立嫡長乃傳承之法。魏徵死後，承乾因謀反被廢為庶人，與之有牽連的官員被殺，中書侍郎杜正倫因此獲罪。而魏徵生前曾薦舉過杜正倫，李世民懷疑魏徵與杜為朋黨，於是解除了他許諾魏公子與其女兒的婚約，推倒了自己撰文、書寫給魏徵的碑文，做得實在太有些過份了。貞觀二十三年（649年）五月，李世民病逝於翠微宮含風殿，諡文武大聖大廣孝皇帝，廟號太宗，葬於陝西咸陽城西北禮泉九山之昭陵。

李世民
唐太宗

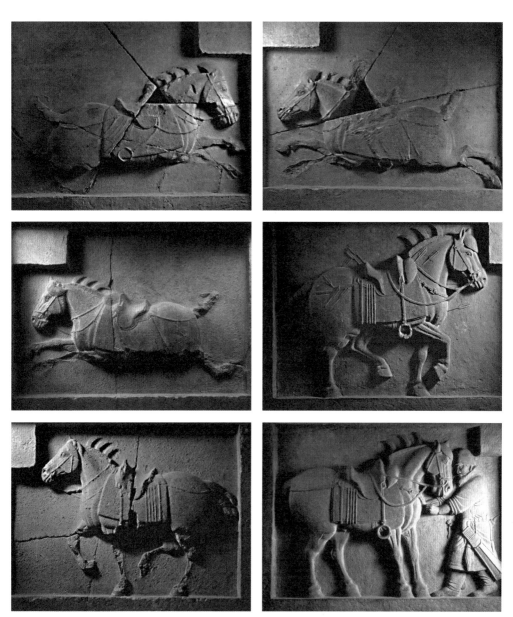

唐太宗陵墓——昭陵中的浮雕，名為昭陵六駿，是太宗生前的六匹心愛駿馬。左上至右下橫向依次為：白蹄烏，什伐赤，青騅，拳毛騧，特勒驃，颯露紫。

綿裡藏針的李治

李治是太宗的第九子，唐代的第三位皇帝。史家多評價他「懦弱」或「庸懦」，一方面揭示了他的個性，另一方面是因為在他的前後，一位是如日中天的太宗，另一位則是中國史上唯一的女皇武則天，把他夾在中間，自然顯得羸弱和暗淡了許多。

唐高宗李治像

寬仁孝友
天賜機遇

李治於貞觀二年（628年）六月出生在東宮麗正殿，小名「雉奴」，是太宗的第九個兒子。為長孫皇后所生，嫡子，他前面有兩位嫡兄，長子李承乾和四子李泰。太宗共有十四個兒子，李治前面有一大群哥哥、姐姐，後面又陸續出生了好幾個弟弟、妹妹，他處在中間，不太容易引起父母特別的關注和溺愛，他的性格比較內向，依賴性強，比較隨和，但心裡很有數。貞觀五年（631年），受封為晉王；貞觀七年（633年），遙授并州都督。

可能命中注定那些叱吒風雲、彪炳千秋的君主在安排後嗣問題上總表現得很猶疑、反覆，秦始皇、隋文帝以及清康熙帝等莫不如此，太宗也是同樣。說來原因可能有二，一是他們都能力過人，總感到沒有什麼做不到，包括自己益壽延年，所以考慮身後事都比較晚，或者說不願意考慮；二是以他們的眼光看誰都不夠優秀，包括能力和品質，看不過去就進行調換，換了又往往還不如前，於是就出現了反覆。這便導致了皇子及背後利益集團之間的爭鬥，形成了宗室及朝政的混亂，最後的受益者往往並不是那些鋒芒畢露、才華橫溢的子嗣，而是些才智比較平庸或隱藏得很深的人。

根據封建的嫡長繼承制，太宗在即位的當年便立八歲的嫡長子李承乾為太子，作為皇位繼承人。這似乎是天經地義的，沒有任何異議，其他皇子也不會有什麼想法。但承乾從小特別調皮，甚至很「出格」，照現在的說法的特別「不靠譜」，是個典型「賴小」或「惡少」。他經常帶一幫人去偷老百姓的牲口，殺了煮着吃；喜歡模仿突厥人的樣子，讓一幫人把頭髮編成辮子，穿上羊皮襖，舉着突厥人的旗幟，四處搶掠；他還裝扮成突厥可汗裝死，讓一群人圍着他哭，舉行殯葬儀式；到了年齡稍大，他又沉溺於聲色，跟當時皇宮戲班裡一個叫「稱心」的十幾歲男孩整天廝混在一起。太宗見此很生氣，便令人把「稱心」殺了，並罷免了一批在太子教育上失職的官員。但承乾並沒有因此而悔改，對「稱心」

懷念不已，在宮中為他修墳、立碑、雕像，供奉兵馬木俑等。

後來，承乾又迷戀上了打仗，常與他七叔漢王李元昌在宮中各領一隊人馬，手持兵器，身披鎧甲，交兵佈陣，讓兵士們真刀真槍地幹，誰要不願意馬上綁起來掛到樹上吊死，每次交戰都出現不少傷亡。但東宮能調動的軍隊畢竟有限，他感到不過癮，說：「我如果做了皇上，要在皇苑中設置萬人營，那時再與漢王分兵作戰，可就痛快了！如果再有人說三道四，就殺了他，殺上他幾百人，看還有誰敢多嘴！」承乾起初還忌憚太宗，也盡量躲着負責他教育的大臣，但隨着年齡的增長，根本不再把大臣們放在眼裡，有人規勸，他不但不聽，有時還派人去暗殺。承乾自幼腳有殘疾，太宗心裡並不喜愛，又見他如此胡作非為，越發反感，萌生出要廢掉他太子身份的想法。

四子魏王李泰自幼以文筆見長，性格沉穩，深得太宗寵愛，所得賞賜往往比承乾還要多。他得知大哥失寵，而二哥、三哥為庶生，便有了要取代承乾的想法。他拉攏在自己府中管事的韋挺、杜楚客等人，讓他們在朝中廣結權宦，為自己做太子製造輿論；又與駙馬都尉柴令武、房玄齡的兒子駙馬都尉房遺愛等二十餘人拉幫結派，形成了一股顛覆太子的勢力。承乾察覺到了太宗的對自己的不滿，又發現李泰在暗中大肆活動，感到了自己的儲位在受到威脅。他知道威脅主要來自四弟，便派人冒充魏王府中的人到太宗面前告發李泰的種種劣跡，結果被太宗識破；又派人去暗殺李泰，也沒有成功。承乾見大勢已去，與其坐以待斃還不如拚死一搏，當然也多少遺傳有父皇「喋血禁門」的基因，暗中招募刺客死士，聯絡對太宗有不滿情緒的李元昌、侯君集等，密謀殺入皇宮，發動政變，奪取皇位。

此時正值太宗的五子李祐為躲避處罰，在外地發動叛亂，雖很快被平息，但給承乾打了一付興奮劑，他覺得東宮與皇宮只有一牆之隔，一旦起事，很容易成功。但誰想在他招募的刺客中有個叫紇干承基的，因李祐事件受到牽連，在受審時主動交待了承乾的政變計劃。太宗大驚失色，立即派人將承乾囚禁，經核查屬實，立刻清洗了「太子黨」的成員。太宗召集大臣們徵求對承乾的處置意見，大臣來濟建議：「陛下不失慈父的形

象，太子又可以活命，便是最好的辦法。」太宗接受了建議，廢承乾為庶人，政變陰謀徹底流產。

承乾被廢，李泰似乎成為了太子的當然人選，他每天入宮服侍父皇，不斷討太宗歡心；太宗本來就喜歡他，當面表示要立他為太子。但大臣們對立太子一事意見不一，岑文本、劉洎等主張立李泰，但權位顯赫的長孫無忌、褚遂良等人則主張立晉王李治。太宗有些拿不定主意，他既不願意為立李泰而傷了幾位元老，同時也不想讓李泰失去幾位元老的支持。李泰見父皇猶豫，便表示自己在臨死前將殺掉自己的兒子，將皇位傳予李治。這簡直有點兒不惜一切代價了。太宗很賞識李泰的大度，又徵求朝臣們的意見，褚遂良說：「若魏王以後真做了皇上，難道還肯殺自己的親生兒子，傳位給晉王嗎？」太宗一想也是，褚遂良又說：「當初承乾被立為太子，陛下卻厚愛魏王，待遇過於太子，才釀成後來的兄弟爭立、太子圖謀政變的悲劇，這可是血的教訓。如果您立魏王為太子，為避免以後悲劇重演，請先給晉王一個妥善的安置，大家才能平安無事。」話說得很耐人尋味，太宗又陷入了困惑。

面對種種阻力，李泰為了取得太子位，想脅迫李治退出競爭。他找到李治，說：「原來你與七叔元昌關係密切，現在他因謀反被殺，你就不怕受到牽連嗎？」李治聽了挺緊張，整日憂心忡忡，生怕父皇有朝一日處罰自己。太宗發現李治一段時間神色不對，便追問緣由，李治如實說來，太宗才知道是四兒在暗中作梗，心裡很不高興，這不禁又讓他想起承乾犯事兒後所說的一席話：「臣貴為太子，更何所求？魏王久有奪嫡之心，只恐被他加害，才與朝臣謀自安之道。一幫凶險不逞之人，遂教臣為不軌之事。今若以泰為太子，豈不是中了他的圈套。」太宗遂對李泰產生反感，有了讓李治繼儲位的想法。

貞觀十七年（643 年）四月初的一天，太宗在兩儀殿朝會結束後，留下了長孫無忌、房玄齡、李世勣、褚遂良等人，以及侍立於一旁的李治，太宗說：「我三子（齊王、太子和魏王）一弟（漢王）所為如此，我心實在失望至極，百無聊賴。」說罷，竟在御座之上，抽出佩刀欲自刎，

李治
唐高宗

長孫無忌等人大驚失色，急忙上前抱住太宗，奪下了佩刀。長孫無忌明白太宗的用意，請太宗將心事賜示，太宗答道：「我欲立晉王。」長孫無忌馬上說道：「謹奉詔。有異議者，臣請斬之。」太宗對李治說：「你舅舅應許擁立你了，還不快快拜謝！」

李治趕忙下拜。太宗又對長孫無忌等人說：「公等既符我意，不知道外面會有什麼議論？」長孫說：「晉王仁孝，天下歸心久矣。乞望陛下試召問百官，必無異辭。若有不同者，乃是臣負陛下，罪當萬死。」太宗見狀，也就不再猶豫，召百官於太極殿，詢問諸子之中誰最適合立為嗣君，眾臣異口同聲：「晉王仁孝，當為嗣！」太宗見立李治居然為眾望所歸，龍顏大悅。貞觀十七年（643年）四月七日，太宗親駕承天門，下詔立晉王李治為太子。一場立儲之爭到此宣告結束，李治這年十五歲。

承父教誨
勤以補拙

李治當上太子，其實跟他個人努力並沒太大關係，因為他當時只有十五歲。主要是因為太子承乾品行不端，魏王李泰心懷歹念，權臣長孫無忌等人鼎力相助，由太宗抉擇，才成就了他的太子位。眾臣講其「仁孝」，實際上並非他當選太子的主因，因為李泰在這方面做得也很到位，根本原因在於權力之爭，使他「鷸蚌相爭，漁翁得利」。

當然，「仁孝」不一定能助其成功，但卻能消除遇到的障礙，這恐怕就是道德因素所能起的作用。史書記載：李治自幼學習《孝經》，太宗提問書中要義，李治答：「夫孝，始於事親，中於事君，終於立身。君子之事上，進思盡忠，退思補過，將順其美，匡救其惡。」太宗十分滿意，誇獎道：「能夠做到這一點，足以事父兄，為臣子矣。」事實證明，李治習讀及踐行「仁孝」，對其人生起到了至關重要的作用。李治被立為太子後，太宗下詔降魏王李泰為東萊郡王，後又改降為順陽王，流放均

州鄖鄉（今湖北均縣北），貞觀二十一年（647年），進封濮王。

作為一位儲君，僅僅行「仁孝」當然是遠遠不夠的，還需要具有多方面的素養，太宗對李治的成長可謂嘔心瀝血。每逢視朝，常令其在側，觀摩實習，令其參議，讓他在實際工作中得到鍛煉和提高。在日常生活中更是時常耳提面命，循循善誘：見李治吃飯，說：「你要知道稼穡的艱難，不奪農時，才能經常有飯吃」；見李治騎馬，說：「你應知道不盡其力，才能常有馬可騎」；見李治乘船，說：「水能載舟，也能覆舟，百姓就像水，君主就如舟」；見李治在樹下小憩，說：「木要以墨繩為準才能正直，君要能夠接受勸諫才會聖明」。李治每次聽了這樣的話，都會恭然肅立，感激父皇的教誨，表示一定要「銘記在心」、「永誌不忘」。太宗晚年還親自撰寫了《帝範》十二篇賜予李治，從《君體》、《建親》、《求賢》、《審官》、《納諫》、《去讒》、《戒盈》、《崇儉》、《賞罰》、《務農》、《閱武》、《崇文》等方面教誨李治要明瞭修身治國、安危興廢的帝王之道。

貞觀二十年（646年）三月，太宗率軍出征高麗返回長安，由於征程勞頓，身患疾病，需要靜養，朝政由李治代理。李治在理政的同時全力服侍父皇，噓寒問暖，尋醫用藥；他在太宗寢殿的一側安置了一處院落，住在那裡以便照料；太宗身上長了個瘡，他用嘴將裡面的膿血吸出；太宗乘車出外，他隨車步行，寸步不離；太宗讓他去休息，他總是不肯；然而正是在此期間，他和同為服侍太宗的才人武則天邂逅，產生了感情，當然這是後話。

太宗臨終前仍不放心李治的將來，對李治說：「李世勣才智過人，但你對他未曾有恩，恐怕日後他難以為你真心效力。為此，我現在把他貶到外地，等你做了皇帝，再把他召回做丞相，他或能對你感恩。若發現他對你不忠，要盡早除掉，以免危及你的統治。」李世勣得知此訊，接到詔命後連家都沒敢回便即刻啟程，後李治召回其做丞相多年，始終非常謹慎。太宗又將長孫無忌、褚遂良叫到床前，充滿感情地說：「現在我把以後的事情全部託付給你們，太子生性寬厚，希望能善加輔佐。」又

李治
唐高宗

對李治說：「有長孫無忌和褚遂良在，你對天下事不必過分憂慮。」貞觀二十三年（649年）五月，五十二歲的太宗駕崩。

李治即位後按照太宗的遺訓，重用長孫無忌、褚遂良，召回李勣（即李世勣，因避諱太宗世字改名李勣）做右僕射，組成宰相班底。他對宰相們非常信任，有人告長孫無忌有意謀反，李治沒做任何調查，便將狀告者處死。李治的才智很難說高深，但依靠長孫無忌等謀臣的輔助，勤於理政，虛心納諫，朝政倒也平穩，當遇到棘手的事情，也敢於「出招」，並非全像人們所說的怯懦、無主見。

太宗在位的後期一般是每三天上一次朝，處理政務。李治即位後堅持每天上朝，及時處置各類事務。他說：「我年齡不大就做了皇帝，必須每天孜孜不倦地工作，唯恐需要及時處理的事情被擠壓拖延。」直到顯慶二年（657年）五月，宰相李義府提出現在是太平盛世，每天沒有那麼多要緊的事可做，請改為隔日上朝，李治才接受了建議。

李治即位當年的八月，河東地區發生了強烈地震，晉州尤為嚴重，房屋倒塌，遇難者達到五千人；同年，天下諸州，水旱相繼，關輔之地，又遇蝗災；晉州的地震持續了兩年多。這對李治的執政帶來了很大的壓力，更何況他是從晉王被立為儲君而得天下的。他即「詔遣使存問，給復二年，壓死者賜絹三匹」；他在朝廷上說：「朕初登大位，因政教不明，遂使晉州之地屢屢發生地震。這是由賞罰失中、政道乖方所致。卿等宜各進封事，極言得失，以匡不逮。」按理說天災並不該由他負責，但他檢討自身、主動承擔責任的態度很好。

李治即位伊始便下詔「罷遼東之役及諸土木之功」，永徽二年（651年）九月，下令將所佔百姓的田宅還給百姓。一次，他出外打獵遇雨，問諫議大夫谷那律：「用油布做的雨衣怎樣才能不漏一點水？」谷那律答：「要是用瓦做，肯定不會漏雨。」瓦指的是房子，言外之意批評李治不應出來打獵遊玩，李治愉快地接受了批評，從此廢止了皇帝遊獵的常規。顯慶元年（656年），李治詢問減輕百姓負擔的辦法，中書侍郎來濟指出：

不必要的勞役是百姓的沉重負擔，出工則違誤農時，出錢又需花費很多，建議免除一切不十分緊迫的徭役徵發，李治也虛心採納。

李治對法律十分重視，永徽四年（653年），命長孫無忌等大臣修訂出《唐律疏議》，又稱《永徽律疏》，繼承了《貞觀律》寬平公正的處刑原則，為我國現存最完整的成文法典。一次，李治向大理寺卿唐臨問監獄的情況，唐臨報告說監獄中在押的犯人只有五十多個，其中有兩人需判死刑，李治對犯罪率低及死罪率低的情況表示滿意。

太宗晚年追求長生之術，聽信術士的胡言，遍尋所謂長生不老藥。李治對此則保持冷靜的態度和對醫學的信任。李治身體不佳，對御醫的治療總能給予積極的配合，即使在頭上扎針流血也不介意；他命人組織名醫修訂了《唐本草》醫書行世；對於長生藥他從不迷信，說：「自古哪有什麼神仙？秦始皇、漢武帝都曾四處求長生藥，結果徒費錢財，騷擾百姓，誰也沒能長壽。如果真有不死之人，現在都到哪去了？」

高祖、太宗所生兒女眾多，兒子封王，女兒為公主，所嫁夫君為駙馬。這些人常常仗勢欺人，欺凌百姓。高祖最小的兒子滕王元嬰橫行霸道、胡作非為，經常帶着大隊人馬縱惡城鄉，弄得遠近雞犬不寧，他與太宗的七子蔣王李惲四處搜刮民財，盤剝掠奪。一次李治普賜諸王，說：「滕王叔叔和蔣王哥哥都善於自己經營，我看就不必賜給財物，只賞給他們兩車麻，讓他們回去做串銅錢的繩子吧。」

太宗的女兒高陽公主與駙馬房遺愛（房玄齡之子）、巴陵公主的駙馬柴令武、高祖女兒丹陽公主的駙馬薛萬徹、高祖六子荊王元景等人對李治稱帝都心懷不滿，相互勾結，陰謀發動政變，共舉荊王元景為帝。事情敗露以後，李治即命長孫無忌進行調查，得知是太宗三子吳王恪為主謀。李治當機立斷：房遺愛、薛萬徹、柴令武等斬首，荊王元景、吳王恪、高陽公主、巴陵公主等賜死，侍中兼太子詹事宇文節、江夏王李道宗等貶黜嶺南，吳王恪之弟、房遺愛之弟、薛萬徹之弟等也都遭貶或流放。當然這其中並不乏長孫無忌弄權的成分，但李治的果斷是顯而易見的。

經過李治一段時間的打理，到永徽三年（652年），全國人口從貞觀時期不滿三百萬戶增加到三百八十萬戶；永徽五年（654年），糧食豐收，洛州地區粟米每斗兩錢半，粳米每斗十一個銅錢；唐將蘇定方、李勣和劉仁軌、薛仁貴經營遼東，設立九都督府；新羅統一朝鮮半島，與唐朝建立良好的關係。史家評價：「永徽之政，百姓阜安，有貞觀之遺風。」

力主換后
皇權他享

李治即位，立王氏為皇后，王皇后不育，漸漸失寵，蕭淑妃得愛。武則天原為太宗的才人，服侍太宗時與李治邂逅生情。太宗死，武則天隨眾嬪妃削髮入庵，一次，李治不知是偶然還有意到庵內進香，與武則天重逢，舊情重燃。皇后見此，出於對蕭淑妃的嫉恨，鼓動李治讓武則天蓄髮，將其重新納入宮中。武則天進宮後，皇后在李治面前不斷對其讚許，使李治越發喜歡上武則天。隨着武則天日漸得寵，皇后雖達到了排擠蕭淑妃的目的，但自己的地位卻沒得到改善，而且每況愈下。皇后遂又將矛頭對準了武則天，但這時她已經無法扭轉局面了。不久，她和母親魏國夫人詛咒武則天的事情被人告發，李治大怒，下令不准魏國夫人再出入宮廷，皇后的舅舅中書令柳奭被免，李治開始產生出廢立皇后的想法。

時間不長，武則天生了個女孩。王皇后不能生育，但很喜歡孩子，不時過來逗小姑娘玩。一日，武則天等皇后逗完孩子走後，竟殘忍地將女兒掐死，然後蒙在被子裡。等李治來到，假裝帶着他去看孩子，見到的卻是孩子的屍首。武則天嚎啕大哭，嫁禍於皇后，更堅定了李治換后的決心。

就李治的處境，換后必須徵得顧命大臣的支持，李治便帶着武則天去拜訪舅舅長孫無忌。酒席上，李治宣佈封長孫無忌的三個兒子為朝散大夫，並賞賜大批財物。長孫無忌並沒有為此而喪失原則，當李治一提廢后的

事，他堅決反對。李治得不到支持，很鬱悶，經過一番考慮，決定甩開長孫無忌等人，在朝見百官時突然宣佈封武則天為宸妃。這很不像他平時的性格，使在場的朝臣們大為吃驚。

按照唐朝後宮的規制，在皇后之下，有貴妃、淑妃、德妃、賢妃各一人，為夫人；有昭儀、昭容、昭媛等九人，為嬪；另有婕妤、美人、才人各九人，寶林、御女、采女各二十七人。武則天在太宗時為才人，地位較低；到李治時被納為昭儀，上了一個等級，這回又封為宸妃，地位大為提升。韓瑗、來濟當場諫阻，李治則不予理睬。

廢立皇后的事情公開，使那些善於察言觀色、搬弄是非的人有了可乘之機。人稱「李貓」的中書舍人李義府因為受長孫無忌的壓制，心懷不滿，想尋機報復，以圖發達，正式奏請李治廢掉王皇后，立武則天為后。李治很高興，賞賜李義府一斗珍珠，提拔為中書侍郎。另外，許敬宗、袁公瑜、崔義玄等人也站出來，支持李治。一時間，在朝廷內部分成了兩派，長安令裴行儉等因與長孫無忌議論時流露出不滿，被降職。

李治見有一批人支持自己，便召集會議專門討論此事。李勣不願捲入紛爭，聲稱有病躲避。李治當廷講出廢立的理由：王皇后不能生育，無法為皇室傳宗接代，該廢；武則天生了兒子，立為皇后無可非議。褚遂良當場反駁：太宗臨終顧命，把好兒好媳託付給我們，廢后不符先帝遺訓；王皇后出身名門貴族，並無過錯，不應輕易廢掉；退一步講，即使重新議定皇后，也不應選擇武則天，其出身寒微，曾做過太宗的才人，父子共妻的名聲太不光彩。

褚遂良言之有理，但過為尖刻，當場以辭職要挾，並趴在地上叩頭不止，鮮血直流。李治感到大失顏面，命人將其拖出，經長孫無忌講情，才沒有加刑。長孫無忌態度已經明確，另一重臣于志寧沒有表態，韓瑗、來濟表示反對，李治的提議在朝議中受阻。但李治並不死心，幾天後詢問李勣，李勣回答圓滑：「此乃陛下的家務事，何必要問外人？」許敬宗則公開宣稱：「種地的老百姓遇上好收成，多收幾擔糧食還想換換老婆，何況皇上！況且天子要廢立皇后，與別人有什麼關係，何必要提出種種

異議？」

李治堅持廢立皇后實際上還有一層含義，那就是他立太子、做皇上全仰仗長孫無忌、褚遂良等人相助，太宗臨終又顧命託付，稱帝後他基本上聽這些人的。但此時他已近而立，不願意再被別人左右，與長孫無忌等元老派的矛盾已現端倪，廢立皇后實際上是在向元老派公開挑戰。永徽五年（654年）冬，李治正式宣佈廢掉王皇后和蕭淑妃，罪名是用毒藥害人，同時宣佈立武則天為皇后。

李治在皇權與相權的決鬥中獲勝，褚遂良被貶，死於外任；韓瑗、來濟貶至邊州，永不許進京；于志寧、柳奭被徹底罷黜；長孫無忌初被疏遠，顯慶四年（659年）以謀叛罪被殺；一大批人因牽連被貶職、罷免或殺頭。經此事件元老派除李勣外基本上被清除，李義府、許敬宗等阿諛小人入主相府。

不知是理政操勞，還是心境煩亂，李治於顯慶五年（660年）開始生病，頭痛眩暈，兩眼模糊，難以主持日常政務，故將朝政常交給皇后武則天代為處理。武則天初為皇后很收斂，對李治百依百順，但當其地位鞏固，拉攏和收附了一批心腹，特別是經過處理朝政對自己的能力有所認識，開始控制李治，對李治的一舉一動都進行監視。王皇后和蕭妃被關在別院，一次偶然的機會，李治見到她們的處境，昏暗的小房子只留一個遞送食物的小孔，遂萌生同情之心，答應想辦法給她們恢復自由。李治的承諾馬上被人告知武則天，武下令將二人各打一百棍，砍去手腳投入酒甕中淹死，真是殘忍至極。

李治越來越不滿意自己的處境，麟德元年（664年），與中書侍郎上官儀商議要廢掉武則天的皇后位，並由上官儀草擬了詔書。但密謀很快被人告發給武則天，武則天找來李治質問，李治支吾得說不出話，將責任推給了上官儀。結果上官儀和其子被殺，因上官儀曾做過東宮官員，舊太子李忠也因此被害。從此，凡李治上朝，都由武則天垂簾聽政，事無鉅細，都要徵求武則天的意見。朝野內外都恭稱李治和武則天為「二聖」，實際權力已掌握在武則天手中。

李治共有八個兒子，即忠、孝、上金、素節、弘、賢、顯、旦。王皇后不育，前四子均為嬪妃所生，後四子則出於武則天。李治即位時，王皇后在舅舅柳奭的勸說下，請李治立長子李忠為太子，是想通過擁立使李忠成年後能親近自己。但一年後，武則天的長子李弘出生，許敬宗根據嫡長子繼承的原則，建議更換太子，李治採納。顯慶元年（656 年），廢李忠，立四歲的李弘為太子。

龍朔三年（663 年），李弘開始接受為政的培養，李治帶他每五天上一次朝，聽大臣奏事，處理一些不太緊要的事務。隨着年齡的增長，李弘對許多事情有了自己的看法。李忠因受上官儀的牽連被害，引發李弘的同情，要求父皇收屍安葬，得到應允。一次，李弘發現了囚禁蕭淑妃兩個女兒的地方，這兩個同父異母的姐姐年逾三十還未出嫁，李弘非常同情，請求父皇將她們放出擇婿嫁人。武則天對兒子的成熟感到了威脅。時隔不久，二十四歲的李弘突然病死，人們都懷疑是武則天所害，但並沒有確鑿的證據。

李弘死，其弟李賢被立為太子。李賢自幼聰明，讀書很多，深得李治喜愛。這時李賢已二十多歲，武則天更怕難以駕馭，親自寫了《少陽正範》和《孝子傳》等賜給李賢。武則天常對李賢橫加指責，使李賢常充滿恐

唐高宗與武后的合葬陵墓——乾陵。由外國探險家攝於 1914 年。

李治
唐高宗

懼。一個深得李治及武則天信服的術士明崇儼常對武則天說，李賢的弟弟英王李顯相貌最像太宗，另一個弟弟相王李旦也有貴相，鼓動武則天再度廢立太子。調露二年（680年），明崇儼遇害，李治命緝拿兇手，但沒有結果。武則天懷疑是李賢所為，故找借口搜查東宮，抄出數百件盔甲成為了李賢謀反的罪證。結果李賢被廢，李顯被立為太子。

永淳二年（683年）冬，李治病情加重，經御醫秦鳴鶴針灸有所好轉，但時間不長則更為嚴重。十二月李治到洛陽，改元弘道，大赦天下。不日駕崩，享年五十六歲。臨終前令太子即位，宰相裴炎輔政，凡軍國大事有疑難處，可聽從天后（武則天）處置。死後諡天皇大帝，後增諡天皇大聖大弘孝皇帝，廟號高宗；次年靈柩從洛陽運抵長安，葬於陝西乾縣之乾陵。

冷酷殘暴的武則天

武周皇帝 684-705

光宅
垂拱
永昌
載初
天授
如意
長壽
延載
証聖
天冊萬歲
萬歲登封
萬歲通天
神功
聖曆
久視
大足
長安
神龍

武則天原是太宗的才人，後為高宗的皇后，是中宗、睿宗的生母，人說她嫁了兩個皇帝，又生了兩個皇帝，自己也當了皇帝。高宗去世，她相繼廢掉中宗和睿宗，改國號「周」，史稱「武周」，成為中國史上首位也是唯一的女皇帝。她從地位低下的「才人」，經過一步步拼爭，登上權力的巔峰，顯示出超強的奮鬥能力；同時她泯滅人性、不擇手段、陰毒殘暴、荒淫無度，對後世產生了非常負面的影響。從時間上說，武則天稱帝是在她兩個兒子李顯和李旦一個被廢一個讓位之後，但她的影響力和統治權力早在高宗李治時期就已登上巔峰，所以先講講她的故事。

武周皇帝武則天像

為取后位
所用其極

唐高祖武德七年（624 年）正月，武則天出生於一個官宦之家。關於她的出生地有兩種說法，一是都城長安，二是利州，即今四川廣元。武則天的父親叫武士彠，祖籍并州文水（今山西文水），按照習慣的說法，武則天是山西人。武士彠從小在家鄉長大，排行老四，上面有三個哥哥，都是老實巴交的農民，他心眼靈活，不願總呆在家裡種地，便跑出家去做生意。當時正逢隋煬帝大興土木、遍修離宮別館，武士彠抓住時機，做木材生意賺了一筆錢。

在過去的中國，商人是不受人尊重的，有了錢的武士彠便想到要做官。在當時的社會條件下，做官需要門閥的背景，除此之外，當兵打仗或許是一條途徑，於是，他選擇了從軍。由於手中有些銀兩，武士彠一入伍便當上了個小官，因部隊駐紮在并州，結識了讓他人生出現重大轉機的山西留守、即後來的唐高祖李淵。大業十三年（617 年），隋煬帝政權瀕臨瓦解，李淵在晉陽起兵，一舉攻下長安，武士彠以軍需官相隨，因功拜光祿大夫，封太原郡公，賜田三百頃，奴婢三百人，成為大唐的開國功臣。

武德三年（620 年），武士彠的原配夫人相裡氏病故，由高祖做媒，他迎娶了隋朝宰相楊達的女兒。此時楊氏已四十多歲，與武士彠結婚後生育三女，二女即武則天。傳說武則天出生時正值武士彠任利州都督，一日，楊氏到龍潭邊遊玩，忽然潭中躍出一條金龍，與之交歡，楊氏頓感有了身孕，數月後生下了武則天。這當然是無稽之談，但卻為其生於四川廣元提供了論據。當地有座皇澤寺，原為武氏的家廟，供有武則天的雕像，現為全國重點文物保護單位。

武則天自出生即顯出不凡，尚在襁褓之中，一日，有個叫袁天綱的相術師路過武家，碰巧見到楊氏，說你相貌非常，家中定有貴子。武士彠聽後忙把他迎入家中，先看過相裡氏生的幾個孩子及楊氏的大女兒，再看

武則天時令他大為吃驚，小傢伙生得「日角龍顏」、「神色爽徹」，便說：「此郎君子龍睛鳳頸，貴人之極也！」因武則天被包裹得分不清男女，又說：「若是女，當為天下主也。」這當然也是後人的附會之詞。

武士彟為官後曾多次調動，初在京城任工部尚書，再到揚州做大都督府長史，又先後任豫州都督、利州都督及荊州都督，武則天隨父四處遷徙，走過小半個中國；而楊氏出身豪門，長於相府，接受過良好的教育，知書達理，識文斷字，這對武則天的成長都產生了重要的影響。

貞觀九年（635年），武士彟死於荊州都督任上，家裡一下子塌了天。相裡氏所生的兩個兒子武元慶、武元爽及族人武惟良、武懷運對楊氏很苛刻，使得武則天幼女寡母四人在長安生活得很艱難。次年，武則天入宮，封為才人，是級別很低的嬪妃，當時她只有十四歲。楊氏對武則天的離去很憂慮、擔心，武則天卻安慰母親：「見天子焉知非福。」意思是說見天子說不定是福分，何必悲傷呢？足見武則天的心理素質。

武則天入得宮後賜號武媚。關於她的名字入宮前並無記載，入宮後人們叫她媚娘，做了皇后人們稱她武后，稱帝後她自己取名武曌，「則天」實際上是她退位後中宗上的尊號，後人一直稱她「武后」，直至近代，人們感到武后不能反映其做女皇的經歷，故將其尊號前加上姓，稱「武則天」。

武則天入宮後並不受寵，一是因為年齡小，二是性格也不屬於太宗喜歡的類型。她為取悅太宗曾下過很大功夫，知太宗喜歡詩書，便博覽典籍，習練書法，曾臨摹王羲之，且寫得頗有些功力，雖沒受到過多關注，但為她日後行政打下了良好的基礎；她強於表現，相傳太宗得一駿馬，名「獅子驄」，性情暴烈，難以馴服，當時她剛入宮不久，對太宗說：「唯妾能制之，妾有三物：一鐵鞭，二鐵鐧，三匕首；用鞭子抽牠，不服，就用鐵鐧猛擊牠的頭部，再不服，用匕首割斷牠的咽喉！」這對於主張無為和喜歡駕馭事物的太宗是不欣賞的，可據此能看出武則天小小年紀內心就如此狠毒。太宗膝下兒女成群，共有男女三十五個孩子，晚年仍不斷得子，但武則天進宮十二年，卻沒有生育，地位也沒有提升，孤獨

寂寞地度過了一段漫長的時光。

這就很能理解武則天在太宗臨終前與高宗相遇便很快產生出感情了，長期蒙受壓抑，正逢妙齡，一遇機會，便春意萌動。但時間不長，貞觀二十三年（649 年）五月，太宗駕崩，武則天削髮為尼，被送進感業寺，相伴於青燈梵鐘。永徽元年（650 年）太宗週年忌日，高宗到感業寺進香，又與武則天相見，舊情重燃，二人欲行又止，欲罷不能。

因為武則天是太宗的嬪妾，而高宗已是一朝帝王，二人要「結為連理」無疑存有道義及倫理上的障礙。可作為擁有少數民族血統的隋唐皇室似乎並不乏先例，隋煬帝與文帝的宣華夫人陳氏、唐太宗與齊王楊氏都有此「亂倫」行為。恰好此時有人主動出面促成此事，讓武則天蓄髮重入宮中，而提出此事的不是別人，是高宗的王皇后。

怎麼王皇后竟如此「高風亮節」，對夫君的感情能做到這樣寬容大度呢？王皇后其實有自己的打算，她想借武則天打壓自己的情敵蕭淑妃。王氏雖為皇后，但無子嗣；蕭淑妃年輕，為高宗生兒育女，受寵便成了順理成章的事，王皇后是想借武則天使蕭淑妃失寵，但引狼入室，由於武則天的到來蕭淑妃倒是失寵了，但她自己的地位卻沒有得到絲毫改善，於是她又想再搬掉武則天，但這時已由不得她了。

武則天入得宮後，很快進封昭儀，內三品。她慘淡經營，費盡心機，對高宗極盡溫柔，對王皇后感恩戴德，想盡各種辦法收買、拉攏王皇后和蕭淑妃身邊的人，時間不長，便受寵日隆，贏得多方口碑。但她行此並非出於賢惠和友善，而是要進一步騰達，目標直指令人垂涎的后位。怎樣才能達此目的呢？永徽五年（654 年），武則天幹出了一件對她至為關鍵、也盡顯其殘忍本性的事兒，當時她生下一女，王皇后由於自己沒孩子，很喜歡逗別人的孩子，一天，來到武則天的住處看小公主，可當王皇后一走，天底下最令人髮指的事情發生了，武則天竟下手掐死了自己的親生女兒！之後悄悄地將孩子的被子蓋好，跑去別的房間，一會兒，高宗來看小公主，武則天佯裝歡笑，把高宗帶到床前，當打開被子，看到的是窒息而死的孩子，武則天失聲痛哭，高宗則驚愕萬分，忙追問原

因。武則天裝作不知，說只知道王皇后剛剛來過，高宗大怒，立刻斷言：「后殺吾女！」武則天乘機大進讒言，訴說王皇后的種種不是，王皇后有口難辯，高宗遂有了廢王皇后改立武則天的想法。

但圍繞廢立皇后一事，朝間有兩種意見，以長孫無忌、褚遂良、來濟、韓瑗等元老派堅決反對，而中書舍人李義府、衛尉卿許敬宗、御史大夫崔義玄、中丞袁公瑜等人則表示支持，想乘亂邀功，以撈取好處。武則天見有多位外廷朝臣擁護自己，平添了不少底氣，決意與元老派一爭高下。

永徽五年（654 年）九月，高宗把長孫無忌、于志寧、褚遂良等幾位宰相召至內殿，討論皇后廢立之事，李勣稱病躲避，武則天坐於簾後。高宗提出：「皇后無子，武昭儀有子，朕打算立昭儀為皇后。」長孫無忌等表示反對，進行諫諍，說皇后出身名門，忠厚賢淑，並無過錯，不應輕廢；而武則天出身寒微，又曾侍奉過先帝，立為皇后不合禮儀，恐以惡名留世。褚遂良情緒激動，扔下朝笏，摘去頭巾，叩頭不止，血流滿面，恨恨地說：「還陛下笏乞放歸田里。」武則天在簾後怒不可遏，罵道：「何不撲殺此獠！」幸虧有大臣們說情，說唐向來無殺大臣的先例，褚遂良才保住了性命，但不久被貶為潭州（今湖南長沙）都督。

高宗決意已定，但大臣們的異議使他感到為難，他召來李勣徵詢，李說：「皇后廢立是皇上的家事，何必徵求外人？」衛尉卿許敬宗則在朝間大放厥詞：「種田的農夫多收了幾十石麥子還想換個老婆，何況貴為天子呢？」高宗覓到了託詞，遂堅定了決心。

永徽五年（654 年）十月，高宗下詔：「王皇后、蕭淑妃謀行鴆毒，廢為庶人，母及兄弟，併除名，流嶺南。」六天之後，許敬宗聯絡百官上表，請求重立中宮，當天，高宗頒詔：「武氏門著勳庸，地華纓黻，往以才行選入後庭，譽重椒闈，德光蘭掖。朕昔在儲貳，特荷先慈，常得待從，弗離朝夕，宮壼之內，恆自飭躬，嬪嬙之間，未嘗迕目，聖情鑒悉，每垂賞歎，遂以武氏賜朕，事同政君，可立為皇后。」意思是說武則天門第很好，是國家的勳臣之後，有才華有品德，所以被選入後宮，在後宮

之中，深得眾人喜歡。我當年做太子，整天侍奉父親於床前，父親看我如此周到用心，便把武則天賞賜予我；這事兒與漢朝的王政君相似，所以現在我要立她為后。詔書中的每一條都針對元老派的諫議。

十一月一日，由司空李勣主持，舉行冊立皇后大典，三十二歲的武則天身着皇后禮服，登上肅義門，于志寧、李勣獻上璽綬，率百官朝拜，從此開創了中國百官朝拜皇后的先例。武則天經過奮爭，不惜使用卑劣、殘忍的手段，終於入主後宮，為最終登頂權峰邁出了關鍵性的一步。

排除異己
手段殘忍

武則天成為皇后之後即大開殺戒，剪除異己，其性情之冷酷、手段之殘暴簡直到了無以復加的地步，人常說「狠毒莫過婦人心」，這句話在武則天身上能得到最充分的詮釋和體現。而後世的許多專制、獨裁者，特別是女性，都以她為楷模。武則天的目的無非有二：一是打擊、報復那些反對她稱后、為她入主中宮設置障礙的人；二是通過打殺可以威懾朝野，樹立淫威。評價武則天可以用一個「狠」字來形容，其心腸和手段之狠令男人都望塵莫及。後世居然有人把她的行為稱為果敢、決絕，是政治家的氣概和風範，實在難以苟同。

武則天先整治後宮，絕不允許有人跟她爭寵。王皇后及蕭淑妃被貶為庶人後軟禁在太極宮一處偏僻的院落，門窗被釘死，只留下一個小小的洞口，每日送進粗陋、冰冷的飯菜。這對於兩位享盡榮華富貴的后妃來講簡直生不如死；而這對昔日的情敵，如今已同病相憐。一日，高宗漫步於此，見此情景不禁潸然淚下，因為畢竟與之恩愛過，於是對着洞口問：「皇后淑妃安在？」洞口內傳出淒慘的聲音：「妾等得罪為宮婢，何得更有尊稱？」不多時王皇后又言：「至尊若念疇昔，使妾等再見日月，乞名此院為回心院。」高宗與王皇后及蕭淑妃的對話很快被武則天得知，

她感到了問題的嚴重性，知道讓二人活着遲早是個隱患，於是斬草除根，將兩人各杖一百棍，截去手足，「置於釀甕中」，「令二嫗骨醉」，真是殘忍至極。

據說王皇后臨刑前言辭淡然，說：「願大家萬歲，昭儀承恩，死自吾分。」意祝皇帝長壽，武昭儀正承恩澤，死是我分內的事情，此話道出了貴族女子的清傲，也表達出了對武則天的蔑視，她仍稱武則天為昭儀，根本不承認其為皇后；蕭淑妃則性格剛烈，對武則天破口大罵：「阿武妖猾，乃至於此，願他生我為貓，阿武為鼠，生生扼其喉。」二人的舉動令人敬佩，包括不少男人。同時令武則天惱羞成怒，覺得殺了仍不解氣，又將二人改姓，將王皇后的王字改為「蟒」，蕭淑妃的蕭字改為「梟」，一是蛇，一是惡鳥，極盡侮辱之事。武則天害死王、蕭後常惡夢連連，常夢見二人披頭散髮、鮮血淋淋出現在宮中，以致武則天不敢在宮中養貓，怕二人托魂再現。

接下來便要改立太子。當年王皇后無子，抱養了後宮一個地位低下的宮女之子，起名李忠。永徽三年（652年），武則天再次入宮後，王皇后感到了威脅，經其舅、中書令柳奭聯絡長孫無忌等人說服高宗，立李忠為太子。武則天為后，當然不能容忍旁人之子為嗣，要改立親子，此時李忠已十四歲，看出了事情的凶險，主動請退，高宗礙於輿論，沒有同意。武則天指使許敬宗上表，陳述改立太子的種種理由，高宗終於改立武則天的嫡長子李弘為太子，李忠改封梁王。

再接下來就是改組外廷。武則天稱后歷盡坎坷，朝中反對者眾多，且都是實權派；支持者則都是些職位較低、受當權者排擠之人。人說「一朝天子一朝臣」，她雖非天子，但要鞏固后位必須進行人事上的調整，罷黜反對派，提拔擁護者。在反對派當中，要數褚遂良、來濟、韓瑗激進，褚遂良當廷「發飆」，來濟、韓瑗言詞灼灼，武則天首先瞄準這三個人。褚遂良當時已被貶至潭州，武則天再編織罪名，將其貶至桂州，來濟和韓瑗也遭貶。這樣一來，宰相的位置就出現空缺，許敬宗因助武則天稱后有功，並「揭發」褚遂良等人謀反，很快被提拔為侍中，接替來濟的

位置；此前李義府已被任命為中書令，這樣，武則天這兩個得力幹將便把持了中書省和門下省，基本控制了朝廷的權力，朝間只剩下一個元老派人物——長孫無忌。

長孫無忌是太宗長孫皇后的哥哥，高宗的親舅舅，太宗臨終顧命輔政，任宰相三十年，位高權重。其他元老派人物遭貶之後，武則天於顯慶四年（659年）授意許敬宗編造所謂的「朋黨案」，把長孫無忌牽扯了進去。在許敬宗無端、惡意地捏造和中傷下，當然也有高宗多年來對舅舅專權的不滿，頒詔削去了長孫無忌的官爵，流放黔州（今四川彭水），仍按一品官員供俸。但武則天並未就此收手，七月，她指使許敬宗遣同黨袁公瑜前往黔州逼令長孫無忌自殺。因受其牽連，宰相于志寧免官，柳奭、韓瑗除名，不久被殺，來濟被遠貶塞外，其家族成員或殺、或流、或貶。

武則天殺伐異己，廣攬朝政，得到高宗的支持和默許，同時也引發了高宗的憂慮和不安。他對武則天的專橫產生出擔憂，擔心她擁權過重，有了廢掉她的想法。麟德元年（664年），高宗與宰相上官儀商議此事，上官儀極言附和：「皇后恣意專權，天下極為不滿，應當廢掉以順民心。」並受命起草廢后詔書。這時，武則天安排在高宗身邊的親信馬上飛奔相告，武則天即刻趕到了高宗身邊，經過一番申斥、責問，高宗支支吾吾，將責任一股腦兒都推到了上官儀的身上：「我初無此心，皆上官儀教我。」武則天即指派許敬宗誣告上官儀與被廢太子李忠圖謀不軌，將上官儀及子上官庭芝下獄處死，家產籍沒，襁褓中的上官婉兒、即上官庭芝之女隨其母沒入宮中為婢。後來上官婉兒長大成人後輔佐武則天而成為其心腹，成了一段忘卻殺父之仇的政治話題。

至此，武則天的反對勢力被清除殆盡，自身的政治實力得到迅速增強。早在顯慶五年（660年），高宗身體欠佳，常委託武則天處置朝政；而高宗上朝，武則天則位於簾後，形成了「天下大權悉歸中宮，天子拱手而已」的局面，朝廷內外並稱高宗和武則天為「二聖」。

武則天並沒有就此滿足，隨着地位的提升，其政治野心急劇膨脹，她不但要掌握權力，而且要擁有與權力相符的名分，她要做女皇！為此，她

大造輿論，樹立形象，提高威望。

其一，提高武氏家族的地位。貞觀年間，太宗命高士廉等根據官位定族姓的原則修撰了《氏族志》，意在打破魏晉以來倚重門閥的舊規，給更多的人以機會。但志書仍存有很大局限，所列九等二百九十三姓中仍以舊貴族為主，新貴們大多被排斥在外，武姓家族即是如此。這是武則天所不能容忍的。顯慶四年（659年），她授意李義府、許敬宗上奏請求修訂《姓名錄》，列后族武姓為第一等，使武姓的地位得到大幅提高。追封其父武士彠為周國公，母親楊氏為代國夫人，再封榮國夫人。這裡應當注意，她並沒有隨父封母親為周國夫人，而是封榮國夫人，這就為其進一步的行動埋下了伏筆。

其二，打造形象。在此之前，后妃多隱於後宮，並不多出面。武則天則不甘寂寞，找準一切機會，走向前台，盡可能地展示自己。乾封元年（666年），高宗決定封禪泰山，武則天則奏請高宗讓她率內外命婦參加這次盛大的禮儀活動，贏得了以皇后身份升禪壇主持亞獻的殊榮。她在活動中極盡表現，一展儀容，給文武百官留下了深刻的印象。禮畢，與高宗一起為百官賜官加爵，令群臣感恩戴德。

其三，培植親信，擴充實力。自北周、隋以來，九品中正制逐漸被廢止，取而代之的是科舉制。武則天通過科舉選拔官員，造就了一支擁戴她的官宦隊伍，其核心即始於乾封年間的北門學士。北門學士即武則天以修撰為名召入禁中的文人學士，因其特許從北門、即玄武門入禁中，時人稱之為北門學士。知名的有劉禕之、元萬頃、范履冰等，這些人不僅完成了《列女傳》、《臣軌》、《百僚新戒》、《樂書》等的著述，而且依仗武則天的權勢，直接參與朝政，分割宰相權力，成為控制外廷的重要力量。武則天從皇后到臨朝稱制，再到改唐為周，這些人起到了不可低估的智囊作用。

上元元年（674年），武則天進封「天后」。她上意見書十二條，即所謂「建言十二條」，包括勸農桑、薄賦徭、息兵、廣言路等內容，由高宗頒詔實施。從武則天稱后、參政以來的作為看，她對權力有著非常強

烈的渴望和佔有慾，也擁有非常強的預判和駕馭能力，她視野開闊、思路清晰、手段強硬，應當說具備了獨攬朝政的能力和條件，她對此也充滿貪慾和期盼。

重用酷吏
豢養男寵

武則天一路走來可謂順風順水，隨心所欲；高宗身體欠佳，「帝苦風眩頭重，目不能視」，大概是患有心腦血管疾病，頭暈目眩，眼睛看不清楚東西。在武則天及旁人看來，高宗一死，這天下便是她的了。可是她不曾想到，自己費盡心思改立的太子李弘給她帶來麻煩。

武則天有四個親子，長子李弘、次子李賢、三子李顯（又名哲）和四子李旦。顯慶元年（656年），在武則天的慫恿下，高宗廢太子李忠，改立李弘為太子。李弘聰明好學，性情仁厚，深得高宗的厚愛和群臣的信賴。咸亨二年（671年）正月，高宗出巡東都洛陽，命李弘監國；咸亨四年（673年），讓李弘聽取朝臣奏事，以熟悉朝政。李弘在實習中表現出良好的治國才能和品行，令病中的高宗感到滿意，有意將皇位傳予他。

兒子的茁壯成長及顯露才華讓武則天憂心忡忡，她意識到長此以往自己將失去輔政的權力，做女皇的願望更將化為泡影。而李弘頗有主見，對她很不順從。咸亨二年（671年）李弘監國時，發現自己的兩個同父異母的姐姐、蕭淑妃所生的義陽、宣城二公主年逾三十尚未婚配，便動惻隱之心，奏請父皇准許她們出嫁。這下子惹怒了武則天，氣憤地將兩位公主下嫁給禁軍的衛士。此後李弘又屢次違背她的旨意。上元二年（675年）四月，二十四歲的李弘突然死於洛州的合璧宮，有人說是病故，因其患有肺病，但多數人則認為是武則天加害，但並無確鑿的證據。後來李弘被追諡為孝敬皇帝，應該是武則天想找回點兒作母親心理上的平衡。

李弘的死使體弱多病的高宗倍受打擊，深感力不從心，打算把權力交給咄咄逼人的武后。這種亙古未聞的遜位使宰相們噤若寒蟬，張文瓘、戴至德、李敬玄、劉仁軌等不敢多言，中書令郝處俊、中書侍郎李義琰則極力反對。在二人激烈的勸諫下，遜位一事宣告流產。此事令武則天懷恨在心，以致十年後她藉故殺害郝處俊的孫子郝象賢時，將郝處俊的墓斫棺毀柩，發洩怨恨。

李弘死後一個月，高宗又立次子雍王李賢為太子。在武則天的四個親子當中，要數李賢的天分最高，自幼好學，讀《尚書》、《論語》、《禮記》等過目不忘。高宗在打消遜位的念頭後對其悉心培養，屢次命其監國，李賢還招募學者注范曄的《後漢書》，在士人中有很高聲望。儀鳳二年（677年）三月，曾反對高宗遜位的郝處俊、李義琰分別兼任太子的左庶子和右庶子，原左庶子張大安升任宰相，太子的實力看漲，武則天又一次面臨權力危機。

武則天當然不能甘於失去權勢，再次兇相畢露，指使人搜羅李賢的罪狀，說其好聲色，懷逆謀，讓宰相薛元超、裴炎和御史大夫高智周審理，搜查東宮，結果找出了李賢「逆反」的證據，調露二年（680年）八月，李賢被廢為庶人，不久遷往巴州。文明元年（684年）二月，武則天在廢掉中宗後的第三天派人去將其殺害，此案牽連許多人，多人被殺，張大安等被流放，其子被幽禁。關於李賢的身份，有種說法是他並非武則天親生，而是她姐姐韓國夫人之子。

李賢被廢的翌日，李顯繼為皇太子。弘道元年（683年）十二月，高宗死，囑太子繼皇帝位，軍國大事聽由天后武則天處置。嗣聖元年（684年）二月，即位三十餘天的李顯只因說了句過頭話，便被武則天廢為廬陵王，幽禁於深宮，再立四子李旦。李旦雖為至尊，但武則天根本不准他參與政事，甚至不得離開宮苑，朝政大權由她一人獨攬。

自此，武則天開始了她緊鑼密鼓的稱帝準備。將東都洛陽改稱神都，意作未來的京城；追贈武氏家族的祖先；更改唐的官名，如尚書省改為文

昌台，左、右僕射改為左、右相，門下省改稱鸞台，侍中改稱納言，中書省改稱鳳閣，中書令改為內史，六部分別改為天、地、春、夏、秋、冬官等。

武則天之所為引發了一些人的不滿，文明元年（684年）九月，當初被武則天貶至柳州的徐敬業（李勣之孫，李勣本名徐世勣，高祖賜李姓，後又避太宗名諱，改名勣）等人起兵揚州，公開打出反武旗號，旬日之間聚眾十萬餘，初唐四傑之一的駱賓王作《討武曌檄》，頗具聲勢。武則天急調三十萬大軍征討，任命李孝逸為揚州道大總管、黑齒常為江南道大總管，很快平息，安然度過了危機。當武則天看到那篇文采極佳的討武檄文，問道：「誰為之？」旁人告之駱賓王，她說：「宰相安得失此人！」意思是沒得此人才實在是宰相的過錯。

在平息揚州戰亂之際，宰相裴炎不僅不積極平叛，反而乘機要挾武則天還政於帝，說：「如果太后把權力交還李旦，叛亂會不討自滅。」監察御史崔察飛告裴炎「謀反」，武則天旋即將其逮捕入獄，命左肅政大夫騫味道、侍御史魚承曄審理，不久，裴炎被斬於洛陽的都亭驛，臨刑前裴炎抗辯：「宰相下獄，安有此理？」但這話與武則天的淫威相比實在太蒼白無力了。

裴炎死後，武則天對宰相班底進行調整，劉景先、韋弘敏、郭待舉先後被罷，增補騫味道、李景諶為相，後又對宰相人選做多次升貶，全換成了自己的親信。她大造輿論，渲染秉承天意的神秘氣氛。垂拱四年（688年），其侄武承嗣派雍州人康同泰獻一白石，上刻「聖母臨人，永昌帝業」的字樣，詭稱得自洛水。武則天十分高興，命石為「寶圖」，後又改稱「天授寶圖」，洛水為「永昌洛水」，下詔表示要拜洛水受「寶圖」，舉行告天儀式。她授意李旦率百官為她上尊號「聖母神皇」，意為皇帝和母親的角色集於一身；製作象徵國柄的神皇三璽，即玉印；決定修一座「明堂」，以接受宗室、群臣的朝賀。

武則天的舉動令李唐宗室義憤填膺，高祖第十一子韓王李元嘉與其他宗室成員密謀，越王李貞、琅邪王李沖父子分別在豫州（今河南汝縣）、

博州（今山東聊城）率先發難，打出了「舉兵唱天下，迎還中宗」的旗號。武則天急派清平道大總管丘神積、中軍大總管鞠崇欲率兩路兵馬鎮壓，很快平息叛亂，參與謀劃的李元嘉、魯王李靈夔、黃公李譔、常樂公主、東莞公李融、霍王李元軌等盡遭誅殺。

兩次順利平叛，驗證了武則天的權力，也增強了其稱帝的信心，反對派已無力阻礙其改朝的進程。永昌元年（689 年）元旦，武則天在新建成的明堂舉行盛大祭奠活動，堂而皇之地「服袞冕，搢大圭（古代帝王所用的玉器）」為初獻，皇帝、太子只能跟在後面作陪襯，政權的格局已經明朗化，稱帝只是時間問題。

載初元年（690 年），法明、懷義和尚等十人獻呈《大雲經》，內有女主之文，陳表符命，說武則天是彌勒下界，應該做人間聖主；九月三日，侍御史傳遊藝摸透武則天的心思，率關中九百百姓上表，請改國號為周，賜皇帝武姓；武則天佯裝不許，但擢傳遊藝為給事中；緊接著六萬餘眾再請改唐為周，官員也加入其中；李旦上表請改武姓。

在不斷降臨「祥瑞」和廣大官員、民眾的強烈「呼籲」和「請求」下，武則天於九月九日正式宣佈改唐為周。在這個不尋常的日子裡，她在群臣的簇擁下登上皇帝寶座，受尊號聖神皇帝。經過半個多世紀的奮鬥和努力，她終於走到了人生和權力的頂點，君臨天下！這年她六十七歲，是中國史上帝王稱帝時年齡最大的，也是唯一的女性，史稱「武周革命」。

新王朝之所以稱周，是武則天認定周朝的姬氏乃武氏的遠祖，故追尊周文王姬發為始祖文皇帝，遷洛邑的平王少子姬武為睿祖康皇帝，因姬武的後人改姓武，便是武氏家族的由來。實際上這是因武氏在前世沒有顯貴的門第爵位而進行的攀附。是年改元天授，其寓意不言自明；改每年十一月為歲首，旗幟由黃易赤；立李旦為皇嗣，賜武姓，皇太子降為皇太孫；定洛陽為神都，立武氏七廟為太廟，追尊武則天的五世祖、高祖、曾祖、祖父、父親皇帝名號；立武承嗣為魏王，武三思為梁王，天下武氏悉免課役。

武則天創造出十二個文字，以彰顯其威儀及與前朝的不同，自己取名曌，意為日月當空，將山水土合在一起為地，生字上面加一橫為人，天大吉合在一起為君，忠字上面加一橫為臣，千千萬萬放在一起為年，國字框內加八方二字為國等。

武則天登基，雖然沒有遭遇強大勢力的反抗，舉國上下一片恭維和讚許，但潛在的反對勢力是普遍存在的，其根源在於她改易了李唐王朝的旗幟，由女人當政。如狄仁傑的姨母盧氏不許其「事女主」，心腹劉煒之也勸她「返政」以安人心，更有甚者，鄱陽公李湮竟要迎中宗於盧陵。對此，武則天內心是清楚的，要鞏固權力，控制局面，打壓反對勢力，必須採用強硬的措施，而按照她一貫的風格，必將更加嚴酷地採用高壓、陰毒和暴政。這恐怕是歷朝暴君所共通的，只是武則天更融入了女人的性格心理。

在朝堂上設置銅匭，即檢舉箱，收受天下投書。武則天接受侍御史魚承曄之子魚保家的建議，在朝中設置銅匭，以鼓勵人們相互之間檢舉、揭發，以掌握各級官員及多方面的情況。她詔令鑄造四匭，分別塗上青、丹、白、黑四色，分別置於朝堂，青匭稱為「招恩」置於東，丹匭稱為「招諫」置於南，白匭稱為「伸冤」置於西，黑匭稱為「通玄」置於北。敕令諫官為知匭使，侍御史為理匭使，受理天下告密文書。這一措施異常犀利，也異常殘酷，搞得朝野各界人人自危，風聲鶴唳，人們之間失去了起碼的信任。為了方便告密者揭發，武則天詔令各州縣，凡有欲進京投書告密者，沿途要給予驛馬和五品官待遇，告密者不分貴賤，一律接見。告密揭發屬實擢官賞賜，不實者也不追究。這就很令人揪心了，因為告密者沒有任何行為上的成本，以致使正告與誣告魚龍混雜，難以區分。銅匭設置後，一時四方告密、揭發者接踵而至，絡繹不絕，接受投書的官員和部門應接不暇。

與告密相對應的是齷齪小人混跡其間及嚴刑酷吏大行其道。告密或曰檢舉、揭發者中絕不乏正人君子，這是世人的責任和義務，更何況它是一種國家行為。但大多數正人君子是不屑於此舉的，即使知道別人的一些隱私和過錯，也不願意出面揭發，更不願通過此行而獲取好處。但那些

洛陽龍門石窟中奉先寺的盧舍那大佛。據說雕刻這尊佛像時模仿了武則天的面容。

小人就不同了，他們往往特別熱衷窺測別人的隱秘，挑撥離間，搬弄是非，攫取利益，這無疑給這些人提供了施展的機會，使其如魚得水。

檢舉、揭發出來的事情需要進行核證，這便出現了職業調查、審訊、甚至刑訊逼供的人。因為沒有誰願意輕易認罪，特別是那些法不責眾的事。而這些事需要人來操控和執行，便出現了一批靠刑偵和行刑吃飯的人。武則天崇尚暴政和酷刑，這些人便被稱之為酷吏。如果把他們想像成嚴於執法、鐵面無私，一如宋代的包青天，那就大錯特錯了，在武則天的手下，這些人是一群烏合之眾，多來自社會底層，好吃懶做，性情殘暴，心黑手辣，唯利是圖，他們通過各種機會涉足政壇，充任武則天的打手和幫兇，成為其政權的一部分。當然他們也有厲害的一面，比如對抗豪強、望族，不徇情面，敢於下手。

武周一朝酷吏人數眾多，能點出名來的有二十七人，代表人物有來俊臣、萬國俊、周興等，他們為了刑訊逼供，發明了一套殘酷刑罰，還自鳴得

意地起了些富有詩意的名字，如「驢駒拔橛」、「仙人獻果」、「玉女登梯」、「方梁壓髁」、「鳳凰曬翅」、「獼猴鑽火」等，名目繁多，殘忍異常。名義上是為了取證和懲處，實際上主要是秉承聖意，剪滅異己和政敵，同時巧取豪奪、欺男霸女、官報私仇。武則天其實也未必看得起這些人，主要是借用其來維護統治，同時也符合她殘忍暴虐、不擇手段的天性。

政權一旦穩固，武則天便要尋機清除這些人。周興為酷吏之一，人長得慈眉善目，但做起事來兇殘無比。有人告發其「謀反」，武則天即派另一個酷吏來俊臣審理，來俊臣叫來周興對酌，詢問如有人謀反該如何處置，周興並不知情，還繪聲繪色地說要架起大甕用火烤，將人放入甕中，不愁其不招。來俊臣照其話做，讓周興進入甕中，他只得就範。這便是「請君入甕」的典故。後來，來俊臣又因為酷吏間的相互傾軋被武則天處死，行斬後圍觀的百姓一擁而上，扒皮扣眼，敲骨抽筋，以解心頭之恨。武則天見酷吏遭到人們如此的憎恨，寫了《暴來俊臣罪狀制》，揭露來俊臣的罪狀，以脫干係。

武則天是位帝王，同時又是個女人，與所有帝王一樣，也有七情六慾。男性帝王有三宮六院，她則豢養男寵，這也是中國帝王史上唯一的現象。按理說也無可厚非，人之天性，更何況是一位至尊的女人。但她讓這些男寵參與政治，甚至擁有非常大的權力，就很糟糕了。這些男寵品行低劣，性情乖戾，讓這些人干政，其結果是可想而知的。

武則天的第一個男寵叫薛懷義，即武則天登基前獻《大雲經》的和尚之一，原名馮小寶，鄠縣（今陝西戶縣）人。早年流落洛陽街頭，以賣藥為生，闖蕩江湖，練就了一副強壯的身體和能說會道的口才。高祖的千金公主發現此人，將其召入宮中，給其沐浴更衣，之後獻給了武則天。武則天寡居多年，正寂寞難耐，小寶剛逾三十，侍寢有術，深得武則天寵愛。但後宮為男性禁入之地，怎麼能讓小寶暢其往來呢？千金公主又想出辦法，讓其變為僧人，出任白馬寺的主持，這樣便可以經常到武則天的身邊。武則天賜名懷義，讓太平公主的丈夫駙馬都尉薛紹認其為叔，

小寶便改叫薛懷義。

薛懷義成為男寵，地位日長。垂拱四年（688 年），受命督建明堂，耗資巨萬，規模空前，堂高九十餘米，相當於現在的二三十層樓高，上下三層，頂端在九條巨龍之上鑄有一隻昂首振翅的鐵鳳凰，周身塗成金色，建成後武則天命名為「萬象神宮」。薛懷義因功擢為正三品左武衛大將軍，封梁國公，兩次擔任大總管，領兵遠征突厥。正是在他遠征期間，御醫沈南繆又成為了武則天的新男寵，回京後開始受到冷落，使他嫉火中燒，一把火將自己督造的明堂燒掉。武則天念及舊情，其實也是顧及自己的名聲，沒有過分追究。但薛懷義日益驕橫，終於引得武則天的厭惡，証聖元年（695 年），指使人將其殺掉。

薛懷義被殺，沈南繆則是個中年溫和男子，難以滿足武則天的需求。七十多歲的武則天重又陷入寂寞難耐之中，喜怒無常，脾氣暴躁，動輒責罵侍女，一向機靈的上官婉兒也常遭訓斥。還是親生女兒太平公主理解母親的心事，萬歲通天二年（697 年），給武則天領來了一個不到二十歲的美貌少年，叫張宗昌，中山義豐人，祖父輩張行成於貞觀末年做過宰相，聰明伶俐，通曉音律，當場獻上一曲，然後相擁進入內室。侍寢一夜，武則天非常滿意，當即授左千牛中郎將（武官正四品下），再加封銀青光祿大夫。張宗昌見官祿來得如此容易，又將哥哥張易之推薦給武則天，說其侍寢更佳，武則天果然滿意，當即加管司衛少卿（從四品上）。從此，張氏兄弟猶如王侯，每日隨武則天早朝，聽政完畢，便在後宮陪侍女皇。在武則天的極寵下，二張的勢力迅速增長，不但驕橫後宮，而且干預朝政，當權者武承嗣、武三思、武懿宗、宗楚客、宗晉卿等都敬其三分，爭相為其牽馬執鞭。

重用酷吏與蓄養男寵，可以說是武則天統治最醜陋、最骯髒的部分，也是其最大的污點，可有人居然為其辯護，實在不敢恭維。不過武則天執政時勸課農桑，發展經濟；完善科舉，招納賢才；任用賢臣、能臣，如婁師德、徐有功、狄仁傑等，這些人在她當政期間發揮了很好的作用。有人評價她是「利用小人，信用君子」，應當說還是相當有道理的。

武則天稱帝後最為糾結的事是將來傳嗣予誰？如果讓武周王朝延續，自然要傳位武氏子弟，否則武周將一朝終結；但武氏子弟並非她的親生骨肉，親子李旦雖改姓武，但繼位後勢必要改回李姓。該怎麼選擇？一貫處事決絕的武則天陷入了深深的憂慮，照她的意願當然想延續武周，但是，姪子和兒子孰親孰後她是非常清楚的。其姪武承嗣為立太子上下活動，天授二年（691年）九月，授意王慶之率數百人上表，請立武承嗣為太子，武則天未許；但宰相李昭德、狄仁傑勸其立親子為太子，她也未表態。

聖曆元年（698年）三月，武則天託病，傳嗣一事不容再拖。她未告知滿朝文武，派徐彥伯帶一班宮人去房州召回了兒子李顯。這其中二張發揮了不小的作用，因為他們知道自己作惡多端，而武則天已垂垂老矣，行此是為了平息人們的怨恨。武承嗣因求太子不得，憂憤成疾而死。皇嗣李旦見狀請求讓位於李顯，李顯被立為太子。次年，武則天怕死後李、武兩家不合，令太子李顯、相王李旦、太平公主與武攸暨、武三思等立誓於明堂，銘之鐵卷，藏入史館。

長安四年（704年）末，武則天病重，朝廷形勢變得緊張。武則天身邊只有二張兄弟侍奉，宰相們難得一見。神龍元年（705年）正月，宰相張柬之等經過一番籌備，聯絡右羽林大將軍李多祚等發動政變，攻下玄武門，直奔武則天臥榻的迎仙宮，二張兄弟未及反抗，即被誅殺。隨後，張昌期等被殺，宰相韋承慶、房融等被貶，政變成功，史稱「神龍革命」。次日，以武則天名義頒布制書，命皇太子監國，三天後李顯復位，這時距離其首次稱帝已經過去了二十年，李唐政權得以恢復。武則天被迫離開她稱帝十五載的皇宮，遷至洛陽宮城西南的上陽宮，李顯上尊號「則天大聖皇帝」。

武則天在上陽宮由於失去了長期以來的權力及男寵相伴，身體日漸衰弱，神龍元年（705年）十一月初二，八十二歲的武則天去世。臨終前囑：去帝號，稱則天大聖皇后，歸葬乾陵，即高宗的陵墓。赦免王皇后、蕭淑妃二族及褚遂良、韓瑗、柳奭的親屬。諡號幾經變化，李旦即位後稱

「天后」、「大聖天后」，後追尊「天后聖帝」，不久改為「后」；李隆基稱帝後改謚「則天皇后」、「則天順聖皇后」，始終得李氏子孫的尊崇；乾陵高宗、武則天墓的一側樹有一座石碑，上無一字，既無褒獎，也無貶斥，被稱為「無字豐碑」，千秋功罪，待後人評說。

窩囊透頂的李顯

唐中宗
嗣聖 神龍 景龍

684、
705-710

李顯在中國皇帝中有兩件事堪稱為最，一是他家族中做皇帝的最多，自己是皇帝，爺爺、父親、兒子，以及弟弟、侄子，還有他的母親都是皇帝！爺爺是太宗李世民，父親是高宗李治，母親是武周皇帝則天，兒子是少帝李重茂，史稱殤帝，弟弟是睿宗李旦，侄子則是玄宗李隆基，這在中國史上可說是絕無僅有；二是軟弱、窩囊到了極點，先是被母后武則天蹂躪，之後是遭妻子韋氏以及姦夫武三思欺辱，最後竟被妻子和親生女兒毒死，真是愚懦到家了。

唐中宗李顯像

幸得繼位
月餘被廢

顯慶元年（656年），經過一番爭鬥而被冊封為皇后的武則天又添一子，即高宗的第七子，武后所生的第三子，高宗賜名「哲」，期望其聰穎賢達，以固後宮，這孩子便是李顯。他初封周王，後改封英王。然而李顯並沒有顯現出父皇所期盼的靈性和睿智，與他的兩個胞兄李弘和李賢、胞弟李旦相差甚遠。長兄李弘「仁孝英果」，深得高宗喜愛；仲兄李賢自幼「容止端雅」，小小年紀即讀《尚書》、《禮記》、《論語》，過目不忘，能背誦不少古詩賦；弟弟李旦謙恭孝友，勤奮好學，工草隸，喜好文學訓詁，雖缺少些政治方面的才幹，但有所專長。相比之下李顯就遜色多了，智識平庸，既無治國的膽略，也無理政的才術，一天唯唯諾諾，昏昏噩噩。

永隆元年（680年），長兄李弘病亡，仲兄李賢又被廢為庶人。長兄李弘因為富於同情，提出安葬原太子李忠和解救蕭淑妃的兩個女兒，違拗了武則天的意願，突然病亡，人們推測為武則天加害，但並沒有確鑿的證據；仲兄李賢則因父母信奉的一個術士死亡，此術士曾稱李顯及李旦有貴相，鼓動高宗更換太子，其死被懷疑是李賢所害，定罪為謀反被廢。這兄弟倆實際上都因為才智頗高，擁有自己的主見，武則天則視其為自己問鼎權力巔峰的障礙，對親生兒子痛下黑手，其狠毒之心可見一斑。

按照排序，時為英王的李顯被立為皇太子。此時，高宗的身體非常不好，整日頭痛眩暈，兩眼模糊。次年七月，高宗病情日漸加重，遵從遺囑，決定服一種「金石」之藥，破釜沉舟，以求起死回生。此藥性剛烈，相當冒險，為防不測，高宗在服藥前任命裴炎為侍中，負首相之責，輔佐太子李顯監國。但「金石」藥並未在高宗身上創造奇跡，永淳二年（683年），高宗駕崩，臨終遺詔皇太子即皇帝位，宰相裴炎輔政，軍國大事聽命於天后旨意。這樣，已經握有實權的武則天則從名義上得到了認定。

李顯便是在這樣一種情勢下走馬上任，遷入正殿，改元弘道，立太子妃

李顯
唐中宗

韋氏為皇后，尊母后武則天為皇太后，臨朝稱制；裴炎為中書令，受遺詔輔政。此時李顯已二十八歲，實際上早已過了需要聽政和輔政的年齡。李顯從小儘管心智不高，但他能從兩個哥哥及其他人身上看出了母后的殘酷和寡情。但稱帝後，認為兩位哥哥出事時畢竟是太子，父母之命難違，如今自己已然成為皇帝，至高無上，一言九鼎。母后對自己做起事情來恐怕不會再像對待兩哥哥那樣。於是，便有些飄飄然起來。但他實在是過高地估計了自己的權力，也大大地低估了母后的能量和兇悍。

李顯稱帝後欲將岳父韋玄貞升為宰相，並授予自己乳母的兒子一個五品官。此時韋玄貞剛從普州參軍升為豫州刺史，馬上再拜侍中，顯然陞遷過快。宰相裴炎表示反對，君臣發生了爭執。李顯很生氣，便耍起了皇帝的威風，說：「我把天下都給了韋玄貞又有什麼不可，更何況一個侍中呢！」裴炎爭執不過，遂報予武則天。武則天沒有猶豫，立即召集百官到乾元殿，裴炎與中書侍郎劉禕之、羽林將軍程務挺、張虔勖帶兵入宮，宣讀太后令，廢李顯為廬陵王，幽禁於別所。李顯對突如其來的貶黜感到大惑不解，不無委屈地問武后：「我何罪？」武則天斥責道：「你要把天下讓給韋玄貞，難道這罪還小嗎？」

李顯就這樣被輕而易舉地趕下了御座，貶封廬陵王，徙往均州（今湖北十堰市），不久又遷往房州（今湖北房縣）。至尊的皇權竟然如此不堪一擊，實在讓人倍覺傷感。可傷感又有什麼用呢？李顯聯想到兩個哥哥身為太子，並無什麼過錯，母后說殺就殺、想廢便廢；自己貴為天子，只因一句負氣話便即刻遭貶。李顯深深體悟到，武后是絕對不可以冒犯的。

李顯本來就很怯懦，遭此打擊變得更加脆弱，整天惶惶不可終日。每當聽到有朝廷的宣敕使到來，總嚇得渾身發抖，不知道什麼時候將厄運臨頭。由於過度惶恐，時常念叨要自殺，幸而他有一位堅強的妻子，才沒有早早亡去。

李顯在均州、房州被幽禁了十四年，韋妃一直陪伴於他身邊，兩人相依

為命，嘗盡了人世的艱難。每當李顯情緒低落、驚恐不安，韋氏總是指斥並安慰他：「禍福無常，說不定我們還有出頭之日呢，何必如此驚恐。」得韋氏的鼓勵、相伴和勸慰，李顯才在逆境中堅持活了下來，同時也能看出韋氏非同等閒之輩。李顯對韋氏充滿感激，曾發誓：「有朝一日我能重登皇位，一定滿足你的任何願望。」這便為韋氏日後干政埋下了伏筆。

密召回京
重登帝位

聖曆元年（698 年）三月，李顯被秘密接回了洛陽，九月，被重新立為太子。是什麼原因使李顯重獲新生、時來運轉呢？難道是年邁的武皇思念遠在他鄉的親生骨肉，藏於心底的親情終於得以綻放嗎？當然不排除這方面的因素，但依武則天的個性，還主要是出於政治及權力上的考慮。

武則天稱帝後，李、武兩姓為儲位爭鬥激烈，以武承嗣、武三思為首的武家子侄們躍躍欲試，甚至聯合酷吏迫害李氏宗室。阿諛小人乘機興風作浪，洛陽人王慶之等數百人上表請立武承嗣為皇太子，廢皇嗣李旦。宰相李昭德憤怒異常，假借聖命將其杖殺，言：「此賊欲廢我皇嗣，立武承嗣！」雙方爭鬥達到白熱化。萬歲通天元年（696 年）後，狄仁傑、姚崇、王及善等相繼拜相，使保皇嗣派的勢力有所增強；而繼薛懷義、沈南繆之後，張易之、張昌宗兄弟成為武則天的新男寵，使得武氏力量有所削弱，武承嗣、武三思不得不去看二張兄弟的臉色；受武皇信任的酷吏來俊臣羅織諸武、太平公主、皇嗣及李顯的罪狀，打擊面過寬，致使李、武勢力聯合與對，使來俊臣和得罪了諸武的李昭德一同被治罪。

究竟將皇位傳予誰？這是武則天非常糾結的事。照她的想法，當然想延續武氏王朝，可傳位給子侄，並非她的血脈，武承嗣、武三思也並不中其意；可回傳到李氏，武氏王朝即告終結，後世將會視其為僭越；其實

兒子和侄子誰親誰後她心裡是明白的，以致使她陷入了深深的困惑。宰相狄仁傑、王方慶、王及善苦口婆心，動之以情，曉之以理；宰相吉頊甚至找到二張，說：「天下思唐德久矣，武氏諸王非民心所願。公何不勸武皇復立相王廬陵，以慰天下之望？」此事甚至影響到了周邊，契丹、突厥曾一度以此為口實欲出兵南侵。

武則天在萬分焦慮的情況下做出了抉擇，聖曆元年（698年）三月，李顯被秘密召回神都。狄仁傑尚不知情，還在向武皇「慷慨敷奏，言發流涕」，武則天笑答：「還卿儲君」，遂讓李顯從帳中走出，狄仁傑悲喜加交，「降階泣賀」。看來武則天做此決斷，心情反而輕鬆了許多。八月，武承嗣恨不能為太子，羞憤而死。九月，皇嗣李旦見機遜位，受封相王，李顯則被重立為皇太子。一世天子十餘載後又重被立為儲君，真不知道該喜還是悲。

神龍元年（705年）初，武則天病情惡化，身邊只有男寵二張兄弟，宰執、太子無法近前，一切詔令均出自二張之口。這兩個雞鳴狗盜之徒是什麼事都幹得出來的。為防止形勢危轉，唯一可行的便是清君側。宰相張柬之、崔玄暐聯絡中台右丞敬暉、司刑少卿桓彥范及右台中丞袁恕己等，吸收右羽林大將軍李多祚加入，分別推薦桓彥范、敬暉及右散騎侍郎李湛為左右羽林將軍，掌握禁軍，控制宮城。宰相姚崇也來到神都，參與商議。

桓彥范和敬暉找到李顯，說明來意，李顯半推半就，算是表態。正月二十二日，張柬之、桓彥范、左武衛將軍薛思行等人率右羽林軍五百餘人到達玄武門，李多祚、李湛及東宮執掌勤務之宮內直郎、即後來的駙馬都尉王同皎前去接李顯。

儘管先前有約，但事到臨頭李顯還是怕得想打退堂鼓，說：「誅殺二張當然可以，但現在皇上玉體欠安，萬一有個好歹，為臣子實屬大逆不道。能否暫緩舉事？」眾將士怒其不爭，但事不宜遲，已然沒了退路，王同皎將其強行抱到馬上，向後宮進發。軍隊很快攻下玄武門，直抵迎仙宮，二張兄弟還未反應過神來，便即刻成了刀下鬼。

一一
一

殺死二張，重兵簇擁著李顯進入武皇的寢殿，遠立於御榻前，張柬之小心翼翼地對武皇說：「張易之、張昌宗謀反，臣等奉太子令誅之。願陛下返政太子，順從天意。」武皇聽到此言，有氣無力地接受了現實。次日，制命皇太子監國；第三天，正式讓位給李顯；兩天後，李顯復皇帝位，年近五十歲的他重登闊別二十餘年的皇位，再度成為天子。史稱此事件為「神龍革命」或「五王政變」，因政變的五個主要策劃者後來都受封為王。

武則天被迫遷往皇城西南的上陽宮，李顯率文武百官前去問安，為其上尊號「則天大聖皇帝」；對發動「神龍革命」的人員進行封官行賞，張柬之封為夏官尚書同鳳閣鸞台三品，敬暉、桓彥范為納言，崔玄暐為內史，袁恕己同鳳閣鸞台三品；這些人同時獲賜郡公的爵位，李多祚受封遼陽郡王。

二月四日，正式恢復大唐國號，持續十五年的武周朝宣告結束。旗幟由武周的大紅色恢復為大唐的黃色，郊廟、社稷、陵寢、官階名稱等，都恢復到永淳元年（682 年）以前的舊制；廢除則天文字，定長安為都城，神都恢復洛陽舊名，作為陪都，冊立韋妃為皇后。

放縱韋后
結局悲慘

一切都佈置停當，李顯該直面朝政了。他是一個毫無主見和能力的人，當年，正是由於他的軟弱無能或者說武則天利用了他的軟弱無能而擅權專國，改號稱皇。如今，他重登帝位，難免不大權旁落，而武則天開創的女皇模式，又會引得那些有野心、權力慾強的女人傚傲，而這個女人就是韋后。

韋后為京兆萬年（今陝西西安）人，李顯的第二任妻子，父親韋玄貞是

京城郊外的一個小官吏，當年她受封太子妃、皇后，與李顯生下懿德太子李重潤、永泰公主李仙蕙、永壽公主、長寧公主和安樂公主李裹兒。她是個心氣兒極高且心理素質超強的人，在陪伴李顯軟禁的日子裡，成為一家人的精神支柱。她非常痛恨婆婆武則天，是她導致了他們夫婦蒙受無盡的苦難，同時她又極度地羨慕甚至崇拜婆婆，她可以任意地揮霍權力，主宰別人的命運，當然還可以隨意地支配男人。她幻想着有朝一日能成為婆婆那樣的權力擁有者。

這一天終於來到了。李顯重登帝位，她開始可與丈夫分享甚至獨霸權力。她知道丈夫十足窩囊，可以利用他攫取權力。於是，她學起了武后，當李顯坐於御座之上，聽群臣奏事，她則置於簾後聽政指點。李顯對她的行為不但不阻止，反而覺得有了倚靠。如此情形引起「神龍革命」者的驚駭，他們知道李顯窩囊，但覺得經過十多年囚禁生涯的磨礪，應當有所長進，但沒想到似乎更甚，這不禁使那些不惜以生命為代價換來成果的功勳們極度失望。

韋后開始培植自己家族的勢力，先是追贈亡父韋玄貞為上洛王，又改為邦王，建廟稱「褒德陵」。陵是天子、皇后、太上皇、太后的墳墓才能稱的，武則天曾將其父母的墓改稱陵，那是在稱帝後。韋氏居然敢於越制，引起朝臣們的不滿。隨後，她又借李顯之手封其堂兄韋溫為魯國公禮部尚書，弟弟韋胥為曹國公左羽林將軍，將成安公主嫁給韋胥之子韋捷，使韋氏勢力迅速膨脹起來。

韋后在擴展權力的同時還擴張着女人的慾望。此時韋氏年剛四十，李顯心身萎靡，無法滿足她的需求，她便在此之外尋求刺激。而且她有一重想法，即權力擁有者同時應當成為異性的征服者，武則天就是一個例證，她豢養男寵，極盡縱慾。韋后也模仿此道，她早就對武三思抱有好感，李顯稱帝後武三思也想攀附，二人一拍即合，很快勾搭成姦；此外她還與馬秦客、楊均甚至與自己的女婿武延秀有染。史籍說她與武三思苟且後，在床上衣衫不整地玩雙陸遊戲賭博，李顯上早朝回來見到，居然坐下來幫助二人數籌碼，真令人無語。

一一三

武三思是個宵小之徒，作為武皇的子侄曾爭奪皇嗣，打壓李氏宗室，依附二張，是武氏王朝的幹將和幫兇，按理說是李顯的死敵；而張柬之等「神龍革命」的發起者扶武三思再起，他該感恩才是；可李顯卻聽從韋后，授武三思為司空正一品，兼同中書門下三品，成為首宰，權傾朝野；又將最寵愛的女兒安樂公主嫁給武三思的兒子武崇訓，兩家成為兒女親家；而對張柬之等「五王」，先是聽信武三思讒言將其架空，然後流貶嶺南，武三思又遣使詐稱聖旨在流放途中將之殺害。武三思在朝中大肆安插親信，兵部尚書宗楚客、將作大匠宗晉卿、武三思的連襟太府卿紀處訥、鴻臚卿甘元柬等都是他的心腹，御史中丞周利用、侍御史冉祖雍、太僕丞李悛、光祿丞宋之遜、監察御史姚紹等成為他的親信走卒，被稱為「五虎」。

韋后與武三思相互串通，結為死黨，沆瀣一氣，大亂其政；李顯聽之任之，姑息縱容，使整個朝政被搞得烏煙瘴氣。韋、武的行徑引起朝野上下的強烈不滿，神龍三年（707年）七月，被立為太子的李重俊得右羽林大將軍李多祚的支持，率千騎兵發動政變，殺死了武三思和武崇訓父子，進而攻入後宮，追殺韋后，但因寡不敵眾，二李被亂軍所殺，政變失敗。

在政變中倖免於難的韋后並未因此打消作女皇的慾念，反而越加變得變本加厲、肆無忌憚；其女安樂公主則步其母之後塵，同樣是野心勃勃，多次向李顯請求要當皇太女，欲創中國傳襲史上的先例，被李顯拒絕。這母女二人利慾熏心，變得急不可耐，共同萌生出邪念：如若夫君或父君不在，她們的願望豈不就能夠得以實現？

景龍四年（710年）六月，這母女倆合謀將李顯毒死，這位窩囊了一輩子的皇帝結果以一種最窩囊的方式結束了生命，終年五十五歲。謚孝和皇帝，後加謚大和大聖大昭孝皇帝，廟號中宗，葬於陝西省富平鳳凰山之定陵。

李顯死後，十六歲的兒子溫王李重茂繼位，年號唐隆，韋后以皇太后身份臨朝稱制。此時，韋后加快了篡政的步伐，勾結宰相宗楚客等人欲仿

李顯
唐中宗

照武則天改幟稱皇。當時，朝廷禁軍的南衛十六衛和北衛十軍及台閣尚書省等要職，均為韋氏族人所操控，在此緊要關頭，李旦的第三子即後來的唐明皇李隆基率萬騎兵發動政變，殺死了韋太后、安樂公主和武延秀等人，由太平公主出面收拾殘局，扶持李顯的弟弟李旦再登皇位。

巧於周旋的李旦

唐睿宗 | 文明 | 景雲 | 太極 | 延和

684-690
710-712

李旦是中宗之弟，與中宗一樣也曾兩次稱帝。在位期間始終處於激烈、動盪的政治漩渦之中，武皇專權，韋后亂政，太平公主與太子爭鬥，對他來說首要的並非施展才華，而是保全自己。他周旋於各派政治勢力之間，曾三讓天下，不貪圖功名，沒忘卻責任，在險惡的形勢下全身而退，禪位於其子李隆基，催生出唐代的又一盛世。

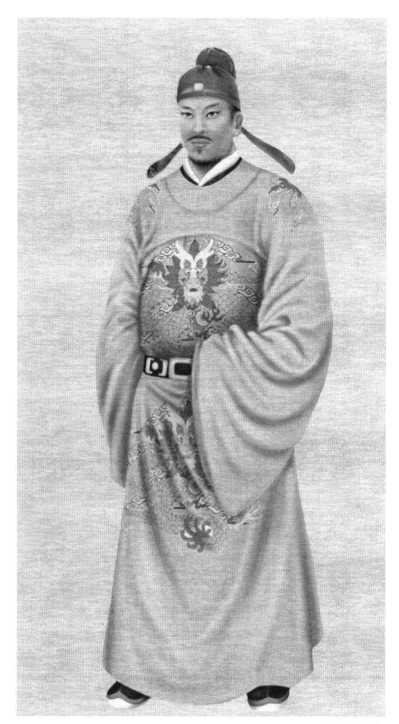

唐睿宗李旦像

悍母專權
命運多舛

李旦於龍朔二年（662年）六月出生在長安蓬萊宮的含涼殿，父親是高宗李治，母親是武則天。他是母后所生四個男孩中最小的一個，前面有三個哥哥：李弘、李賢和李顯。他初名旭輪，後去旭字單名輪，又改名為旦。以後名字在「輪」和「旦」之間有過幾次反覆，有意思的是凡叫輪字時都「背運」，而用旦字時都時來運轉。他初封殷王，又改封豫王、冀王、相王，高宗末年仍封豫王。史書中說他「謙恭孝友，好學，工草隸，尤愛文字訓詁之書」，著名的景雲銅鐘（今藏於西安碑林博物館）的銘文和武則天的母親楊氏順陵（位於今陝西咸陽）的碑文都出自他之手。

按理說他排行老么，繼位的事幾乎跟他沾不上邊；小兒子又總會得到父母更多的喜愛和呵護，能享受到一種物質充裕、與世無爭、輕鬆快樂的生活。可事實並非如此，他的童年及長大後的生活非但不快樂，反而整日提心吊膽，驚恐不安，其原因只有一個，他有一個兇悍乃至殘忍的母親。而他並無奢望的皇位，卻兩次不期而至，儘管坐得並不舒心，但畢竟有過令千百萬人所景仰的經歷。

父皇高宗即位，立長子李忠為太子；武則天稱后，改立嫡長子李弘，並找藉口將李忠害死；李弘因不合武后的心意，不明不白地死去，人們普遍認為是武后所害；李賢繼太子位，不知在什麼事上得罪了武后，被廢為庶人；李顯被立為太子後稱帝，只因說了一句氣話，立即被武后拿下，算來只做了不到兩個月的皇帝。命運就這樣光顧於李旦，嗣聖元年（684年），二十二歲的他取代李顯，成為了唐朝的第五位皇帝。

李旦在母后的高壓下成長，目睹了哥哥們的遭遇，見證了母親的專橫，養成了內斂、退讓、隱忍的性格。登基加冕並沒有給他帶來什麼喜悅，而是對前途和命運的深深憂慮。即位後，母后越俎代庖，下詔改年號文明，封劉妃為皇后，長子李成器為皇太子。他仍然居於深宮，不得參與政事，母后武則天臨朝稱制，所有軍國大事全由其一人裁決。沒有母后

李旦
唐睿宗

的諭旨，李旦不能隨意出入宮廷，甚至在皇宮裡也不能自由行動。整日陪伴他的只有皇后和幾個宮女、太監，過着像囚徒一樣的生活。

這樣的日子過了六年。在此時間裡，李旦整日戰戰兢兢，心情壓抑，不知哪一天、在哪一件事上觸犯了母后，就會成為其案板上的肉。其間發生過徐敬業揚州兵變和越王貞等人起兵的事，被平，武后表示要還政，垂拱二年（686年）正月，下詔復政於皇帝。李旦深知並非出自其真心，便堅辭拒絕，武后也就順水推舟，依然把持朝政。武后集聚力量、製造輿論，準備改旗易幟，李旦為了保存性命，甚至違心地上表母后，要求賜姓武氏。載初元年（690年），武則天改唐為周，自稱為神聖皇帝，改元天授，將李旦降為了皇嗣，賜姓武氏，遷居東宮。皇嗣的儀制等同皇太子，因他稱過帝而不好再稱太子，從名分上說為皇位繼承人。他又改名輪，皇太子成為皇孫，劉后降為妃。

卸去了天子的「擔子」，李旦感到了輕鬆，心想這下可以享受一下平靜、安寧的生活了。但事與願違，一場災難正向他襲來，根本來不及躲閃。武則天稱帝，其侄武承嗣封為魏王。武承嗣不甘於藩王的地位，欲除掉李旦，做皇太子，以期將來繼承姑母的皇位。為此，武承嗣四處活動，指使黨羽聯名上表，請求武皇廢掉李旦，立他為皇太子。武則天開始對廢立較為猶豫，但經徵詢朝臣，意識到了傳子與傳侄的利害，不再理睬武承嗣的請求。武承嗣見上表不成，便再使陰招，暗地裡指使武則天的寵婢團兒，誣陷李旦的劉皇后和竇德妃行妖法詛咒武皇，武皇怒，將二人處死，秘密埋葬。無人知曉她們被拋屍何處，以致李旦再次即位後只能對其招魂而葬。李旦明知二人死得冤屈，但只能默默垂淚，不敢爭辯。武承嗣還不罷手，又指使人誣告李旦隱蓄異圖，有謀反之心。武皇下詔命酷吏來俊臣審理，來俊臣抓來李旦身邊所有侍役，太常樂工安金藏為證實李旦無罪，在廷堂上剖腹明心，用死勸諫武皇。武皇醒悟，下令釋放，了結了這起冤案。

李旦遭此打擊，心灰意懶，完全對政事失去了興趣。聖曆元年（698年），晚年的武則天經狄仁傑等朝臣的勸諫，將貶為廬陵王的中宗李顯重新迎

回長安。李旦看出了事情的動向，便稱病不上朝，不吃不喝，意將皇嗣的位置讓給哥哥。不知是武則天早有打算，還是出於李旦的相讓，李顯被立為皇嗣，李旦繼卸去皇位之後又告別了令他提心吊膽的皇嗣位置。

李旦自稱帝以至退為皇嗣，有名無實，整日被禁錮宮中，無權過問政事。為了打發大量閒暇的時光，排遣寂寞、恐懼和憂愁，李旦迷戀上了書法和文字訓詁。由於謙恭好學，博采眾長，加之悟性和天分，使得他在治學方面造詣頗深，草書和隸書堪與一些大家相媲美。書學不僅使他增長了知識和技巧，同時也提高了其品位和境界，禮讓皇嗣以及日後禪位東宮，不能不說蘊涵有其精神上的訴求，以致這種精神還影響到自己的子女。

二次登基
小有作為

神龍元年（705 年），宰相張柬之等發動政變，殺死武則天的男寵二張兄弟，逼武皇退位，擁立中宗。李旦受封安國相王，拜太尉，以宰相身份參預國政。但不到一個月，李旦便上表辭讓太尉和知政事，中宗見其態度堅決，只好應允；不久，中宗又提出立他為皇太弟，李旦堅決推辭。

景雲元年（710 年），中宗被韋皇后和女兒安樂公主合謀毒死，立中宗之子李重茂為少帝，韋后臨朝稱制，裁決一切軍國大事。韋氏家族加緊安插親信並控制軍隊，密謀加害李旦、太平公主兄妹，韋后欲傚法武則天而成為第二個女皇。在此緊要關頭，李旦的兒子李隆基、妹妹太平公主聯手討逆，李隆基率領羽林軍殺入宮中，斬殺了韋皇后和安樂公主，將韋氏集團的成員及黨羽一網打盡，史稱「唐隆政變」。政變成功後，王公百官紛紛上奏，認為國家危難，人心未靖，應該擁立年長者為君，以安定天下，相王李旦仁慈敦厚，德高望重，懇請取代少帝登基。經文武百官和李隆基等人的真心勸諫，李旦見眾望所歸，不好推辭，遂決定復位。由太平公主出面迫少帝李重茂下詔退位，將皇位讓予李旦。

李旦
唐睿宗

李旦即位後，第一件事是立誰為皇太子，根據立嫡立長的原則，應當立長子宋王李成器，而按功勞而言，李隆基則功勳卓著。李旦有些左右為難，李成器知曉父皇的苦衷，說：「國家安則先嫡，危則先有功，臣死不敢居隆基之上。」李旦欣賞李成器的大度，但還猶豫，於是又徵求臣屬的意見，大多數人認為該立李隆基，宰相劉幽求說：「我聽說除天下禍的人，應當享天下福。平王隆基拯救社稷和陛下的危難，論功最大，論德最高，況且宋王已經表示願意讓賢，陛下應當立平王為太子。」李旦終於決定立李隆基為太子，同時封李成器為雍州牧兼太子太師，很好地解決了皇位繼承權問題。

根據李隆基的建議，李旦任命姚崇和宋璟為宰相。二人都是武皇時的名臣，姚崇有「救時宰相」之稱。李旦在二人輔佐下，裁減冗員、整飭綱紀、使朝政呈現振興的氣象，當時有人稱讚：「姚宋當國，邪不如正，朝政頗有貞觀、永徽之遺風。」

恢復選官制度。唐初規定，三品以上的官員實行冊授，五品以上官員實行制授，六品以下官員實行敕授，全由尚書省擬定，文官由吏部、武官由兵部提出，尚書叫中選，侍郎叫東西選，尚書和侍郎合起來叫做三選，官吏的任命均按此制度進行。中宗即位後，由於韋后專權，制度遭到破壞，李旦上任後即下詔恢復原有的選官制度，並由姚崇、宋璟分別兼任兵部和吏部尚書，負責文武官員的選拔。

裁減冗員。中宗在位期間，韋后和安樂公主弄權，公開賣官鬻爵，不管有無才能，只要納錢三十萬，便可以不通過吏部和兵部，直接由公主授予各種官職。此類官員稱斜封官，到中宗後期已多達幾千人。李旦即位後，根據姚、宋及御史大夫畢構的建議，下詔將此類官員全部罷免，並罷免了各公主府官，減輕了國家的負擔，使官爵氾濫的情況得以改善。

昭雪冤案。李旦即位後，對中宗時期的一些冤案進行了平反和昭雪，如追復被武三思殺害的張柬之、袁恕己等「五王」及駙馬都尉王同皎等人，因起兵誅殺武三思而兵敗被殺的皇太子李重俊、成王李千里、右羽林大將軍李多祚等人的官爵，其他一些被韋氏集團冤殺的官員也都恢復或追

贈了官爵。

李旦的做法順乎臣心民意，對緩和朝野及社會矛盾起到了很好的作用。但其做法主要集中於對過去吏治問題的糾正上，難以從根本上解決問題。以致在他即位後不久，朝政重又出現腐敗和混亂，突出的問題便是任用竇懷貞、肖至忠、岑羲、崔湜等人為宰相。

竇懷貞在中宗時任御史大夫，無才少德，靠阿諛奉承得中宗、韋后的寵信，中宗賜韋后的奶媽給他做妻子，他受寵若驚，不以為恥，反以為榮，每次朝見或進表狀，都自稱「皇后阿䶃（當時人們把奶媽的丈夫叫阿䶃）」。韋氏集團被消滅後，他又投靠太平公主。景雲二年（711 年）五月，李旦任命他為宰相，仍以獻媚取寵見長，李旦想修道觀，官吏們大都勸阻，他卻極力促成，還親自督建。人們都鄙夷地說他「從前做韋氏阿䶃，後來當公主邑丞（管家）」。

肖至忠本來很正派，威信也較高。但是，為了陞遷，投靠太平公主。他的妹夫蔣欽緒勸道：「憑你的才幹，還怕沒有出頭之日！請您不要有過分的追求。」肖至忠根本聽不進去。蔣欽緒歎氣道：「九世的卿族，今後恐怕會一旦毀於他手，真是可悲啊！」李旦於先天二年（713 年）正月任命他為宰相。

岑羲與韋氏集團的關係密切，韋后毒死中宗、臨朝稱制，遂任命他為宰相。李旦即位初罷其相，他又投靠了太平公主，先天元年（712 年）元月，李旦又恢復了他的相位。

崔湜原是一個考功員外郎的小官，無何政績。後來由於他與受中宗寵幸的上官婉兒私通，婉兒說通中宗任命他做了宰相，不久因選官受賄被罷相。韋后臨朝攝政後又恢復了其相位，李旦即位初將其罷免，但由於又博得太平公主的青睞，太平公主請求李旦，他第三次又做了宰相。

這四人說來有一個共同的特點，善於阿諛迎奉、見風使舵、投機鑽營、攀附太平公主，成為新一朝權臣。而李旦則為了權力上的平衡，在很大

李旦
唐睿宗

程度上也礙於妹妹的面子，姑息縱容，使朝政開始走壞。景雲二年（711年）二月，李旦接受太平公主和殿中侍御史崔涖、太子中允薛昭素的建議，恢復了過去罷免的斜封官；李旦的兩個女兒出家做女道士，李旦徵發數萬民工、拆毀眾多民房、用錢一百萬緡，建造了金仙、玉真兩座道觀。右散騎常侍魏知古、黃門侍郎李乂等人勸阻，李旦置之不理。

李旦做事的態度在很大程度上是因為殘酷的宮廷爭鬥使他心灰意懶。他的七個哥哥除二哥李孝早亡，其他五人都成了武則天專權的犧牲品，一人被韋后毒死，最後只剩下他孑然一人，雖倖免於難，但一直受母皇的控制和擺佈，幾次險為刀下鬼。無情的現實使他對權力表現出的並非飢渴、佔有和獨享，而是淡然、平衡甚至放任，以致出現了佞臣當道、皇權的旁落以及兩大勢力之間的對峙，一場爭鬥已不可避免。

兩權相爭
禪讓退位

李旦重登帝位，仰仗於兩個人，一是三子李隆基，二是妹妹太平公主。這兩人都非常強勢，不強勢也不可能在兩次關鍵時刻挺身而出，解決危機。按照功權對等的原則，李旦即位後太平公主和李隆基都掌握了很大權力，但「一山難容二虎」，這兩人逐漸產生矛盾。

太平公主是高宗和武則天的女兒，中宗和李旦的胞妹，極受父母和兄長特別是武則天的寵愛，擁有很強的理政能力，從小驕橫放縱，長大後野心勃勃，夢想像她母親一樣君臨天下；李隆基則是李旦的三子，從小經歷錯綜複雜的宮廷變故，志向遠大，很有主見，做起事來雷厲風行，英勇果敢。

李隆基發動政變榮立頭功而被立為太子，生機勃勃，風頭佔盡；而太平公主則憑藉豐富的治政經驗和威望，權力逐漸擴展。她的三個兒子被封

為王，其他兒子也都做了國子祭酒、九卿一類的大官。因為她長期呆在武則天身邊，對政務比較熟悉，李旦即位後常與她商量政事，每次都用很長的時間，她的意見基本上都被李旦採納，以致於許多重大政事如果沒有她的參與都決定不了。有時她沒上朝，宰相們甚至要到她家裡去徵求意見，事後只需李旦「畫圈」即可。她推薦的人大都能很快陞遷，甚至做宰相。

太平公主是政治洞察力很強的人，她預感到年輕氣盛的李隆基是一種威脅，難以掌控，因此在立太子一事上主張立性格相對溫順的長子李成器，而反對立李隆基。李隆基被立為太子後，她經常散佈流言，說：「太子不是長子，當太子不合適。」她培植自己的勢力，拉攏竇懷貞、蕭志忠、岑羲、崔湜，以及左羽林大將軍常元楷、右羽林大將軍李慈、左金吾將軍李欽等人，與李隆基進行明爭暗鬥。經過一年多的較量，太平公主逐漸取得了主動，李隆基辭去了政事，其左右手姚崇、宋璟被罷相，而竇懷貞等人四人被任命為宰相，文武官員大多依附太平公主。

李旦夾在妹妹和兒子兩大勢力中間，很難受，想搞一種平衡。每次宰相奏事，他總要先問：「嘗與太平議否？」之後又問：「與三郎議否？」當聽到肯定回答，他才表態。但就他的內心講，還是偏向兒子，一則兒子當機立斷，力挽狂瀾，清除了外戚勢力，維護了大唐基業；二則從傳統的男權觀念講，他並不希望女性專權，而武后當年的專權使他受盡了屈辱和苦難。

太平公主和李隆基之間的矛盾是不可調和的，靠平衡根本無濟於事，兩人劍拔弩張，躍躍欲試。李旦看出了事情的端倪，經過一番思量，做出抉擇，欲禪位給兒子李隆基，自己做太上皇。景雲二年（711年）二月，李旦根據宰相張說的意見，下詔令太子李隆基監國，六品以下官吏的任免及徒刑罪以下的裁決，均由其負責處置。四月，李旦召集三品以上官員說：「我一向不想當皇帝，以前做皇嗣，是為時勢所迫，並不是我的本意。現在我想傳位給太子，你們看怎麼樣？」眾臣都不表態，因為大家心裡都明白，同意肯定得罪太平公主，反對又怕得罪太子。太平公主的私黨殿中侍御史和逢堯說：「陛下年紀不老，正是四海依賴和仰望的

李旦
唐睿宗

時候，怎麼能傳位呢？」不少依附太平公主的官員也隨聲附和。在大家的勸說下，李旦採取了折衷的辦法，下制書道：「凡政事都由太子負責處置，軍事、死刑及五品以上官員任免，先和太子商量，然後再上奏我。」

李旦的決定令太平公主很失望和惱火，但又沒有辦法。她更加痛恨李隆基，欲尋找一切機會除掉他。先天元年（712 年）七月，天空出現彗星，太平公主乘機叫術士對李旦說：「天上出現彗星，地下就要除舊布新，而且帝座星和心前星（太子星）都有變化，太子想要當皇帝了！」太平公主本想以此來挑撥和激怒李旦，加害於李隆基。沒想到李旦非但不生氣，反而順坡下驢，堅定了傳位的決心。太平公主得知後馬上和黨羽極力勸阻，但為時已晚，李旦表示「傳德避災」！這下連李隆基都感到突然，忙入宮觀見，叩頭請求父皇收回成命，李旦說：「你誅兇定亂，能安我宗廟社稷。現天意人事，都已成熟了，不必疑慮！你若能盡孝心，現在機會來了，何必一定要等到樞前即位呢！」太平公主見覆水難收，只能退而求其次，請李旦傳位後，還由她「自總大政」，李旦礙於面子，只好應允。

八月，李旦傳位給李隆基，自己稱太上皇。自稱「朕」，下達詔書稱「誥」，五天一次在太極殿處理政事；李隆基自稱「予」，下詔書稱「制」或「敕」，每日在武德殿處理政務；三品以上官員的任免及大案、要務，仍由李旦處置，其他事務都由李隆基處理。

李隆基雖然正式做了皇帝，但太平公主的權力依然強大，在當時的七個宰相中，有四個是其黨羽，文武百官也多依附於她。這些人表面上聽李隆基的，實際上仍聽命於太平公主。雙方的鬥爭呈白熱化，都在集聚力量，準備向對方下手。先天二年（713 年）六月，以處事果斷、明達幹練著稱的李隆基又搶了先，發動兵變迅速剿滅了太平公主一派的勢力，完全控制了朝政大權。政變發生後，李旦見大勢所趨，下詔宣佈正式禪位，一切軍國大事全由李隆基處置，自己不再過問。開元四年（716 年），做了四年太上皇的李旦在百福殿駕崩，享年五十五歲，諡玄真大聖大興皇帝，廟號睿宗，葬於陝西蒲城豐山橋陵。

隨性而為的李隆基

唐玄宗
先天
開元
天寶

712-756

李隆基是唐代歷史上地位非常顯赫的一位帝王，不僅在於他在武則天死後兩次發動宮廷政變，剪滅了企圖擅權篡政、妄為女皇的韋皇后和太平公主的勢力，之後加冕稱帝，開創了被史家甚為稱道的「開元盛世」；而且他與貴妃楊玉環演繹了一則山盟海誓的情愛故事，纏綿悱惻，悲歡離合，引得史家極多關注，文人墨客爭相渲染。

唐玄宗

唐玄宗李隆基像

年少英颯
果敢幹練

李隆基於垂拱元年（685 年）八月五日生於洛陽，是武則天的嫡孫，睿宗的三子，母親為竇皇后。生長於這樣的家庭環境，奶奶是一代天后、女皇，父親「溫恭好學，通詁訓，工草隸書」，母親出身名門，這就使得他既具有氣吞山河、捨我其誰的英武和霸氣，又經受到良好文化及禮儀的熏陶和影響。

李隆基從小就很有主見，在宮中自詡「阿瞞」。不知是巧合還是有意為之，三國時的曹操幼時即稱「阿瞞」，二人在氣質及處事風格上確實有許多相似之處。一次，年少的李隆基赴朝中參加祭祀儀式，金吾將軍武懿宗對其隨從大聲呵斥，他感到不爽，屬聲說：「吾家朝堂，干汝何事，敢迫我騎從？」弄得武懿宗很尷尬。武則天知道後非但沒有責怪，反而對小隆基很看重，「特加寵異之」，次年，李隆基受封臨淄郡王。

李隆基青少年時期正值奶奶武則天大權獨攬，剛出生時父親名義上是皇帝，實際上是奶奶一手遮天，長到六歲，奶奶乾脆將父親貶為皇嗣，自己稱皇加冕，改國號為周，父親也從了武姓，李氏宗室飽受蹂躪。李隆基經此變故，似乎變得懂事，明白了許多道理，知道要韜光養晦，靜觀其變，見機行事，出手兇狠，事實證明這種磨礪對他是重要的。

神龍元年（705 年），宰相張柬之等發動宮廷政變，迫武則天退位，擁立中宗復位。這時李隆基曾一度兼任潞州（治今山西長治縣）別駕，使他有了基層任職的經歷。他曾寫過《早登太行山中言志》一詩：「野老茅為屋，樵人薜作裳。宣風問著艾，敦俗勸耕桑。」字裡行間流露出對下層百姓生活的瞭解。

武則天逝世，中宗昏庸懦弱，其妻女韋皇后和安樂公主乘機攬權，張柬之等功臣遭貶，太子李崇俊被殺，武三思等沉渣餘孽泛起，韋后援用其兄韋溫執掌朝政，縱容安樂公主賣官鬻爵，大肆修建寺院道觀，一時怨

聲四起，朝風日壞。景龍四年（710年），韋后與安樂公主將中宗毒死，欲做仿婆婆武則天做歷史上第二個女皇。但韋后知道，夫弟李旦還擁有相當的勢力，其子李隆基更是不可小覷，父子二人是自己專權的最大障礙，必須置之於死地。此時李隆基經過一段時間積蓄力量，身邊已有一批富有才能的文臣武將，當然更有朝野人心的相背。他未等韋后動手，搶先一步，與姑母太平公主策動政變，率羽林軍萬騎攻入皇宮，將韋后及其黨羽一網打盡。由姑母太平公主出面，恢復了父親李旦的帝位，李隆基因功被立為太子。一個回合下來，李隆基實力大漲。

但父皇李旦也不是強勢的人，歷經命運的跌宕，對政治已失去了興趣；而姑母太平公主咄咄逼人，自恃擁立父皇復位有功，大肆擴展自己的勢力，在當朝的七位宰相當中，有四人是她的親信，朝政大事和人事安排，幾乎都是她說了算，李旦則任其擺佈，朝中百官也多依附於她，使其幾乎為所欲為。開始太平公主並沒有把李隆基放在眼裡，認為他年輕，興不起大浪，但後來她發現李隆基英武幹練，很有些能量，更要命的是在關鍵時刻往往出手果斷，一擊制勝，便將矛頭對準了他。太平公主製造輿論，說李隆基並非長子，不應當立，並借用天象說現在的太子於君不利，將要奪位，想讓李旦廢掉李隆基。沒想到李旦經過權衡，非但沒有廢棄李隆基，反而將帝位禪讓予他，自己只保留三品以上官員任免及重大軍國事務決斷的權力。這時李隆基與姑母太平公主的關係就變得公開化了，雙方磨刀霍霍，劍拔弩張，一場你死我活的爭鬥在所難免。

先天二年（713年）七月三日，李隆基獲悉太平公主及宰相竇懷貞等將率羽林軍於次日發動政變，於是先下手為強，率領兵馬誅殺太平公主的黨羽數十人，將太平公主賜死，依附太平公主的官員盡被貶謫。至此，動盪了一個時期的局勢基本上穩定下來，李隆基掌握了朝中的全部權力，改元開元。

任用賢能
開創盛世

李隆基親政後，所面臨的形勢並不樂觀，歷經武則天一朝及多次宮廷動盪，使得政權機制嚴重受損，吏治腐敗，官宦冗濫；經濟發展阻滯，百姓負擔沉重。要使來之不易的皇位穩固，必須改變這種局面，依照李隆基的心氣和膽識，實現這種改變自是不在話下的。但從哪下手呢？無非還要按照歷代的模式，整頓吏治，這在封建統治者看來是問題的要害，也是操控政權的抓手。而李隆基生性灑脫，做事不喜親力親為，所以，任用賢能便是他一種最佳也是必然的選擇。以致後來天寶年間奸佞當道，實際上也出於這樣一種必然。

《通典》的作者杜佑曾說：「武太后臨朝，務悅人心，不問賢愚，選集者多收之，故當時有車載斗量之謠。」這是說武則天的辦事風格，考慮的多是如何提高威望，而不計算成本和效益，以致造成了官場上人才多而雜。李隆基於開元三年（715年）明確宣佈：「官不濫升，才不虛授，惟名與器，不可以假人，左賢右戚，豈資於謬賞。」他注重選任賢能，起用了一批超拔之才，如姚崇、宋璟、張九齡等，對開創盛世起到了至關重要的作用。

姚崇為開元之初的宰相，辦事幹練，「明於吏道，斷割不滯」，有「救時宰相」之稱。入相前曾向李隆基提出十條建議，包括勿貪邊功、廣開言路、獎擢諍臣、租稅外不得接受饋贈、勿使皇族、宦官專權等，得到李隆基的首肯，並以此奠定了開元施政的策略和方針。姚崇對皇親國戚並不姑息，薛王李業的舅舅王仙童欺壓百姓，為非作歹，姚崇奏請李隆基懲辦；一些富戶用出家的辦法逃避賦役，姚崇進行調查，勒令還俗；開元初年黃河南北地區發生蝗災，姚崇下令各郡縣全力滅蝗，有功者獎勵，蝗災很快得到控制。

宋璟則非常重視人才的選拔任用，雖掌握朝政大權，但絕不徇私枉法。一次，他的遠房叔叔宋元超參加吏部的選拔，說出了與宋璟的關係，希望求一官職，宋璟得知後通知吏部不予照顧。

李隆基
唐玄宗

張九齡是廣東人，當時廣東稱嶺南，尚未發達，能做官的人很少。張九齡憑藉出眾的才華被李隆基相中，位居宰相，參與選官，主張公正開明，量才適用；對於李隆基的過錯及時指出，加以勸諫，並不因有知遇之恩而隱瞞實情。

在眾良臣的輔佐下，李隆基採取多項措施。在朝政方面，精簡機構，裁減冗員，加強對各級官員的管理。把武則天統治以來的冗官裁撤，不但提高了效率，還節省了支出；確立考核制度，加強對地方官吏的管理，每年十月，派按察使赴各地巡查民情，糾舉違法官吏；恢復諫官和史官參加宰相會議的制度，此為太宗時實行，參與討論國家大事，監督朝政；重視縣令的任免，這些官員位於國家治理的前沿，直接與百姓打交道，李隆基經常親自出題考核，瞭解其是否稱職，以定升貶。

在軍事方面，加強邊防，將原來丟失的土地重新奪回。萬歲通天元年（686 年），契丹的李盡忠煽動部下反叛朝廷，攻佔營州，武則天派兵征討失敗；長安三年（703 年），安西地區碎葉鎮被突厥攻佔，致使絲綢之路斷絕；突厥人還先後攻佔了蔚州（今河北蔚縣）和定州（現在河北定縣），迫使唐將安北都護府南遷。開元十一年（723 年），李隆基接受宰相張說的建議，改革府兵制，招募僱傭兵，從關內招募到軍士十二萬人，充當衛士，即「長從宿衛」或「長征健兒」，集中訓練，集中管理，解除了內地人戍邊之苦，提高了軍隊的戰鬥力；頒布《練兵詔》，命令西北軍鎮擴充軍隊，加強訓練；任命太僕卿王毛仲為內外閒廄使，負責軍用馬匹的供應，使短缺的馬匹及時得到補充；命令擴充屯田範圍，在西北和黃河以北地區大力發展屯田，增加糧食產量。在做好各項準備之後，逐步派兵將營州等地收復，長城以北的回紇等族自動取消了獨立割據的稱號，重新歸附唐朝；恢復安北都護府，唐重新行使對長城以北土地的管轄權；西域地區收復碎葉鎮，恢復絲綢之路。

在經濟方面，為增加國家收入，打擊強佔土地、隱瞞不報的豪強，發動檢田括戶運動。當時的地主豪強霸佔農民土地後，稱為「籍外之田」，將逃亡的農戶變成自己的「私屬」，在土地和人口兩方面逃避國家稅收。

李隆基任命宇文融為全國的覆田勸農使,下設十道勸農使和勸農判官,分派到各地檢查隱瞞的土地和私匿的農戶;查出的土地一律沒收,分給農民耕種;對隱瞞的農戶進行登記,一年增加的客戶錢高達幾百萬之多。

在宗教方面,提倡道教,限制佛教過度發展。唐初佛教受儒教和道教限制,特別是提倡道教,未取得至尊的地位。到武則天時期,為了從宗教上打擊李姓,對佛教採取了寬容的態度,致使佛教發展迅速。全國寺院大增,基本上各個州都有佛寺;僧侶們在國家的庇護下兼併土地,逃避稅收;僧尼數目大增,使國家承擔賦役的人數減少,影響了國家的收入。開元二年(714年),李隆基下令削減全國佛教僧侶的數量,還俗的僧尼達一萬二千人之多;禁止再造新的寺廟、鑄造佛像和傳抄佛經;各級官員不得與僧尼交往,使佛教的發展受到了很大限制。

李隆基採取一系列措施,使唐在政治、經濟、文化等方面得到了迅速恢復和發展,甚至超過了貞觀年代,開創了中國史上最為輝煌、鼎盛的「開元盛世」。有一組數據很說明問題,據官方流傳下來的資料,天寶十三年(754年),全國人戶約九百六十二萬戶,人口約五千二百八十八萬口,但據專家綜合多方面的史料推測,當時全國人戶實際已超過了一千三四百萬戶,人口超過了七千萬,史稱:「戶口之盛,極於此。」

唐朝的版圖比之漢代有了新的拓展,大運河將黃河、長江兩大流域緊密地聯繫在一起,促進了全國經濟增長,史稱「開元天寶之際,耕者益力,四海之內,高山絕壑,未耜亦滿」。據各種史料推算,當時全國實際耕地面積約八百五十萬頃,折合現市量單位達六點六億畝,人均佔有耕地面積達九畝多。

長安是當時的都城,內有南北十一條、東西十四條大街,劃分為方格形的一百零八坊;周長三十六點七公里,面積八十四平方公里,相當於明代西安故城的十倍;城內北部居中的是宮城,內外有太極殿、大明宮、興慶殿等三大宮殿群,稱「三大內」,主體建築規模宏偉,能同現北京故宮的太和殿相媲美;商業區分為東市和西市,店鋪林立,市場繁榮,市者雲集。

李隆基
唐玄宗

據《唐六典》記載，開元時期向唐稱臣納貢、進行友好往來的藩屬地及周邊國家達七十餘個，包括現在我國各邊疆地區以及中亞、西亞、東亞、東南亞乃至地中海地區的許多國家；當時長安、揚州、廣州等城市，雲聚著大批從海、陸絲綢之路來華的外商蕃客，成為溝通中外、各族間經濟、文化與政治往來的重要媒介；亞洲及世界各國的留學生紛至沓來，絡繹於途；有不少外國人在當時的朝廷中任職。

宗教文化在中國得以發展，呈現儒、釋、道三教合流的趨勢，本土化的佛教禪宗迅速興起，所謂三夷教，即祆教、景教、摩尼教也在華得到傳播。李隆基曾親自為《孝經》、《老子》、《金剛經》等作注，呈現出包容、博取的社會風氣。

文教事業取得重大發展。開元年間國家圖書館藏量大，四部（四庫）圖書分類被官方正式採納，「藏書之盛，莫盛於開元，其著錄者，五萬三千九百一十五卷，而唐之學者自為之書，又二萬八千四百六十九卷。嗚呼，可謂盛矣！」詩聖杜甫、詩仙李白即生活在這個年代。李隆基曾組織鴻儒碩學，在集賢書院校讎四部圖書；編訂《大唐開元禮》，完成《大唐六典》，為史上最為完備的禮制、行政法典類書籍；大力提倡教育，廣設公私學校，「許百姓任立私學，欲其寄州縣受業者亦聽」；開元二十六年（738 年）敕令天下州縣，每鄉都要開辦一所學校，以教授學生。

李隆基自身就具有很高的文化素養，尤其在音律方面。六歲即能歌舞，精於演奏多種樂器，如琵琶、橫笛，特別是羯鼓，即西北少數民族的一種打擊樂器；對唐之樂制作了多次重大改革，促進了音樂藝術的發展；設立梨園（當時的音樂學校，親任校長），培養出眾多優秀的音樂藝人；吸收外來音樂，提倡俗樂，形成了韻律高亢的唐樂風格；一生中參與了許多音樂作品的創作，包括器樂獨奏、合奏和大型歌舞曲，從不同方面反映社會面貌，如《聖壽樂》、《小破陣樂》、《光聖樂》、《文成樂》等，以及反映情感題材的《霓裳羽衣曲》、《凌波曲》、《紫雲回》等；晚期多為思念之作，有追憶馬嵬坡之行的《雨霖鈴》，懷念賢相張九齡的《謫仙怨》等，被後世所稱道。

癡於戀情
安史之亂

開元盛世的出現，令李隆基陶醉，不禁有些飄飄然起來。以為天下太平，沒有什麼可再擔憂，四方來貢，王朝無比堅固；昔日爭奪皇權的艱辛、險惡漸漸淡忘於腦後，銳意進取的治國精神慢慢衰退。李隆基在即位之初，生活上以節儉自勵，開元二年（714 年）他宣佈：「乘輿服御，金銀器玩，宜令有司銷毀，以供軍國之用；將珠玉、錦繡，焚於殿前。后妃以下服裝都不得佩珠玉、刺錦繡。禁止天下採珠玉、織錦繡等物。違者杖一百。」他淘汰宮女，毀武則天所造天樞、韋后所立石台，表示與弊政決裂；他虛心納諫，宋璟秉公直言，「雖不合意，亦曲從之」；韓休每事力諫，弄得他「感感無一日歡」，但還是硬着頭皮說：「吾用休，社稷計耳。」可到了天寶年間，開始變得奢靡、浮華，怠於政事，放縱聲色，沉於享受；再聽不進那些骨鯁之臣的忠逆諫言，耿直、忠厚的韓休、張九齡等相繼罷相，心術不正、投機鑽營的李林甫、楊國忠等相繼當權，從此，朝中的邪惡勢力逐漸佔了上風。

李林甫小名哥奴，出身宗室，是李淵叔伯兄弟李叔良的曾孫，被稱為中國史上十大奸臣之一。原為吏部侍郎，靠收買、拉攏李隆基身邊的宦官、嬪妃，瞭解李隆基的動向，揣測其心思，投其所好，深得李隆基賞識。當時武惠妃得寵，李林甫攀附，擢為黃門侍郎。開元二十二年（734 年），李隆基任命裴耀卿為侍中，張九齡為中書令，李林甫為禮部尚書、同中書門下三品，從此漸漸專權。李林甫極善權術，表面甜言蜜語，背後陰險狡詐，人稱其「口有蜜，腹有劍」。開元二十四年（736 年），李隆基想從洛陽回長安，宰相張九齡等人勸說秋收還未結束，此程會騷擾百姓，影響生產。李林甫卻對李隆基說，長安和洛陽是陛下的東宮和西宮，願意什麼時候來往就什麼時候來往，不必多慮，至於妨礙了秋收，免了當地農民的稅收就行了。他相繼將張九齡、裴耀卿、李適之等排擠罷相，為鞏固地位，竭力阻塞言路，同列宰相的牛仙客、陳希烈因懼他而不敢言事。天寶八年（749 年），咸寧太守趙奉璋擬揭發他二十餘條罪狀，他指使御史台以妖言逮捕杖殺。他為相十九年，李隆基對他非常信任，

李唐
玄隆
宗基

甚至說過「悉以政事委林甫」的話。天寶十一年（752年），李林甫死，終年七十歲。此前，他與楊國忠有隙，死後，楊國忠唆使安祿山誣告他與蕃將阿布思謀反，李隆基遂追削其官爵，籍沒家產，子婿流配。

開元二十四年（736年），李隆基寵愛的武惠妃病亡，令他悲痛欲絕，鬱鬱寡歡。一次偶然的邂逅，讓他對自己兒子壽王李瑁的妃子楊玉環一見傾心，也顧不得公媳間人倫上的禮儀和三十多歲的年齡差異，欲據為己有。為掩人耳目，他打着為母親竇太后薦福的幌子，讓楊玉環搬出壽王府，入道觀做了女道士，賜號「太真」。一待五年的修行期滿，便迫不及待地將其迎入宮中，為了安撫壽王，為其娶了韋昭訓的女兒為妃作補償。

史傳楊玉環長得相貌出眾，美若天仙，後人將其與春秋的西施、西漢的王昭君、三國的貂嬋並稱為「四大美人」，將李隆基迷得神魂顛倒，不能自已。但據近人考證，楊玉環身材不高，只有一米五左右，體型很胖，或曰豐滿，不說按現行的審美標準，就是在唐代流行以胖為美的情況下也未必出眾。楊玉環之所以能迷倒李隆基，在很大程度上並非完全憑藉色相，而是一種能力，一種勾人心魄的能力。《舊唐書》說：「太真姿質豐艷，善歌舞，通音律，智算過人，每倩盼承迎，動如上意。」《新唐書》在大致相同的評價下，含蓄地加了「遂專房寢」的話。應當說美色、風情及床笫之歡，是李隆基迷戀楊玉環的重要原因，如白居易《長恨歌》所述：「回眸一笑百媚生，六宮粉黛無顏色。春宵苦短日高起，從此君王不早朝。」但更重要的是李隆基感到楊玉環非常善解人意，通曉音律歌舞，有很高的才智和技藝，「七月七日長生殿，夜半無人私語時。在天願作比翼鳥，在地願為連理枝。」二人實際上是一種相互欣賞、心心相印的精神伴侶。

楊玉環入宮後不久即被封為貴妃。李隆基的藝術及情感細胞經楊貴妃一撥動，便難以遏制地噴湧和發散開來，兩人愛戀得昏天黑地、如漆似膠、山盟海誓、形影不離。為了討楊貴妃的歡心，李隆基可謂煞費苦心：楊喜歡華貴、精美的服飾，他專門安排七百多人給她做衣服；楊喜歡吃荔枝，為了讓她能吃上新鮮的荔枝，竟下令開闢了從嶺南到長安幾千里的

明代仇英所畫《唐玄宗幸蜀圖》，以安史之亂時唐玄宗逃離京城長安入蜀避亂為題材。

貢道，以便用快馬將荔枝急速運到長安；楊喜歡沐浴，專門在臨潼驪山北麓的華清池為其修建了一處海棠湯，又稱貴妃池，一側有涼發亭，供其沐浴更衣；楊貴妃對李隆基更是盡展嫵媚、溫順和高超的才藝，兩人鼓瑟相合、詩情畫意、心有靈犀，李隆基稱其為「解語之花」。楊貴妃曾因兩次嫉恨她人而觸怒了李隆基，被逐出宮外，但李隆基頓感六神無主、魂不附體，而迅速將其召回。

有了楊貴妃，朝中奢侈、賄賂之風日盛，達官貴人為了取悅皇帝，紛紛討好她，爭相奉獻美味佳餚、珍異珠寶；楊貴妃每次乘馬，都是由大宦官高力士親自牽馬執鞭；嶺南經略史張九章，廣陵長史王翼因奉獻豐美而陞官受賞，這又刺激了更多的人爭相逢迎巴結，以致奉獻者絡繹不絕，民間形成「遂令天下父母心，不重生男重生女」的風氣，盼望着養個女兒送入宮中以耀祖光宗。

李隆基
唐玄宗

楊貴妃受寵，其家族也大沾其光，「一人得道雞犬升天」。大姐封為韓國夫人，二姐封為虢國夫人，三姐封為秦國夫人；其兄楊國忠更是平步青雲，做了朝廷的宰相，其他兄長也均受封賞，做了朝中的高官。

楊國忠本名楊釗，是楊貴妃的同曾祖（一說同祖）兄，武則天男寵張易之的外甥，繼李林甫之後升任宰相，身兼四十餘職，獨攬朝中大權。他主理朝政毫無章法、欺上瞞下、拉幫結派、大收其賄，將朝廷搞得烏煙瘴氣。一次暴雨成災，李隆基詢問災情，楊國忠卻拿着個大粟穗子給李隆基看，說雨大但沒有影響收成。地方官員報告災情，請求救助，他大發雷霆，命令刑部進行懲處；在他理政期間，均田制瓦解，稅收急劇減少，但朝廷卻因李、楊的奢侈花銷逐漸增多，國庫入不敷出；招募的僱傭兵淨是些閒散、無賴之徒，缺乏戰鬥力，但他卻順應李隆基好大喜功、窮兵黷武的心理，多次鼓動對外發動的戰爭，結果連連失敗；各邊鎮將領為貪功求官受賞，肆意挑釁周邊，導致國家軍力多集中於邊界，內地兵力空虛，造成了「強枝弱幹」局面。

朝政的昏庸、腐敗激化了多種社會矛盾，包括統治階級與民眾、統治集團內部、民族矛盾以及中央和地方割據勢力之間，一場大的社會動盪不可避免。天寶十四年（755 年）十一月初九，史稱「安史之亂」的地方反叛事件終於發生。身兼范陽、平盧、河東三節度使的安祿山趁朝廷內部空虛，聯合同羅、奚、契丹、室韋、突厥等民族共十五萬人，號稱二十萬，以「憂國之危」、奉密詔討伐楊國忠為藉口在范陽起兵。由於國家承平日久、民不知戰，河北諸州縣旋即瓦解，當地縣令或逃或降，安祿山長驅直入，很快攻佔了東都洛陽，控制了河北大部郡縣，河南部分郡縣也望風歸降。

李隆基得知安祿山反叛的消息，驚恐、震怒，立即任命安西節度使封常清兼任范陽、平盧節度使，準備防守；任命六皇子榮王李琬為元帥、右金吾大將軍高仙芝為副元帥東征。安祿山攻下洛陽，東京留守李　和御史中丞盧奕不肯投降，被俘後為安祿山所殺，河南尹達奚珣投降。封常清、高仙芝對叛軍採以守勢，堅守潼關，李隆基聽信監軍宦官誣告，以

「失律喪師」之罪將二人處斬。天寶十五年（756年）正月初一，安祿山在洛陽稱大燕皇帝，改元聖武。

李隆基處死封常清、高仙芝後，任命哥舒翰為統帥，鎮守潼關。唐軍本可利用潼關地勢之險，堅守保衛京師，但由於李隆基與楊國忠想盡快平定亂事，迫哥舒翰領二十萬大軍出戰，結果以慘敗告終。潼關失守，都城長安失陷在即，李隆基被迫於六月十三日凌晨逃離長安，至馬嵬坡（今陝西興平市西北）將士飢渴、疲憊不堪，不再前行，龍武大將軍陳玄禮請殺楊國忠父子和楊貴妃。楊國忠被亂刀砍死，李隆基無奈，命高力士縊死楊貴妃，後兵分二路，進入蜀地。

此時，為當地百姓所留、與李隆基分道的太子李亨北上靈武（今寧夏吳忠）稱帝，遙尊李隆基為太上皇，改年號「至德」。有史家說「馬嵬之變」實際上是一場「有計劃的兵變」。在郭子儀、李光弼等重臣的努力下，唐軍於至德二年（758年）末收復長安、洛陽，李隆基由此返回長安。

回到長安後，李隆基住在城南的興慶宮。新帝李亨對李隆基充滿猜忌，在奸相李輔國的挑動下，對他冷漠少禮。在李亨的默許下，李輔國將興慶宮的三百匹馬全部牽走，只留下十匹；又連騙帶逼將李隆基搬至太極宮，以便監控；同時將跟隨李隆基幾十年的宦官高力士流放到巫州（今湖南黔陽縣）。李隆基寂寞難耐，悲慘淒涼，整日鬱鬱寡歡，經常思念與楊貴妃在一起的日子，暗自神傷，身體每況愈下，不思茶飯。上元三年（762年）四月五日，李隆基崩於長安太極宮的神龍殿，享年七十七歲，謚至道大聖大明孝皇帝，廟號玄宗，葬於陝西蒲城東北的泰陵。

唐玄宗　李隆基

命運悲苦的李亨

說起帝王，人們馬上會想到主掌威柄，盡享榮華，至高無上，眾人臣服。其實也不盡然，有的也身世悲苦，飽受磨難，福沒有享多少，煩心事卻不斷，李亨就算得上一個。他孕育腹中，險遭墮胎；做太子屢受攻訐，兩次婚變；馬嵬之變亂後稱帝，平息叛亂，迎還玄宗，但時間不長便訣別人寰。

唐肅宗李亨像

險夭腹中
繼封太子

睿宗景雲二年（711年）九月三日，李亨出生於長安東宮之別殿，是玄宗的第三子。初名嗣升，後先後改為浚、與、紹，天寶三年（744年）改名李亨。母親楊氏出身於弘農華陰（今屬陝西）的門閥士族，曾祖父楊士達曾於隋代任門下省納言，即宰相，父親楊知慶以世蔭為官。值得一提的是，武則天的生母即楊士達的女兒，所以，若從武則天母親一系論起，楊氏則要比李隆基高一輩，這種輩分不同的婚姻關係在李唐皇室中並不少見。

上年八月，玄宗迎娶楊氏，此時他剛剛被冊立為太子，不久楊氏懷孕。生兒育女本來是件很正常的事兒，可涉及到政治，有時就非同一般。當時玄宗與姑姑太平公主的關係緊張，他擔心太平公主會借題發揮，說他胸無大志，耽於女色，難堪大任。因為隋唐兩朝以此為由而廢立太子的事兒時有發生，隋文帝時太子楊勇就因寵愛貌美的昭訓雲氏被廢，唐太宗時太子李承乾也因喜好聲色，寵愛一太常樂人被黜。玄宗基於政治上的考慮，讓屬下弄來些墮胎藥，打算打掉楊氏腹中的胎兒，不給姑姑以口實。可畢竟是親骨肉，沒忍得下手，小生命才得以保全，後生下來即李亨。

李亨出生後，並沒能跟生母楊氏生活在一起，因為楊氏僅是太子的姬妾，太子妃（即正妻）即後來做了玄宗皇后的王氏。在等級森嚴的宮廷中，太子妃的地位要比其他姬妾優越得多，但此時王氏一直沒有生育，所以，楊氏生下李亨後沒敢獨享為人母的喜悅，而是讓王氏將李亨接到身邊。王氏對李亨很疼愛，百倍呵護，悉心照料，「慈甚所生」，所以，李亨的童年生活很幸福，只是楊氏沒能享受到本該屬於她作為母親的快樂。

開元三年（715年）正月，玄宗的次子李嗣謙（即李瑛）被冊立為皇太子，其母是張麗妃，原是個娼妓。玄宗一共有三十個兒子，李亨行三。次年正月，他被授為安西大都護，安撫河東、關內、隴右諸蕃大使，這些職

李亨
唐肅宗

位都設有副使，李亨所任的職事只是遙領，並不出閣就職，就算讓他任職他也履行不了，因為他當時只有六歲。唐朝自此開始了諸王遙領節度使之先，也為地方擁兵自重提供了更多的可能。

李亨初明世事，就顯得與眾不同，隨着年齡的增長，更加英姿卓然，他「聰明強記，屬辭典麗，耳目之所聽覽，不復遺忘」，更難能可貴的，他「仁愛英悟，得之天然」，雖天賦過人，但很內斂，不露鋒芒，開元初的十幾年，總是安安靜靜地在宮中讀書。玄宗為諸王子選派了知識淵博的師傅教授學業，李亨有幸以賀知章、潘蕭、呂向、皇甫彬等名士為侍讀，文化知識與素養提高很快，也為他日後執政打下了一個良好的基礎。當然，這些都為史書所載，多少有些恭維之嫌。

開元十三年（725 年）十一月，玄宗赴泰山行封禪大典。歸來後，在安國寺東附苑城修建了一處巨大的宅院，號稱「十王宅」，將業已長大成人的皇子們安置於其中。諸王們分院而居，由宦官擔任監院使，負責管理其日常活動。李亨以忠王的身份居於宅院之中，這年他十五歲，已是翩翩少年。在「十王宅」中他一直生活了十三年，直到開元二十六年（738 年）六月，他被立為皇太子，才搬出宅院，入主東宮。從此，他也告別了相對平靜的生活，開始捲入政治的紛爭，不斷受到攻訐和非難。

玄宗稱帝後不久，武惠妃傾寵後宮，生下李瑁，封為壽王。武氏為了讓自己的親子繼承皇位，指使女婿駙馬都尉楊洄誣告太子李瑛與鄂王李瑤、光王李琚有異謀，玄宗聽信讒言，一日殺三子，震驚朝野。可無奈武惠妃命薄，或是老天的報應，時間不長便香消玉殞，壽王做太子的夢也隨之成為泡影。李亨得以年長的優勢被立為太子，韋氏被冊封為太子妃，這年他二十八歲。

為求自保
兩次婚變

做太子對於李亨來說並非鴻運當頭，相反倒是厄運甚至災難連連。當年宰相李林甫為了取悅於武惠妃，極力推舉壽王瑁做太子，沒能得逞。見李亨得立，恐怕將來於己不利，千方百計地打擊、陷害，使得李亨飽受攻訐，在相當長的一段時間裡如履薄冰、惶惶不可終日。

天寶五年（746 年）正月，李亨的好友、隴右節度使兼領河西節度使皇甫惟明從駐地來到京師長安，向玄宗進獻對吐蕃作戰中的戰利品胡騰舞銅像。在覲見中向玄宗明確表達了應撤換李林甫的態度，並對韋堅的才幹大加稱讚。李林甫是當朝宰相，大權獨攬；韋堅是太子妃的哥哥，長期任轉運使，經營租稅，甚得玄宗賞識；韋堅與左相李適之關係甚好，李林甫擔心其權位受到威脅，便施展手段調韋堅任刑部尚書，免去了其轉運使的職位。韋堅有個姐姐是睿宗第五子、即玄宗五弟薛王李隆業（後贈惠宣太子）的妃子，也就是說，韋堅的姐妹分別嫁給了李亨和他的叔叔。

李林甫很快得悉了皇甫惟明的密奏，便開始對其嚴密監控並予以反擊。正月十五日元宵夜，風清月朗，李亨出遊，在街市之中與韋堅相見；之後韋堅又匆匆與皇甫惟明相約夜遊，一同前往位於城內崇仁坊中的景龍道觀。作為太子妃兄與邊鎮節帥夜間相約，私相往來，給了李林甫以可乘之機，他指派御史中丞楊慎矜擬奏，以韋堅乃皇親國戚，不應與邊將「狎暱」為由提出彈劾；李林甫當廷向玄宗奏稱他們二人結謀，「欲共立太子」，玄宗得奏，下詔進行審訊。李林甫指使手下羅織罪狀，想把李亨也牽扯進來。

玄宗雖也懷疑韋堅與皇甫惟明有構謀之心，但卻不願再涉及李亨，因為「三庶之禍」、即他連殺三子的教訓實在太深刻了，他不想再把此案擴大，要求立即結案，遂給韋堅定了「干進不已」的罪名，將其由刑部尚書貶為縉雲郡（今屬浙江）太守，皇甫惟明則以「離間君臣」的罪名，

解除河西、隴右節度使，貶為播川郡（治今貴州遵義）太守，籍沒家產。這一處理，只限於懲治韋堅、皇甫惟明的個人過失，並未觸及到李亨。皇甫惟明的兵權移交給朔方、河東兩道節度使王忠嗣，王與李亨關係親密，是朝中盡人皆知的事情。這一處置結果表明了玄宗的某種態度，使李亨安然無恙，李林甫無可奈何。

此案雖使李亨得以保全，但凶險並未過去，韋堅被貶之後，其弟將作少匠韋蘭、兵部員外郎韋芝上疏替兄鳴冤叫屈，為達目的，竟引李亨作證。此舉招致玄宗大怒，事情變得複雜。李亨見狀，深感惶恐不安，權衡再三，只得明哲保身、捨棄情感，為擺脫干係，上表替自己辯解，並以「情義不睦」為由，請求父皇准許他與韋妃離婚，以表明「不以親廢法」。得玄宗的默許，與韋氏離婚，斷絕了與韋氏兄弟的關係。從此能看出李亨的軟弱，也看出了他的無奈，情感與前程和基業相比，顯得太微不足道了，一如事後玄宗在馬嵬兵諫中賜死楊貴妃，大勢所趨，只能做出那樣的抉擇。「不愛江山愛美人」的佳事在中國根本行不通，到時將你連同「美人」雙雙打入冷宮甚至誅殺，還談什麼愛！與李亨共同生活多年的韋妃作為政治鬥爭的犧牲品被迫削髮為尼，在禁中的佛寺中做了出家人。李林甫對韋堅一案大加株連，以致獄滿為患，被逼死者甚多，直至天寶十一年（752 年）李林甫死，此事方告平息。

天寶五年（746 年）底，李亨又遇麻煩，杜良娣（良娣為地位低於太子妃的姬妾，正三品）的父親杜有鄰惹上了官司。杜有鄰時任贊善大夫，為東宮的官屬，告發他的不是別人，是他的另一個女婿、左驍衛兵曹柳勣。柳勣生性狂放，喜好功名，善結交俊傑之士，與淄川太守裴敦復、北海太守李邕、著作郎王曾等為好友，其中李邕貪奢，不拘小節，任職期間廣攬財貨，多次被人告發，屢遭貶斥，但才藝出眾，擅作碑頌，精於書法，人們往往手持金帛，求取他的書法和文章。

柳勣狀告杜有鄰「亡稱圖讖，交構東宮，指斥乘輿」，真實目的是與他的妻族不合，想陷害其家人。因案情重大，由李林甫直接派人審理，結果將李邕、王曾等一批好友都牽扯進去，李亨也受到牽連。玄宗得知後

當即令京兆府會同御史台官員審訊，案情很快查明，都是柳勣搞的鬼。但李林甫並不想罷手，授意手下指使柳勣誣告，引李邕作證，將案情擴大到地方官員，矛頭直指李亨。但玄宗仍態度謹慎，對下級官員的犯罪不予寬貸，柳勣、杜有鄰等因與皇室的特殊關係，特予免死，判杖決，貶往嶺南。但杜有鄰、柳勣均在重杖之下喪命，妻兒家小流徙遠方。李林甫又命人往北海將李邕殺死，其時年已七十多歲。此案引得李亨再度惶恐，為了表明清白，又將杜良娣捨棄，杜良娣被迫遷出東宮，廢為庶人。杜家人死的死，流放的流放，境遇十分淒慘。

兩次案情，兩次婚變，使李亨身心蒙受巨大打擊。一次，他入宮覲見父皇，玄宗發現他頭髮已有幾分脫落，間生白髮，有一種遲暮的感覺，不免心生惻隱。玄宗對一段時間以來發生的事情有所瞭解，內侍高力士不時地向他傳遞實情，並經常讚譽李亨的仁孝與謹慎，他感到李亨在遭遇攻擊時能忍辱負重，且從來未向他尋求保護，可以託付大事，但其忍受力又實在超出了他的想像，讓他的心情有些複雜。

在玄宗的安排下，李亨又一次成婚，續娶的是一位很有背景的女子，即後來的皇后張氏。張氏的祖母竇氏與玄宗的母親昭成太后是親姊妹，玄宗小時，母親竇氏被武則天處死，是這位姨母將他撫養成人，玄宗一直對老人家懷有特殊的感情，即位後，封為鄧國夫人，姨母的五個兒子也都封為高官，其中張去盈還娶了玄宗的女兒常芬公主。玄宗見李亨身心交瘁、憂心重重，便想用婚嫁之事給他以某種暗示，希望他能夠活得輕鬆一些，於是想到了姨母待嫁的孫女，不久，張氏被立為太子良娣。

李亨再娶後依舊小心謹慎，在小事兒上也不敢有絲毫大意。一次，宮中擺了一桌宴席，席上有一隻烤羊腿，玄宗吩咐李亨割開來吃。李亨割罷羊腿，手上沾滿了油膩，順勢拿起一張餅子將手揩淨，玄宗見後很不高興。李亨察覺了父皇的神情，將手揩完之後，隨即將揩過油的餅子放進嘴裡吃起來，玄宗見後轉怒為喜，對李亨說：「福當如是愛惜。」李亨憑此進一步博得了玄宗的好感。

李林甫並未因此而改變對李亨的態度，其處境依然充滿凶險。天寶十年（751年），張良娣為他生下了兒子李佋，後封為興王。轉年李林甫一命歸西，李亨這才長舒了一口氣。沒想到繼任的宰相楊國忠對他也充滿敵意，在清算李林甫的同時，把他作為專權的障礙，欲換之。李亨又開始了應對楊國忠的排擠和壓制，經常忐忑不安，直到安史之亂爆發，才有了反擊的機會。

靈武稱帝
內憂外亂

玄宗沉溺後宮，重用奸佞，導致了安史之亂爆發。安祿山、史思明舉兵叛亂，攻陷洛陽，安祿山自稱雄武皇帝，國號大燕，長安告急，玄宗倉皇西逃。天寶十五年（756年）六月十四日，玄宗一行至馬嵬驛時發生了兵變。按照正史所說，兵變自發而生，玄宗及李亨完全處於被動。但後世很多人認為其實早有準備，是有預謀的事變。根據當時的情況，說其完全是偶然性突發，似不太可能；但說其具有完備的組織和計劃，李亨早就想取代玄宗以自立，又不當信。但事前李亨或曰太子集團與宰相楊國忠積怨甚深，欲除掉其勢力卻是不爭的事實。

李亨不滿楊國忠的壓制，引得身邊的人窺測到能介入或攫取權力的機會，李亨的貼身宦官李輔國主動迎合，經過一番試探及挑撥，終於得到了其默許和指使，去聯絡和拉攏龍武大將軍陳玄禮。但這只是私下的交往，並沒有實質性的行動，一切全在秘密之中，且矛頭只是指向楊國忠，並無意於改變皇權。沒想到這種交往很快演變為改變政局的行動。

玄宗避亂出逃，離開京師時全部軍馬約有三千人，而負責殿後的李亨就擁有兩千人馬，其中包括禁軍中的精銳部隊——飛龍禁軍；其子廣平王李俶和建寧王李倓在隊伍中「典親兵扈從」，這為策動兵變提供了千載難逢的機會。在宮廷內採取行動，調集和指揮兵馬很難，宮禁嚴固，成

功的概率很低。而此番君臣已離開長安，地處荒郊野地，軍隊已經集結，只要稍一發動，便可形成聲勢。

六月十四日，部隊到達馬嵬驛（今陝西興平西北二十三里），將士因飢疲勞頓，怨言四起。湊巧此時楊國忠騎馬從驛中出來，被二十幾個吐蕃使者攔住討要食物，並請示歸程。這時禁軍中突然有人大喊：「楊國忠與胡虜謀反！」楊國忠被喊聲驚動，見事不妙，撥馬想走，有個叫張小敬的兵士飛射一箭，將其射落馬下，兵士們一擁而上，將其亂刀砍死，割下首級，懸掛於驛門上示眾，其子楊暄及韓國夫人也同時被殺；宰相魏方進出面斥責眾人，也被一刀砍死；另一位宰相韋見素被擊傷頭部，有人大叫「勿傷韋相公」，才倖免於死。

玄宗聞知軍隊出現混亂，急忙出面告諭將士，令各歸其隊，並加以慰勞；但情緒激動的將士仍集於驛城之外，不肯散去，不時傳來刀槍的撞擊聲。此時陳玄禮出面奏道：「楊國忠謀反，眾將已把他處決，貴妃尚在左右供奉，請陛下割恩正法。」玄宗見禁軍要挾自己殺死楊貴妃，感到了事態的嚴重，轉身回到驛內，很久一言不發，神情頹然，說：「貴妃常居深宮，安知國忠的反謀？朕若殺她豈不是累及無辜！」高力士跪奏：「貴妃確實無罪，但將士們已殺了宰相，貴妃仍在左右，將士豈能自安？請陛下審時度勢，將士心安才能確保陛下平安！」玄宗深感無奈，躊躇再三，只得命高力士傳諭，賜貴妃死，二人訣別，玄宗願貴妃「善處轉生」，貴妃揮淚囑皇上前路保重，年僅三十八歲的楊貴妃被縊殺於驛中的佛堂。有人說楊貴妃實際上並未真死，死的是其替身，楊在人安排下逃離別處，甚至說她漂洋過海到了日本，現日本還真有楊貴妃墓，但多數史家認為這種說法純屬無稽之談。

處死楊貴妃，身為禁軍首領的陳玄禮帶頭向玄宗表示效忠，很快穩定住了軍心，也左右了馬嵬之變的走向。隨後陳玄禮保駕玄宗入蜀，玄宗對其並未追究。這從一個側面印證了兵變的組織者最初並非有易主皇權的謀劃，因安史軍打出的旗號即「憂國之危」、奉密詔討伐楊國忠。但李亨似乎並不滿足於此，他不願意再追隨父皇西行，開始有了自己的打算。

李亨
唐肅宗

接下來便是李亨與玄宗分道揚鑣，北上靈武稱帝。史籍對這段歷史的敘述得很含混，並不是說其史實不清，而是說其動因並不太明：說完全是李亨一手謀劃，依據其膽識及魄力似乎並不足信；像有些史家所言是受軍民擁戴、挽留其抗擊叛賊，有說服力，但那只是一種外因；說得杜鴻漸等人的獻策、支持，但又必須得到李亨的首肯。這其中後人評價大概存有兩重顧慮，一是李亨另立有僭越、篡權的背負，宋代史家范祖禹即指斥其「太子叛父」，是「不孝」；另一則是摻雜着權力的爭鬥，日後李輔國擅權便是佐證。

史書講「馬嵬塗地，太子不敢西行」，在杜鴻漸等人的隨同下，李亨據此北上，一路風餐露宿，顛沛流離，「太子或過時不得食」，「一日百戰」，直至天寶十五年（756 年）七月九日抵達朔方軍大本營靈武，李亨才得以喘息。經過一番佈置和籌劃，三日後李亨在靈武城南門城樓舉行了簡單的登基儀式，改元至德，遙尊玄宗為太上皇；任命杜鴻漸、崔漪為中書舍人，裴冕為中書侍郎、同平章事；李亨隨即派使者前往四川，向玄宗報告了這一消息。

不管李亨自立是出於誰之謀劃，也不管人們怎麼去做評價，他畢竟打出了平叛靖亂的大旗。消息傳到叛軍佔領區，極大地鼓舞了當地的抵抗運動，也暫時扭轉了玄宗出逃後全國平叛的被動局面。河北、河南及江淮地區的軍民紛紛奮起反抗，叛軍進攻雍丘、睢陽、南陽，守將張巡、魯炅堅守，扼制住了叛軍南下的腳步，使江淮地區免遭踐踏，唐軍的物資供應也有了保障。

李亨開始調集軍馬，河西節度使李嗣業、安西行軍司馬李棲筠、朔方軍節度使郭子儀等先後率軍而至，為壯軍威，派人去回紇、西域請兵，命皇子廣平王李俶為天下兵馬大元帥，討伐叛軍。但李亨實在是志大才疏，難當經略天下的大任，不能知人善任，在準備很不充分的情況下，聽信只會空談、對軍事一竅不通的宰相房琯的妄言，結果唐軍一敗塗地，第一次收復長安失敗。

轉年形勢有了好轉，郭子儀率軍攻克兩京間的河東郡，掌握了主動；隴右、河西、安西、西域等地兵馬會集鳳翔，江淮物資運至洋川、漢中，李亨接受用人不當的教訓，以郭子儀為天下兵馬副元帥，李光弼任河東節度使，做好了再次收復長安的準備。

此時安史集團內部發生了分裂，安祿山之子安慶緒弒父即位；史思明駐范陽，擁有重兵，不聽調遣。在郭子儀、李光弼等將領的率領下，得回紇軍相助，大破叛軍，收復了長安及洛陽。安慶緒退逃相州（治所在今天的安陽），與史思明矛盾重重。為保存實力，史思明歸降朝廷。乾元元年（758 年），郭子儀、李光弼、李嗣業等九節度使率六十萬大軍征討安慶緒，在大好形勢下，李亨再犯致命錯誤，大軍竟不設元帥，以宦官魚朝恩監軍。

此時史思明再次叛唐，派兵十三萬援救安慶緒。唐軍號令不統一，魚朝恩自以為是，不聽將領們的建議，相州一役被史思明打得潰不成軍。為了逃避，魚朝恩竟將責任推到郭子儀身上，李亨不問青紅皂白，撤掉了郭子儀，改用李光弼。上元二年（761 年），史思明在邙山擊潰李光弼，乘勝向長安進犯，途中被其子史朝義殺死，史朝義在洛陽稱帝，叛軍更加分裂。

李亨靈武稱帝，抗擊叛軍，返回長安，宦官李輔國始終陪伴於左右。李輔國利用李亨的信任參與政事，逐漸專權。初為太子詹事，後任判元帥行軍司馬事，掌握禁軍，開唐代宦官專權之先。當時政務無論大小均由他專斷，別人不敢呼其名而稱其為五郎；再任兵部尚書，地方節度使多為他的人，得到任命後要到他家去謝恩。宰相蕭華與李亨達成默契欲阻止其任宰相，他竟強使李亨免了蕭華的官。李亨一開始對其姑息縱容，到後來也束手無策甚至敢怒不敢言。

此外，張后是個權力慾非常強的女人，做良娣時對危難中的李亨給予了巨大支持，深得李亨信任，局勢穩定後便開始攬權。李輔國見其得寵，與之勾結，左右朝政。張后向李亨進讒言：「建寧王倓恨不得為元帥，謀害廣平王。」李輔國在一旁隨聲附和，添油加醋，李亨不問就裡便將

建寧王李俶賜死。張氏被立為皇后，欲立自己的親子為太子，又陷害廣平王俶，因剛巧其長子李佋死，另一子年幼才沒有得逞。

至德二年（757 年），玄宗自四川返回長安，住在興慶宮，李輔國與張后合謀，強挾太上皇遷出興慶宮，住進太極宮，以便監視。李亨出於對玄宗的戒備、也出於對二人的無奈。寶應元年（762 年），李亨生病，張后為了繼續專權，與李輔國反目。先是想聯手太子李俶除掉李輔國，被拒絕；後又伏甲於宮內，矯詔召太子入宮欲殺之。李輔國得此消息，率先動手，率甲卒截留太子，逮捕張后的黨羽百餘人。張后得知後倉皇逃入李亨的寢宮，李輔國帶兵闖入寢宮逼張后出去，張氏哀求李亨救命，李亨受到驚嚇，說不出話來，病情陡然加重，因無人過問，當天死於長生殿。終年五十二歲，諡文明武德大聖大宣孝皇帝，廟號肅宗，葬於陝西咸陽禮泉之建陵。

中興乏力的李豫

唐代宗
廣德
永泰
大曆

763-779

李豫是唐朝歷史上資質不錯的一位帝王，做太子時任天下兵馬元帥，抵禦叛軍；玄宗、肅宗相繼去世，他繼得皇位，結束了歷時八年的安史之亂；主政後平反冤雪，立志中興，無奈嚴峻的形勢及性格上的弱點，導致藩鎮日強、吐蕃入侵、宦官專權，唐朝日益走向衰敗；他也再無心進取，逃避塵世，篤信佛教。

唐代宗李豫像

歷經風險
榮登帝位

開元十四年（726年）十二月十三日，李豫生於東都洛陽上陽宮之別殿，是肅宗之長子，玄宗之長孫；玄宗有百餘孫，他為最長；母親吳氏，後被追尊為章敬皇后。史載他聰明寬厚，喜慍不形於色，好學強記，通《易》象。初名李俶，十五歲時封廣平郡王。天寶十四年（755年）十一月，安史之亂爆發，他結束了平靜舒適的生活，開始了離亂相繼的日子。此時他正值而立之年，和弟弟建寧王李倓一起，隨父親肅宗跟著祖父玄宗逃離京師避亂，馬嵬之變後北上靈武，成為肅宗稱帝、揚起平叛靖亂旗幟的重要參與者和核心人物。

肅宗當初在決定天下兵馬元帥人選時，曾打算用頗懷才略、威望較高的建寧王李倓，但自稱「山人」的名士李泌向肅宗密奏：「建寧王賢能英勇，確是元帥之才，但廣平王是長兄，有君人之量，可尚未正位東宮。當今天下大亂，眾人所矚目者，自然是統兵征伐的元帥。若建寧王大功既成，陛下又不想立他為儲君，追隨他立功的人便不肯答應。太宗皇帝和太上皇的事，不就是例子嗎？」結果，肅宗任命李豫為兵馬元帥，從此，他被推到了平叛的前線。

李豫任兵馬元帥，李泌以「侍謀軍國、元帥府行軍長史」名義輔之，二人默契配合，盡心竭力。當時軍務繁多，四方奏報從早到晚隨時送來，肅宗諭全部戰報均先送元帥府，由李豫、李泌開拆過目，急切者連夜送至宮中，一般軍務則待天亮後再稟；禁中宮門的鑰匙及符契，均委託李豫及李泌掌管。

至德二年（757年）盛夏過後，肅宗加緊備戰，犒賞三軍，做好了收復京師的準備。九月十七日，唐軍以李豫、郭子儀為中軍，李嗣業為前軍，王思禮為後軍，由回紇王子葉護率領的回紇兵作為機動隊伍，在灃水之東的香積寺（位於今陝西長安南）以北一線與叛軍十萬人對峙。戰鬥打響，敵將李歸仁出陣挑戰，唐軍前隊進逼，遭到敵人反擊，軍中大亂。

李豫
唐代宗

緊要關頭，壯勇無比的李嗣業奮臂高呼：「今日若不拚死一戰，必將一敗塗地。」說罷竟卸下鎧甲，光着膀子，掄起長刀，衝向敵陣。敵軍被其英勇所震懾，唐軍士氣大振，很快穩住陣腳。李嗣業乘勢率領軍隊列陣而進，身先士卒，所向披靡，疆場上戰馬鳴叫、刀槍撞擊、士兵吶喊聲匯成一片，戰鬥從午時打到酉時，直至夜幕降臨，敵軍潰逃而去，戰場上留下了六萬多具屍體。

叛軍逃離長安，李豫即令唐軍入城。京師陷落十五個月後終被收復，是平叛以來取得的巨大勝利。當身為元帥的李豫率軍入城時，百姓們扶老攜幼，夾道相迎，為結束飽受叛軍踐踏的日子歡慶不已。但百姓們也許還不知道，叛軍雖被趕走，但另一場災難卻在等着他們。當初肅宗到回紇搬請救兵，許諾若攻下京城，城中的金帛、珠寶盡歸其所有。肅宗當時的心情可以理解，挽救危難，起死回生，付出任何代價都在所不惜。攻破長安後回紇兵馬上就想進城「履約」，李豫勸阻領兵的葉護：「今剛剛收復西京，若馬上大舉俘掠，則東都之人就會皆為賊固守，收復東都就不容易了。願到了東都再履行約定。」葉護聽從了勸告，與僕固懷恩各領兵由城南繞行，到滻水以東安營紮寨。

十月十八日，唐軍收復洛陽，城中百姓興奮無比。然而歡迎的人群還未散去，回紇兵便迫不及待地衝入城內，在市井及村坊大肆搶掠，一時間火光沖天，嚎聲慟地。李豫再也無理由阻止，只能眼睜睜地看着回紇兵肆意暴虐，甚至還一再遷就，企圖通過忍讓換取與回紇的友好關係。葉護所率的回紇兵在洛陽城內橫行霸道，毫無顧忌。

長安、洛陽兩京相繼收復，李豫以天下兵馬元帥身份立下大功。肅宗返回長安，於至德二年（757 年）十二月進封李豫為楚王，次年三月改封成王，五月立為皇太子，十月五日，舉行了冊禮。

隨着平叛戰爭的節節勝利及肅宗返回長安後生病並不斷加重，朝廷內部權力鬥爭加劇，爭奪的重點無疑是儲位。寶應元年（762 年）四月十六日，太子李豫被肅宗委以監國，使矛盾凸顯出來，隨即釀就了一場宮廷政變。

肅宗隨玄宗避亂西走、馬嵬兵變、靈武分兵及抗擊叛軍，宦官李輔國和張后在其中發揮了重要作用，兩人恃功擅政，相互利用，擾亂朝綱。隨着政權的穩固，專權的李輔國得另一宦官程元振的支持，不再需要仰仗張后這棵大樹，兩人的政治盟友關係宣告終結，產生了巨大裂痕。張后為了掌控權力，產生了要除掉李輔國的想法。

肅宗病重，李豫以太子身份往來侍疾，躬嘗藥膳，衣不解帶，極盡人子之孝。在李豫侍疾時，張后對他說：「李輔國久典禁兵，制敕皆從他那裡發出，他擅自逼遷太上皇，其罪甚大。他所忌者吾與殿下。今主上彌留，輔國暗中與程元振陰謀作亂，不可不誅。」張后毫不掩飾地公開了與李輔國的不和，並拉攏李豫聯手對之。李豫經過權衡，以父皇病重經不起驚嚇為由委婉地拒絕了張后的提議。

張后見李豫不肯合作，便找到了肅宗的次子越王李係，說：「皇太子仁惠，不足以圖平禍難。」遂將計謀誅殺李輔國的想法說出，問越王：「汝能行此事乎？」越王聽後很興奮，滿口答應，因為張后許諾事成之後他將取代李豫而成為太子。二人指令心腹宦官段恆俊、朱光輝等從內侍宦官中挑選二百多名武勇之士，全副武裝待命。

二人的密謀很快被宦官程元振所掌握，他旋即報告給李輔國，李輔國馬上做出安排。寶應元年（762年）四月十六日，即肅宗降至詔書命李豫監國的這一天，張后矯詔讓李豫入內侍疾，欲將其加害於宮中。李輔國知道與張后的較量關鍵在於掌握住太子，因為李豫既是法定的皇位繼承人，又是肅宗委以的監國人，於是命令程元振率禁軍埋伏於玄武門之西的凌霄門，這裡是李豫入宮的必經之地。

李豫秉詔後即趕往宮中，程元振將其攔住，說：「宮中有變，請殿下留步，暫且回宮。」李豫答：「主上疾召我，我豈可畏死而不赴乎？！」程元振說：「殿下，社稷事大，千萬不可因小失大，今日宮中萬萬不能去！」於是不由分說，命禁軍簇擁着他到了玄武門外的飛龍廄，派甲卒嚴加看守。

李豫
唐代宗

隨後，李輔國、程元振帶禁軍闖入宮中，將越王係、段恆俊、朱光輝等百餘人一網打盡。之後，來到了肅宗所在長生殿，把躲到肅宗病榻旁的張后強行帶走，幽禁於別殿，同時被幽禁的還有十餘人。肅宗遭此變故，受到了極度驚嚇，時隔一天便撒手人寰。這樣，由張后策動的政變便以李輔國、程元振等人的獲勝而告終，二人完全掌控了局面。即日，李豫在李輔國、程元振等人的簇擁下到九仙門行監國之禮，接受群臣的拜賀，隨後，在肅宗的靈柩前即位，開始了他動盪且充滿艱辛的帝王生涯。

姑息藩鎮
吐蕃入侵

李豫即位，從父皇手中接過的並非人們記憶猶新並引以為豪的輝煌盛世，而是一個飽受創傷、幾近崩潰、災難深重的爛攤子。國家猶如一個危重的病人。郭子儀曾向李豫描述過河南、都畿一帶的情景，天災人禍、饑荒瘟疫肆虐着城市和鄉村，滿目瘡痍、人煙斷絕，有的地方甚至出現人相食的現象。安史之亂仍在延續，二次叛唐的史思明殺安慶緒再佔洛陽稱帝，後又被其子史朝義所殺而繼位。

李豫親政後發布的第一份詔書便是任命自己的兒子、奉節郡王李適為天下兵馬元帥，「國之大事，戎馬為先」。不久，再請回紇援助，舉兵攻打洛陽，唐軍與叛軍大戰於北郊，史朝義敗逃莫州（今河北任丘北），部將相繼降唐，史朝義窮途末路，自縊而亡。降將李懷仙將其首級送至京師，至此，持續八年的安史之亂宣告平定。此間，唐朝換了三代帝王，叛軍元兇歷經了兩姓父子四人（安祿山、安慶緒、史思明、史朝義）。李豫完成了祖、父未竟之事，終於可以告慰先人了，這也是他一生中最大的亮點。

隨後，李豫為受迫害遭貶黜的人平反昭雪，給被廢為庶人的王皇后、太子瑛、鄂王瑤、光王琚等恢復了封號，為因「擅兵」被謫的永王璘等予

以昭雪；對肅宗因聽信讒言而賜死的建寧王李倓追贈一等親王爵——齊王，大曆三年（768年），又頒詔追諡為承天皇帝，頌其功德和才能，改葬順陵。李豫對李倓感情甚深，不僅因為兩人為手足親情，還由於李倓正是在與他的關係上經張、李二人挑撥而含冤，李豫內心總抱有愧疚。以致時隔一年之後，李泌與李豫談及李倓的冤情時，李豫還流涕不已。

與此同時，李豫追尊自己的生母吳氏為皇太后，再追諡章敬皇后，將其合葬於肅宗的建陵；追贈外祖父吳令珪為太尉，外祖父的弟弟、自己的舅父等也都加官晉爵；對教授過自己的師傅很尊重，即位後召其入宮咨詢請教，授右散騎常侍、學士等職。李豫行此舉的目的在於安撫人心，穩定局面，同時也表明了他自己的某種態度，為下一步採取措施製造輿論。當然，也暴露出他性格上的特質或弱點，為日後近二十年的執政生涯奠定了基調及走向。

李輔國擁立李豫建有頭功，恃功自傲，氣焰囂張，不可一世，根本不把李豫這個皇帝放在眼裡，曾對他說：「大家但內裡坐，外事聽老奴處置。」李豫聽了自然很不是滋味，他不想再像以往那樣聽之任之，可懾於李輔國的權勢又不能輕舉妄動。於是，表面上仍對李輔國倍加尊禮，暗中卻在尋找機會，他利用程元振與之爭權的矛盾，派人潛入李府將其殺掉，取其首級及一臂而去。李豫聲張着要抓捕盜賊，實際上卻暗中竊喜，將李輔國的另一臂送至泰陵，祭奠祖父，以慰亡靈，李輔國也落得個身首異處的下場。

歷經安史之亂，李豫本該接受動亂發生的教訓，加強對地方勢力的掌控，提升中央政權的權力。可李豫非但沒有這樣做，反倒讓那些叛軍的降將掌管地方的權力，想以此來換得這些人的好感和支持，求得相安無事，結果自然是大錯特錯了。廣德元年（763年）七月，李豫大赦天下，對安史的舊將、親族一律不予追究，各級官員都加官晉爵。這看上去似為懷柔的舉動實際上是愚蠢。那些降將一變而成為了唐朝的節度使，形成了新的藩鎮。張忠志原是安祿山的部下，此番成為了成德軍節度使，管轄原恆、趙、深、定、易五州之地，賜名李寶臣；李懷仙為檢校兵部尚書、

兼侍中、武威郡王、幽州節度使；田承嗣為檢校戶部尚書、魏州刺史、雁門郡王、魏博等州防禦使。各方節度使在所轄區域內擴充軍隊、任命官吏、徵收賦稅，成為強大的割據勢力，對朝廷構成巨大威脅，其中以成德、魏博、幽州三地為最，稱為「河朔三鎮」。

李豫對這些割據者則非常遷就，甚至到了放任不管的地步。李懷仙被部將朱希彩所殺，李豫任命朱希彩接任節度使；朱希彩又被部下所殺，推舉經略副使朱泚，李豫又准允朱泚做了節度使；相衛節度使薛嵩死後，十二歲的兒子襲職，兒子又讓位給叔父薛萼，李豫聽之任之；田承嗣公然為安史父子立祠，號為四聖，並向李豫索要宰相之職，李豫竟遣使慰諭，授其平章政事。在李豫的縱容下，這些節度使目空一切，肆無忌憚，雖稱藩臣，實為一個個獨立王國，他們的職位或父子、兄弟相襲，或由部下推戴自稱「留後」，強迫朝廷予以承認。他們互相殘殺又相互勾結，不聽朝廷的指令，根本不把朝廷放在眼裡，以致朝廷的權力越來越小，地方割據勢力越來越強，根本無法控制。

由於唐朝國力衰弱，西部的吐蕃族對內地虎視眈眈。松贊干布統一吐蕃諸部落，建立起政權。太宗時應松贊干布要求，派人護送文成公主入藏，與吐蕃建立起友好關係。其後吐蕃開始與唐發生戰爭，龍朔三年（663年），攻佔今青海地區，滅唐的藩屬國吐谷渾，又侵入西域和劍南地區。

吐蕃乘安史之亂，於至德元年（756年）攻取石堡城，進而佔領隴右（節度使駐鄯州，青海樂都）、河西（節度使駐涼州）。廣德元年（763年），吐蕃率吐谷渾、党項、氐、羌等共二十萬人入大震關（今甘肅隴西），攻涇州，刺史高暉獻城出降，引吐蕃大軍直指奉天（今陝西乾縣）、武功等地，唐兵潰敗，京師大駭。李豫急命李適為關內元帥，郭子儀為副元帥，抵禦吐蕃。這時郭子儀正賦閒在家，得令後急募二十騎，趕赴咸陽。此時吐蕃已逼近長安，李豫倉皇出逃，到陝州，成為又一個出京師避難的皇帝。三日後，吐蕃攻入長安城，立廣武王李承宏（金城公主侄）為唐帝，逼前翰林學士於可封做制封拜。吐蕃兵在長安城燒殺搶掠，一派慘狀。郭子儀率兵馬在城外佯造聲勢，又派人入城四處散佈「郭令公

（即子儀）親率大軍來了！」使得吐蕃軍僅佔城十五日便驚慌撤出，退走原（今寧夏固原）、會（今寧夏中衛）、成（今甘肅成縣）、渭（今甘肅隴西）一帶。同年，吐蕃又攻入劍南道的松州、維州、雲山城、籠城等地。

廣德二年（764 年），唐將僕固懷恩叛離，引吐蕃、回紇等數十萬兵馬進攻長安。僕固懷恩為鐵勒族人，安史之亂中從郭子儀、李光弼作戰，屢立戰功，官至河北副元帥、朔方節度使等職。他自恃功高，不滿朝廷給予的待遇，性情暴虐。李豫任命郭子儀為朔方節度使，將士們皆歡欣鼓舞，紛紛脫離僕固懷恩投向郭子儀。僕固懷恩僅率三百兵逃至靈武，收拾散兵，引吐蕃、回紇進犯邠州、奉天，節度使白孝德、郭子儀閉城堅守不出，此時吐蕃鹽川城遭襲，其害怕失去後援，無奈退兵，京師之圍遂解。永泰元年（765 年）九月，僕固懷恩又引吐蕃、回紇、吐谷渾、党項數十萬來攻，至鳴沙（今寧夏中衛東）暴病而死，吐蕃掠奪數萬人而歸。同年十月，吐蕃聯合回紇再次入侵，逼近奉天，郭子儀說服回紇，與之聯手擊敗吐蕃，斬首五萬餘，吐蕃退兵。

大曆年間，吐蕃又多次犯唐，郭子儀、劍南節度使崔寧等率部禦敵，給吐蕃以沉重打擊。吐蕃雖盛，但面對龐大的唐王朝畢竟力量有限；而郭子儀等人禦敵雖勇，但卻時時受到掣肘及無名的猜忌。戰爭使得雙方消耗巨大，吐蕃日漸衰落，唐王朝也越發虛弱。

感情優柔
處事寡斷

李豫是一個很講真情的人，總想用真情去換取人心，用真情去對待感情。比如對待祖父、父親、兄弟、母親一系的親屬、臣僚、藩族以及叛軍的降將等，還包括對待自己的原配夫人沈珍珠及獨孤貴妃、華陽公主。這要作為一個普通人應當說是一個很不錯的優點，但要作為一個皇帝似乎

就顯得太有些優柔寡斷、兒女情長了。因為做事情光有善良的願望是不行的，你想將心比心，以心換心，但別人卻不這麼想，因為其面對的是令人垂涎的權力及背後的巨大利益，這些是用真情所換不來的，有很多時候往往還會失去。對待心愛的女人一定予以呵護和恩愛，但又不能完全陷入其中，因之而耽誤了社稷大事，再貼上身家性命，那樣就太得不償失了。

李豫稱帝前後在很長的時間裡都受制於宦官。他覺得這些人地位低下，對他們好，自然會換得其死心塌地的忠誠，可惜他錯了。他一次次地養癰為患，又一次次地想辦法剷除奸佞。開始是李輔國專權，李豫忍無可忍，利用程元振將其殺掉。結果程元振出任驃騎大將軍，繼續獨攬大權。安史之亂後李豫論功行賞，獎掖功臣，正副元帥、各道節度使悉授官階，唯有山南東道節度使來瑱因與程元振有隙，程誣告其與安史通謀，不但沒有受賞，反而被流放播州，不久賜死。其部將憤憤不平，推舉兵馬使梁崇義為統帥，發動兵諫，要求為來瑱訟冤。李豫無力討伐，下詔以功臣禮節改葬來瑱。

廣德元年（763 年），吐蕃攻入大震關，盡取河西、隴右之地。地方官連連上疏告急，但均被程元振扣住不報，直至吐蕃攻取涇州，李豫才有所察覺，急召郭子儀守咸陽。等郭子儀抵達咸陽，吐蕃兵馬已渡渭水而來，郭子儀遣使奏告求援，程元振懼怕郭子儀功高，不許來使人見，致使吐蕃大軍長驅直入，攻入京城，李豫驚慌失措，出奔陝州。李豫流亡時多次頒詔征諸道兵馬，各地皆因痛恨程元振而無一應詔，連李光弼都束兵不出。護駕大臣則因懾程元振的淫威，不敢彈劾，唯有太常博士柳伉上疏請斬殺程元振，以謝天下。李豫卻念程元振擁立有功，僅削去其官爵，放歸鄉里。後來程元振私入京師，結果被放逐江陵，直至病死。

李豫當政時宦官專權的還有魚朝恩，此人為瀘州瀘川人，肅宗時任禁衛軍指揮，李豫時任天下觀軍容宣慰處置使等職。廣德元年（763 年）僕固懷恩叛唐，暴死於鳴沙，其部將范志誠繼續率叛軍進攻涇陽。李豫下制親征，魚朝恩以平叛為名，大肆勒索市民私馬，凡城中男子均徵作禁

兵，弄得人心惶惶，爭相逃匿。

魚朝恩在朝中干預政事，肆意驕橫。一日，百官入朝，他領十餘名禁軍要挾迫李豫至河中，以避吐蕃。百官懾於其淫威不敢阻止，恰好前方傳來擊敗吐蕃的消息，他才作罷。魚朝恩曾領國子監事，兼鴻臚、禮賓等職，一個宦官居然入內講經，上居師座，手執《周易》挑選其中章句譏諷宰相元載等人。當時王縉、元載同時聽講，王縉面帶怒容，元載則若無其事。魚朝恩看後對親信說：「怒是常情，笑實不可測。」對元載開始提防。

魚朝恩有一養子，任內給事，與同事發生糾紛。魚朝恩帶着這個養子入見李豫，要求李豫賜紫衣以提高養子的身份。此時恰巧有一內監手拿一紫衣站在一旁，他不等李豫應允，隨手便取來紫衣遞給養子。李豫雖然心有不悅，但還強顏作笑。元載看出了李豫對魚朝恩的不滿，乘機進言，得李豫許諾。此年清明，李豫在殿內設置酒宴，請來親貴，魚朝恩也在其中。元載突然帶人闖入，將魚朝恩逮捕，由李豫當場歷數其罪狀，並下令其自盡。魚朝恩不服，欲進行辯解，元載即指派人將其勒死，對外則稱其受敕自縊。李豫真心待人，但受到的總是挫敗，以致他對真實的東西產生懷疑，步入虛幻，經常誦讀佛教《仁王經》以為寄託。

李豫做廣平王時娶了妃子沈珍珠，其出身於江南太湖流域的名門大族，世代為官，父親沈易直曾任秘書監。沈珍珠於玄宗開元末年以良家女入選東宮，被當時還是太子的肅宗賜於廣平王府，成為李豫的王妃。安史之亂爆發，玄宗倉皇西逃，除自己的妃嬪、皇子皇孫公主外，其他人皆被丟棄，沈珍珠被叛軍拘捕，送往東都洛陽。李豫任天下兵馬元帥，收復洛陽，在宮中重遇沈珍珠，二人悲喜交集，十分傷感。不久，史思明再陷洛陽，沈珍珠重入魔爪，待李豫再克洛陽，沈珍珠不知所蹤，生死不明。李豫即位後，遣使四處找尋沈珍珠，但一直沒有找到。

對於這段史料，後人做出過種種猜測和評價，也衍生出不少令人悲歡的故事，《珍珠傳奇》即取材於此。有人認為首次丟棄沈珍珠並非李豫之過，但二次重逢卻不將其帶走，實在難以諒解；但也有人說當時李豫忙

李豫
唐代宗

於戰事，無暇顧及，以致錯過了時機，李豫對沈珍珠感情篤深，即位後始終沒有冊立中宮，就是出於對沈珍珠的思念。這其中實際上還有一個因素，即沈珍珠被掠後李豫又寵上了獨孤氏，將沈珍珠迎回，二人的關係則難於處理。李豫既得罪不起獨孤氏，又對沈珍珠深懷歉意，顯現出其性格上的軟弱和游移。

獨孤氏的家族曾為三朝外戚，父親獨孤穎任左威衛錄事參軍，其以姿色絕美被選入宮中。大曆三年（768 年），獨孤氏被冊封為貴妃，得李豫的專寵，先後為李豫生下了韓王李迥和華陽公主。華陽公主聰明過人，說話做事非常能討李豫的歡心。誰知天公不作美，大曆十年（775 年），華陽公主不幸得病夭亡，李豫悲痛至極；時隔幾個月，獨孤氏也因病而逝，令李豫痛不欲生。他將獨孤氏的遺體殯於內殿，以便天天祭奠，直到大曆十三年（778 年）十月，才安葬於莊陵。

由於對獨孤氏母女的思念，以及對內憂外患的焦慮，李豫的身體每況愈下。大曆十四年（779 年）五月，宮中傳出李豫生病的消息，這一病就很嚴重，不到十天便無法上朝；五月二十日，李豫下達令皇太子監國的制書，當晚即駕崩於長安宮中紫宸之內殿，享年五十四歲。諡睿文孝武皇帝，廟號代宗，葬於陝西富平之元陵。

自相矛盾的李適

唐德宗

建中元　興元　貞元

780-805

李適與其父代宗多有幾分相像，都是生於盛世，長於離亂，年少便擔綱大任，任天下兵馬元帥，平息動亂；又都以長子身份承得皇位，立志中興，也都小有作為；遇阻後都表現得軟弱乏力，變得意志消沉；都曾出逃京師避難，也都心懷猜忌，不分忠奸，結果使唐王朝變得越發衰敗。

唐德宗李適像

決意削藩
適得其反

天寶元年（742年）四月十九日，李適生於長安城的皇宮中。他不僅是代宗的長子，還是肅宗的長孫，而代宗又是肅宗的長子，這就意味着他從一出生便擁有了繼承皇位的最正統資格。李適出生時正逢大唐盛世的輝煌尚未褪去，全國人口達到六千萬，這是以前代所從未有過的，在當時的社會條件下，人口的多寡是衡量一個社會發達與否的重要標準。李適的童年是幸福的，然而，當他剛剛跨入青春期，天寶十四年（755年）爆發了安史之亂，從而打破了他優越、平靜的生活，陷入了奔波與離亂的日子，那一年他才十四歲。這裡要說一下，李適的名字不念「是」而念「擴」，是個多音字，主要用於姓名。

安史叛軍攻破潼關，直逼長安，李適的曾祖、開創盛世的玄宗狼狽出逃，李適與爺爺肅宗、父親代宗也在逃亡的隊伍當中。一路上顛沛流離，多方輾轉，歷經了重重變故，直至父皇代宗繼位，動亂還未平息。動盪中李適經受了戰亂的洗禮，曾被父皇任命為天下兵馬元帥，同郭子儀、李光弼等名將與叛兒史思明父子展開決戰，最終獲勝，動亂宣告結束。他官拜尚書令，受賜鐵券，即一種享受優遇及免罪的憑證。

父皇代宗頗有一番抱負，剷除了擅權的太監李輔國，立志中興。但其性格上的弱點則導致了藩鎮日強，不少由叛軍降將任節度使的藩鎮各據一方，成為一個個獨立王國，再加上宦官篡政，搞得代宗焦頭爛額。大曆十四年（779年）五月，代宗懷着一腔憂鬱和悔恨撒手西去，李適以太子的身份接任皇權。

李適稱帝不願意徒有虛名而成為擺設，挾着平亂的餘威決意削藩。由於代宗對藩鎮的姑息、縱容，節度使一職或為子孫相傳，或由部將推舉，稱為「留後」，朝廷的任命只是個形式。李適決心改變，建中二年（781年），河北成德鎮節度使李寶臣死，其子李惟岳上表請求繼任，李適一口回絕，表示要自己任命新的節度使。

李適
唐德宗

然而慣例一經養成，是很難改變的。李適的做法若成為事實，其他藩鎮便將面臨同樣的結局，在地位及豐厚利益的驅使下，魏博節度使田悅、淄青節度使李正己、山南節度使梁崇義等幾個人聯合起來，「潛謀勒兵拒命」，「遙相應助」，和李惟岳一起向朝廷示威，史稱「四鎮之亂」。李適自然早就料到會出現此種情況，採取以藩制藩的策略，利用藩鎮間的矛盾，指派幽州節度使等人攻擊叛軍。平叛的勢頭開始很好，先是淄青鎮的李正己病死，其子李納不堪重擊，被打得大敗；接着是挑頭的李惟岳部發生內訌，李惟岳被部將王武俊殺死，成德鎮的大將張忠和投降朝廷。

坐鎮長安的李適很得意，以為「四鎮之亂」將很快平息，天下從此太平。但此時他輕率地下詔將原李惟岳佔據的成德鎮一分為三，招致了幽州留後朱滔和成德兵馬使王武俊的不滿，認為朝廷不論功行事，心生怨憤。這下便給了田悅以可乘之機，趁機派人與朱滔和王武俊聯絡，進行離間，許以重利，朱滔和王武俊竟然倒戈相向，發兵援救被官軍圍困的田悅。

李適急命朔方節度使李懷光討伐田悅、朱滔、王武俊，結果官軍大敗。朱滔、王武俊與田悅、李納等結盟：朱滔為盟主，自立為冀王，稱「孤」；田悅立為魏王，王武俊立為趙王，李納立為齊王，均稱「寡人」。

四鎮稱王令李適頭痛不已，原先的得意頓時煙飛雲散，他正想着如何應對，不想淮南節度使李希烈又發動了叛亂。李希烈先前曾協助朝廷平定四鎮，宰相楊炎曾勸諫李適，說李希烈「無功猶倔強不法，使平崇義，何以制之」？李希烈薄情寡義，心狠手辣，原是董秦（即李忠臣）的養子，董秦對他信任有加，而他卻驅逐了董秦取而代之。但李適卻沒有聽進勸告，反而授李希烈南平郡王，任漢南、漢北兵馬招討使，統領各道兵馬討伐梁崇義。李希烈殺梁崇義後，自認為立有大功，攻佔了山南東道治所襄陽，據為己有。李適則派節度使去接管，引發其強烈不滿。稱王的四鎮趁機對李希烈稱臣勸進，李希烈自立為「楚帝」，稱天下都元帥，開始向官軍進攻。

涇原之變
罪己救亡

建中四年（783 年）八月，李希烈發兵三萬圍攻襄城（今河南襄城）。淮西招討使李勉奉詔救援，採用圍魏救趙之計，乘李希烈後方空虛，直搗其巢穴許州（今河南許昌）。李勉本是出以公心，卻遭到李適的猜忌，以為他想趁機撈取好處，即派宦官指責李勉違詔，李勉只得從許州撤兵，半途遭到李希烈軍伏擊，大敗，襄城更加危急。

襄城一旦陷落，東都洛陽便將吃緊。李適急忙從西北抽調涇原（治所在今甘肅涇川縣北）的兵馬救援襄城。涇原節度使姚令言帶五千兵馬途經京城長安，適逢天降大雨，涇原兵士被淋得濕透，瑟瑟發抖。朝廷遣京兆尹王翔犒賞軍隊，帶去的儘是粗米鹹菜，涇原兵士不滿，發生了嘩變，一哄而闖入了長安城。姚令言正要入朝辭行，聽說部下嘩變，趕忙勸解士兵：「諸君失計！東征立功，何患不富貴，乃為族滅之計乎！」

李適聞知後急派宦官帶着二十車錢帛前去慰勞兵士，想穩定住局面，但此時兵士們情緒激動，早已失去了理智，不但殺了宦官，還用兵器脅迫姚令言向西進軍。亂軍入城後，開始衝擊皇宮，禁衛軍無力抵擋，李適更亂了方寸，情急之中帶了太子、諸王、公主從宮苑北門倉惶出走。

自從代宗時因宦官魚朝恩擅權被殺，朝廷不再任用宦官掌管軍隊，李適身邊的宦官及隨從只有一百多人。此時，司農卿郭曙正帶着數十家兵在禁苑中打獵，聽說後急忙趕來扈從；右龍武軍使令狐建正在軍中指揮練武，得知後也率部四百人迅速前來護駕。

翰林學士姜公輔頗有遠見，攔在李適的馬前提醒：「朱泚嘗為涇原帥，得士心，昨以朱滔叛，坐奪兵權，泚常憂憤不得志。不如使人捕之，使陪鑾駕，忽群兇立之，必貽國患。臣頃曾陳奏，陛下苟不能坦懷待之，則殺之，養獸自貽其患，悔且無益。」朱泚是叛臣朱滔的哥哥，原任涇原節度使，因弟弟反叛受到牽連，被解除了兵權，姜公輔的意思是李適要走，一定要帶上朱泚，以免後患。

李適
唐德宗

李適此時如驚弓之鳥，一心只想着逃命，根本聽不進姜公輔的話。他率宗室一行急匆匆地跑出宮苑，準備到奉天（今陝西乾縣）避難。涇原兵士們衝進皇宮，發現皇帝已逃，即強行打開府庫，大肆搶掠，一直鬧到深夜。次日，涇原兵士帶着搶來的財寶，不知道該如何收場。他們去找節度使姚令言，姚令言知道自己難逃其咎，朝廷肯定饒不了他，不反也得反了。但他自知難堪大任，便想到擁戴朱泚為主。朱泚本來就是個野心勃勃的人，如今天賜良機，立即接管了長安的兵權，這下真被姜公輔言中。此事件史稱「涇原之變」。

李適一行經咸陽逃到奉天，急詔徵發附近各道的兵馬入援，左金吾大將軍渾瑊率先來到奉天。此人為鐵勒族渾部人，曾任中郎將、左廂兵馬使、大都護、節度使、左金吾衛大將軍等職，善騎射，以忠勇著稱。在平定安史亂中，先後隨李光弼、郭子儀、僕固懷恩出戰河北，收復兩京，屢破吐蕃兵的侵擾，在將士中很有威望。逃亡的人們看到他的到來，似乎見到了希望。

此時長安發生了段秀實被殺的事件。段秀實為陝西千陽人，幼讀經史，稍長習武，玄宗時舉為明經，後棄功名從軍，官至涇州刺史兼涇原鄭穎節度使，總攬西北軍政四年，吐蕃不敢犯境，百姓安居樂業。因宰相楊炎嫉其才幹，被削去兵權，召到京師任司農卿（九卿之一，掌錢穀）。朱泚認為他一定怨恨朝廷，有心拉攏，段秀實則忠貞不改，但又不好推辭，便假意留在朱泚身邊，暗中聯絡將軍劉海賓等人尋機殺掉朱泚。

朱泚派涇原將領韓旻率三千騎兵前去奉天，名義上是接李適回京，實際上是攻打奉天。段秀實得知後擔心李適沒有兵力防守，便偽造公文，倒蓋上司農卿印，騙韓旻回師。又派人趕至駱谷驛截下韓旻，以姚令言之令命其返防。段秀實知道韓旻回京後事情必將敗露，便與劉海賓密謀殺朱泚。當天，朱泚召段秀實商議稱帝一事，段秀實怒不可遏，用手中象牙笏猛擊朱泚，朱泚被打得頭破血流，落荒而逃。但劉海賓等人遲遲未至，段秀實當即被殺，劉海賓等人也都遇害。消息傳到奉天，李適懊悔過去聽信讒言，貶黜段秀實，為之流淚不已。

朱泚即位稱帝，自稱「大秦皇帝」，改元「應天」，殺死了滯留在長安來不及逃跑的皇族七十多人，帶了兵馬前去攻打奉天。當時叛軍數萬，官軍只有寥寥數千，渾瑊率軍堅守危城。為了攻城，朱泚製造了特大的雲梯，渾瑊則在城牆邊挖掘地道，在裡面堆滿了乾柴。叛軍攻城，先施以密集的箭鏃，接著攀援雲梯，不料雲梯都陷入了地道，露出了乾柴，城頭的唐軍扔下火種，一時間大火熊熊，叛軍被燒得皮開肉綻，渾瑊趁機率軍從城門殺出，叛軍大敗。

朱泚見強攻不行，便將奉天團團圍住。奉天受困一月，城中的糧食全部被吃光，情況危急。關鍵時刻，神策河北行營節度使李晟日夜兼程趕赴奉天救援。李晟是洮州臨潭（今屬甘肅）人，祖、父均為隴右的良將，其性格剛烈，善於騎射，原為河西節度使王忠嗣的部下，屢立戰功，官至左羽林大將軍、神策行營節度使；同時，奉命東討田悅的朔方節度使李懷光也回師向西救援。朱泚見形勢不妙，撤回了對奉天的包圍，固守長安。

奉天解圍後，朔方節度使李懷光自恃功高，認為李適肯定會召見厚賞。李懷光性格粗獷，看不起宰相盧杞等人，指其奸詐、諂媚，擾亂了天下。盧杞則怕其詆毀自己，極力阻止李適召見，命李懷光立即引軍收復長安。李懷光心想我千里迢迢赴命，竭心盡力，皇帝近在咫尺，竟不肯召見，非常不滿。於是領兵屯駐咸陽，不肯進兵，並多次上表揭露盧杞、宦官翟文秀等人的罪惡。李適見奏後知道是盧杞作梗，將其貶為遠州司馬，殺宦官翟文秀。

興元元年（784年）正月初一，李適聽從宰相陸贄的建議，下詔「罪己」，即著名的《奉天改元大赦制》，大赦天下，除朱泚外，免李希烈、田悅、王武俊、李納、朱滔之罪，並停間架、除陌之類。陸贄是蘇州嘉興（今屬浙江）人，勇於直諫，文學上頗具才華。詔書由其起草，以駢文的形式，言辭懇切，直書君過，文筆犀利，情感激亢。據說詔書下達，「雖武人悍卒，無不揮涕激發」。王武俊、田悅、李納見到詔書赦令後，都主動去除了王號，上表謝罪。這些人當然是出於利益上的考慮，但想必也有被詔書感動的原因。

李適
唐德宗

李懷光在咸陽駐守幾月，始終不肯出兵收復長安。李適派人多次催促，其總以士兵疲憊為由推脫，暗中卻與長安城中的朱泚聯絡，意在反叛。李晟察覺到李懷光的異常，提醒李適應有所防備，並建議任命副將趙光銑等人為洋、利、劍三州刺史，各領兵五百駐守，防患於未然。李適沒聽進勸告，仍信任李懷光。

李適欲親領禁兵到咸陽，以勞軍為名，督促李懷光及各將領進兵征討。李懷光認為李適是要用漢高祖偽游雲夢之計，擒獲諸將，遂決意謀反。李適出發前還怕李懷光生疑，加封其為太尉，賜鐵券，然而使者到咸陽宣旨，李懷光態度傲慢無禮，當着使者的面將鐵券扔在地上。使者回報，李適才確信李懷光有了反意，下令加強戒備，命李晟為河中、同絳節度使，加任同平章事，將挽救朝廷的希望寄託在李晟的身上。

李懷光謀反後，派部將趙升鸞潛入奉天，欲裡應外合挾持李適。但趙升鸞將此事告訴了渾瑊，渾瑊急報李適，請其速離開奉天去梁州（今陝西漢中）。李適命渾瑊部署，還沒等部署停當，李適便慌慌張張地出城西逃，樣子十分狼狽。

李懷光的反叛使局勢更為惡化，不少唐臣投降了朱泚。在此關鍵時刻，李晟挺身而出，以忠義激勵將士，保全了軍隊，長安附近的唐軍都自願接受其指揮。叛軍內部則出現混亂，不少李懷光的部下不願意跟隨叛亂，投奔了李晟；而長安城內的朱泚對李懷光也懷有戒心，李懷光內外交困，帶着人馬逃到了河中。

李懷光一跑，朱泚陷入了孤立。渾瑊堅守奉天，與李晟遙相呼應，興元元年（784年）五月，李晟率部收復了長安，朱泚及姚令言率殘兵向西奔逃，途中被部下所殺；河中守將紛紛投降，李懷光走投無路，自縊而死。

此時，只有自稱「楚帝」的李希烈尚據淮西抗命，貞元二年（786年）初，李希烈連續進犯襄州、鄭州，均被唐軍擊退；四月，李希烈被部將陳仙奇毒死，親眷被殺，陳仙奇舉眾部歸順朝廷，被授為淮西節度使。至此，

這場因討伐「四鎮之亂」而引發的李希烈、朱泚、李懷光的更大兵禍，歷時五年，總算得以平息。然而，藩鎮世襲和自立統帥已成為不可更改的事實。時隔不久，淮西兵馬使吳少誠殺陳仙奇，自為留後，李適也只得承認。

此後，藩鎮失控的局面越演越烈，一直延續至唐末，最後分裂為五代十國，全國陷入長時期的分裂，給社會及百姓帶來沉重的災難，直至北宋的趙匡胤剪滅諸強，統一全國，此種局面才得以改變。

疑心過重
一改前行

李適是個膽識、魄力不足且疑心很重的人，導致他的行為前後矛盾，虎頭蛇尾。除了對藩鎮，對朝臣、宦官以及廉政問題等莫不如此。開始信用宰相楊炎，接受其建議，實行兩稅法，增加財政收入，為討伐藩鎮提供了必要的軍費支持。但楊炎處事跋扈，對李適很不客氣，李適每每對楊炎的條陳提出異議，楊炎都忿然作色，「無復君臣之禮」，以至數年後李適還回憶：「楊炎視朕如小兒，以為朕不足與言也」，結果被罷相；後一任宰相盧杞無才，面對李適的質疑總是面色如常，唯唯稱是，但卻提不出解決問題的辦法；之後李適則頻繁地更換宰相，對誰都不滿意，稍不如意便行罷免。

李適當太子時，曾受過回紇的侮辱，一直懷恨在心。在位期間，親吐蕃、戰回紇，企圖利用吐蕃來抑制回紇。結果回紇沒被抑制住，倒是刺激了吐蕃的野心，其舉兵入侵，被李晟打敗。吐蕃畏懼李晟，欲行離間計。貞元二年（786年），吐蕃派兩萬兵馬到鳳翔城下，聲稱是李晟邀來，讓出來犒賞，次日不戰而退。如此低劣的伎倆，李適竟然信以為真，宰相張延賞乘機詆毀，李晟傷心不已，請求出家為僧，李適未許。

貞元三年（787年），吐蕃又派人向唐將馬燧求和，李晟認為不可，堅

李適　唐德宗

決反對。馬燧與李晟、渾瑊同為唐將,跟李晟有隙,忌其功名,便附和張延賞,力主講和。李適則聽信張延賞、馬燧,削去了李晟兵權,派渾瑊為會使。渾瑊受命到平涼與吐蕃相尚結贊會盟,結果中了埋伏,所部在毫無準備的情況下大部被殲,渾瑊奪馬隻身逃回,幸好李適沒有追究,令其還軍河中。

會盟失敗,宰相張延賞被迫辭職,李適無奈之下起用李泌。李泌是個頗具傳奇色彩的人物,歷經肅宗、代宗和李適三朝,曾助肅宗和代宗平叛,但始終以賓客自居,不肯為官,此次卻答應任相。他力保李晟和馬燧,開導李適同意與回紇和親,說服南詔歸唐,和大食、天竺,使吐蕃陷入孤立,使其逐漸消除了對唐朝的威脅。但李適最終也未恢復李晟的神策軍(禁軍)的兵權。

代宗為宦官所擁立,對宦官很遷就和放任,使得宦官握有很大的權力,派往各地出使經常公開索賄、大肆搜刮。李適在做太子時就看出了其中的弊端,即位伊始便下決心予以整治。即位的當月,將暗懷異圖的宦官劉忠翼賜死;當年閏五月,他得知派往淮西給節度使李希烈頒賜旌節的宦官接受了七百匹縑、二百斤黃茗以及駿馬、奴婢等禮品,大怒,將其杖責六十並處以流刑。此事傳出,使那些奉使出京尚未歸城的宦官悄悄地將禮品扔至山谷,沒收到禮品的不敢再索。

但在遭遇「涇師之變」出逃避難的過程中,李適逐漸改變了對宦官的態度。當時他所信賴的禁軍將領在叛軍進城時竟然未召集到一兵一卒保衛宮室,而他所依靠的卻是在東宮時做內侍的竇文場、霍仙鳴及其所率的百餘名宦官。兩種人在行為上的反差給了他以深深的刺激,同時也讓他思考,作為皇室必須擁有可信賴和依靠的禁軍,而禁軍一定要交付給放心的人掌領。慢慢的,李適開始將統領禁軍的事宜交付給宦官,重返京師後不久,他將神策軍分為左右兩廂,讓竇文場和霍仙鳴(一開始為另外一個宦官王希遷)為監神策軍左、右廂兵馬使,開啟了宦官典領禁軍的先河。

神策軍自李適重返長安後,駐紮在京師四周及宮苑之內,成為比羽林軍、

龍武軍更加重要的精銳部隊。貞元二年（786年），李適將神策軍左右廂擴建為左、右神策軍，竇文場等宦官仍擔任監軍，稱為監勾當左、右神策軍；貞元十二年（796年）六月，李適又設立了左、右神策軍護軍中尉，分別由竇文場和霍仙鳴擔任，此職為皇帝親授，地位在神策軍大將軍之上。貞元十一年（795年）五月，李適還將宦官任各地藩鎮監軍的做法固定下來，為其置印，使之制度化。

李適對宦官態度的轉變，使宦官的權力極度膨脹，衍化成為了政權中重要的支配力量，以致他身後的順宗、憲宗以及後來的敬宗等都是死於宦官之手。史家將宦官專權視為晚唐政治最黑暗和腐敗的現象之一，而這一現象的形成與李適有着直接的關係。

李適即位之初，詔告諸州府、新羅、渤海等地停止歲貢鷹鷂，山南枇杷、江南柑橘每年只許進貢一次以供享宗廟，其餘的進貢一律停止；之後又連續頒詔，廢止南方一些地方每年向宮中進貢奴婢和春酒、銅鏡、麝香等；禁令天下不得進貢珍禽異獸，甚至規定銀器不得加金飾；為了彰顯決心，李適下令將文單國（今老撾）所獻三十二頭舞象，放養到荊山之陽；對那些專門供應皇帝狩獵的五坊鷹犬更是統統一放了之；同時，還裁撤了梨園使及伶官之冗食者三百人，需要保留者均歸屬到太常寺，放歸宮女百餘人。李適的改作，彰顯了新君登臨大寶後的決心與氣象。

但自從因朱泚事變出逃奉天後，李適似乎意識到了錢財的重要性，開始轉變了態度。他不僅喜歡上了錢財，還主動要求各地進獻；此外，還經常派中使宦官直接向各衙門及地方公開索要，稱為「宣索」。宰相陸贄因拒絕來京辦事官員的禮物，李適派人開導，說不要太過清廉，一律拒收人家的禮物是不通人情世故，像馬鞭、鞋帽之類的小禮物，收受一些並無關緊要。

李適施政期間前後的巨大反差使得朝政日壞，也使他背上了不好的名聲。但有件事他卻始終如一，那就是尋找自己的生母，可謂煞費苦心。李適的母親為沈后，即上文所提到的沈珍珠，安史之亂時玄宗及宗室出逃，時為廣平郡王的代宗未及帶上沈氏，結果淪入叛軍之手，被押至洛

李適
唐德宗

陽。唐軍收復洛陽，代宗重遇沈氏，說不清什麼原因仍未將沈氏帶走。不久，史思明再叛，洛陽重陷，沈氏又落叛軍之手，自此下落不明。代宗即位後，曾派人四處尋訪，沒有結果；李適登基後，尊沈氏為皇太后，繼續派人探尋母親的下落。

前朝宦官高力士有個養女高氏對皇宮舊事非常瞭解。女官李真一曾經伺候沈氏，記得沈氏的容貌，一次，她見到高氏，覺得其年齡和容貌跟沈氏很像，又熟知宮中典故，覺得高氏就是沈氏，高氏自己也含混不清。李真一向朝廷報告後，李適竟真以為找到了母親，欣喜不已，立即派人隆重地將其迎至上陽宮。高力士的養子知道真相，怕惹禍上身，遂告訴李適高氏並非沈氏。李適大失所望，但仍善待高氏，讓其回家，並對身邊的大臣說：「我被欺騙一百次也無悔，為的就是找到我的親娘。」當時至少有四名女子自稱沈氏，結果都被人識破為假冒之人，李適雖多次受騙，但始終不願放棄查找母親的下落。貞元二十一年（805年）正月，李適因太子李誦中風不能講話而傷心過重，病逝於皇宮中的會寧殿，享年六十四歲，謚神武孝文皇帝，廟號德宗，葬於陝西涇陽之崇陵。

苦於等待的李誦

805

李誦是唐朝在位時間最短的一位皇帝，只做了不到一年皇帝；又是待崗時間最長的一位皇帝，做了二十六年皇太子。漫長的太子生涯使他目睹了朝綱的混亂和社會的弊端，也積攢了抱負，稱帝後即任用王叔文、王伾、劉禹錫、柳宗元等人進行改革，取得了一定成效；但漫長的等待耗損了他的體能和健康，在未繼位之前就中風失語，在位不到一年便被迫禪位，改革也隨之夭折。

唐順宗李誦像

少為太子
受教才臣

李誦是德宗的長子，上元二年（761年）出生在長安皇宮中，母親為皇后王氏。關於他的童年史載不多，這與他稱帝的時間短暫有關，因為帝王的經歷大都是在其稱帝後由人寫就的。李誦被立為太子前曾被冊封為宣王，德宗即位的當年、即大曆十四年（779年）十二月被詔立為皇太子，次年正月正式冊立。此年他十九歲，已初為人父，在前一年其長子李淳（後改名純，即唐憲宗）降生；直到貞元二十一年（805年）正月他繼位，算來前後做了二十六年皇太子。

李誦在做太子期間，親歷了藩鎮叛亂的混亂和烽火，目睹了朝臣們的傾軋與攻訐，年齡和心智都日漸成熟。史書評價他：「慈孝寬大，仁而善斷」，他不僅讀書很有悟性；且武功高敏，頗具膽識。建中四年（783年）「涇原之變」，他隨父皇出逃避亂，總是持劍殿後；在四十多天的奉天保衛戰中，面對朱泚叛軍的進逼，他身先禁旅，據城抗敵。

李誦的太子生涯相對平穩，在很大程度上得益於王叔文、王伾兩大才臣的指點。王叔文是越州山陰（今浙江紹興）人，棋藝精湛；王伾祖籍杭州，長於書法，兩人入侍東宮作侍讀。李誦對這兩位師傅很是尊重，每次見面總先施以禮儀，習練起來非常專心。王叔文、王伾見李誦可塑，便在對弈和書法之餘對他講些治國安邦及做人的道理。一日，王叔文同其他一些侍讀暢論天下政事，談及朝綱弊政，李誦說：「我要將此些弊政向父皇直言，以便能夠糾正。」劉禹錫等人對此都表示讚賞，惟獨王叔文默不作聲。待眾人退去，李誦留下王叔文詢問：「剛才大家議論弊政，你為何不發一言？」王叔文答：「我得太子殿下信任，有意見和見解怎能不向殿下奉聞！但我以為，太子的職責乃對皇帝侍膳問安、盡忠盡孝，不宜對其他事情品頭論足。皇上在位時間長了，如果懷疑太子是在收買人心，那殿下將如何辯解？」李誦聽後如醍醐灌頂、茅塞頓開，對王叔文說：「如果沒有先生的點撥，我怎麼能夠明白這其中的道理！」從此，他對王叔文格外看重，東宮事務無論大小，均委託其與王伾謀劃。

李誦
唐順宗

李誦在作太子期間也並非一帆風順，貞元三年（787.年）八月，郜國大長公主引發的風波險些斷送了他的前程。郜國公主是肅宗之女，與駙馬蕭升所生一女為李誦做太子時的妃子，郜國公主經常依仗自己的身份出入東宮。蕭升死後，這位公主生活放蕩不羈，不僅與彭州司馬李萬私通，還和太子詹事李昪、蜀州別駕蕭鼎等一些官員暗中往來。如果僅是私生活有失檢點，在唐朝宗室似乎並算不得什麼大事，但有人在告發她「淫亂」的同時指責其行厭勝巫蠱之術，即行巫術詛咒可恨之人，這下可惹怒了德宗。因為事情與李誦有牽連，德宗隨即將其找來，狠狠地一頓責罵。李誦遭父皇訓斥，驚慌失措，無奈之下趕緊傚倣肅宗在作太子時的做法，請准與蕭妃離婚。事情發生後，德宗萌動了廢掉他而改立舒王李誼的念頭，並把前朝老臣李泌召入宮中商議。

舒王李誼是德宗的弟弟李邈的兒子，因李邈早死，德宗將其收養，視為己出，十分寵愛。因為李誦的過失，德宗竟想改立這個侄子為皇太子，可見對其喜愛的程度。李泌感覺事情不妥，稟告，德宗很不高興，李泌耐着性子給德宗講述了自貞觀以來太子廢立的經驗教訓，列舉了太宗對廢立太子的謹慎和肅宗因性急冤殺建寧王的悔恨，勸諫德宗以前事為戒，切不可魯莽、草率。李泌的話終於打動了德宗，才使李誦的太子位子得以保全。

不久，郜國公主被幽禁，於貞元六年（790年）死去。李萬因與之淫亂，以不知「避宗」的罪名被杖殺：郜國公主的親屬多受牽連，其五個兒子以及李昪、蕭鼎等均被流放嶺南或邊遠之地，其女兒、皇太子妃蕭氏被殺。歷經此次變故，本來說話、辦事就很小心的李誦變得越發謹慎。一次，他侍宴魚藻宮，宴罷，王公貴族及百官登船嬉水、漫遊湖中，彩船被裝飾一新，宮人輕歌曼舞，熱鬧非凡，德宗興奮異常。當德宗問及李誦的感受，他只引用了「好樂無荒」的詩句，即娛樂一下可以，但不要廢亂政事之意，並沒作正面的回答。

李誦對德宗向來出言謹慎，輕易不涉及政事，但有一件事他曾據理力爭，即於貞元末年阻止裴延齡、韋渠牟等人任相。德宗晚年猜忌心重，對朝中宰相不加信任，致使奸佞小人興風作浪，裴延齡、李齊運、韋渠牟等

人乘機邀寵，排擠、誣陷宰相陸贄等人。這些人巧取豪奪、殘害黎民、聚斂錢財，世人非常痛恨，但在朝廷上，眾臣知其得寵，不敢多言。身為太子的李誦則尋找時機，在德宗心情好的時候，陳述裴延齡等人的種種劣跡，勸父皇不可重用，以致德宗最終沒有任用這幾人。韓愈評價李誦：「居儲位二十年（這裡是概指），天下陰受其賜。」指的就是這件事兒，評價雖有些過譽，但事關重大，也應算是實至名歸。

病中登基
推行改革

李誦處事謹慎，但絕非只是消極等待，他默默地關注朝政，胸懷天下大事和民間疾苦，在身邊聚集起一批政治人物，以「二王」為核心，有韋執誼、陸質、呂溫、李景儉、韓曄、韓泰、陳諫、柳宗元、劉禹錫等人。這些人多為御史台和六部的中下層官員，年富力強，有着強烈的政治理想和抱負，與李誦志同道合，日後則成為其進行改革的主要班底。

多年儲君的生活使李誦的精神壓力很大，構築起政治理想和抱負長期無法付諸實施，使他的內心總是充滿着焦慮，這無疑會影響到他的身心健康。等待、特別是無法預期的等待對人來說簡直是一種煎熬或是折磨。貞元二十年（804 年）九月，他突然中風，失去了言語能力。此時德宗已步入暮年，太子染疾，使其精神倍受打擊，身體變得每況愈下。他對李誦的病情十分掛念，多次親臨探視，還曾派人遍訪名醫為其診治，但效果並不好。由於李誦臥病，沒能參加貞元二十一年（805 年）的新春朝會，德宗很鬱悶，以致一病不起。德宗病重期間，王公大臣均到病榻前侍奉、問候，惟獨李誦因臥床而難以前來，德宗極為傷感，經常暗自垂淚，直到彌留之際，父子二人也未能見上一面。

貞元二十一年（805 年）正月，德宗病逝。此時李誦病臥在床，由誰來繼承皇位成為朝間各派勢力爭論及爭奪的焦點。宦官們召集翰林學士鄭絪、衛次公等人入宮，說經過商議，由誰來繼承皇位沒有確定。臣僚們

聽後很驚詫，一時不知該如何是好，這時衛次公站了出來，對宦官說：「皇太子雖然有病，但是嫡長子，能夠維繫內外之心；實在不得已，也要立廣陵王（即李淳）；如果別有所想，國家定會禍難不斷。」鄭絪也隨之附和。這樣才穩定住了局面，保證了李誦對皇位的繼承權。

這時臥病多時、已不能說話的李誦，強掙着身子，在百官的擁戴下，登上了皇位，改元永貞。隨之起用長期聚集在其身邊、主張改革弊政的士子們組成了朝政班底。因為王叔文缺乏資望，只能出任翰林學士、戶部侍郎，韋執誼受命為相，劉禹錫、陳諫、韓曄、韓泰、柳宗元、房啟、凌准等人均擔任重要之職，但實際權力掌握在王叔文手中。當時的行政模式為：李誦患病居於宮中，通過身邊的牛昭容和宦官李忠言與朝臣聯絡；韋執誼、劉禹錫、柳宗元等人在外廷議政，起草文誥；王叔文、王伾則在翰林院負責決策，王伾兼顧內外廷之間文書、信息來往、傳遞等。

時間不久，便開始了李誦與這些朝臣們醞釀已久的改革，因發生於永貞年間，史稱「永貞革新」。革新的主要內容是：抑制宦官，禁止擾民害民的宮市以及五坊小使，以期改變宦官專權的現象；抑制藩鎮，收繳地方財政及用人之權，加強中央集權；抑制陳舊勢力，起用新人補充政權，以期推出全新政局；抑制苛政，降低與減少各種賦稅勞役，以期獲得民心。

這些改革的措施，切中時弊，得到新興勢力和底層民眾的擁護，但也損害到相當一部分人、特別是長期以來擅政之宦官及藩鎮們的利益，受到嚴重的牴觸。同時，李誦起用的這個朝政班底存有嚴重缺陷，可謂良莠參半、魚龍混雜，很多人的動機不純；而文人的習性又使他們相互之間缺乏支持與包容，意氣用事，互相拆台。這些人大部分是從地位低微的寒士一躍而成為朝中重臣，無論執政能力、從政經驗以及道德水準等方面都有不足，很多人一上來便拉幫結派、受賄納賂、揮霍享樂。有求的人為了見王叔文一面，要交上一千錢，才能借宿附近坊中的餅肆、酒壚；王伾在府中設立一個無門大櫃，收受求討者的賄物，為防止被盜，晚上他老婆竟然睡在上面；尚書右丞韓皋對王叔文有些不敬，立即被貶為湖南觀察使；劉禹錫任屯田員外郎，掌管度支鹽鐵大權，對臣僚多有傷害，

受到侍御史竇群的彈劾，結果竇群反遭罷官；柳宗元任禮部員外郎，因與御史大夫武元衡有隙，將武元衡貶了職；在官員的安排和使用上，這些人表現得非常隨意，毫無原則可言，覺得誰行，立馬便提拔任用，有時一天可以任命多人，以致濫竽充數、泥沙俱下，極大地損壞了朝廷的形象。如此的現象比比皆是，不勝枚舉，靠這些人來擔綱改革大任，其結果是可想而知的。

遭遇反撲
被迫禪位

由於朝政班子成員的德才失位，朝野間輿論四起。遭打擊的人發洩怨憤，受壓制的人表示不滿，正直的人指斥弊端，很快便形成了強大的反對力量。在輿論的猛烈衝擊下，李誦的態度開始變得曖昧起來，宦官首領俱文珍乘機進言，說服李誦罷免了王叔文翰林學士的官職。當時的翰林院實際上已經替代宰相機構控制着朝政，此詔令一出，王叔文很着急：「我隨時要與翰林院商量公事，若沒了此職，再也不能入內！」還是經王伾斡旋，李誦才同意王叔文三、五日一入翰林院。

為了反擊，王叔文決意要打擊當權的宦官勢力，奪取被他們掌控的兵權。於是，任命將軍范希朝為統京西北諸鎮行營兵馬使，韓泰為副手。當時，宦官們還不明其意，使命令得以頒布；各藩鎮不滿王叔文的改革，隨即向宦官們陳明利害，宦官們急令各藩鎮不得調動軍隊。當范希朝、韓泰到達任所奉天（今陝西乾縣）後，面對的只是空無軍隊的大營。王叔文聞訊無奈長歎：「奈何！奈何！」

王叔文的舉動不但沒收到任何效果，反倒引起了宦官們的高度警覺。此時，書生氣過重、遇事缺乏彈性的王叔文顯得一籌莫展，為了緩解與宦官的關係，他一改咄咄逼人的態勢，屈就地去向宦官們表白，說自己並無惡意，完全是出於為朝廷考慮，興利除弊。儘管他態度誠懇，但俱文珍等宦官根本不為之所動，反倒端起了架子，不時地給予其嚴厲的駁斥，

弄得他無言以對。

這下兒該輪到宦官們動手了。俱文珍瞄準王叔文的軟肋，知其想控制李誦，一直壓制朝臣們要求立儲的呼聲，於是，聯絡宦官劉光琦、薛盈珍以及朝臣鄭絪、衛次公、李程、王涯等人，共同說服李誦冊立李純（此時改名）為太子。由此，宦官們以推戴之功獲得了未來君主的信任，而王叔文因不喜歡生性勇武的李純，極力拖延立儲，引致李純的反感。

在冊立太子的大典上，文武百官爭先恐後地向李純祝賀，王叔文感到大勢已去，喃喃自語地吟出了杜甫《蜀相》中「出師未捷身先死，長使英雄淚滿襟」的詩句。太子冊立，形勢徹底扭轉，改革集團內部出現縫隙，韋執誼見王叔文難以成就大事，不再唯命是從，彼此間出現爭執。而王叔文不去想着維護團結，改變策略，而是對韋執誼等人恨之人骨，私下裡大叫要殺了離心離德者，使眾人心寒。

宦官及朝中反對派勢力通過擁立太子逐漸掌控了政權，開始清洗改革派成員。王叔文見勢不妙，趕緊以退為進，以母喪為由辭職。王叔文走後，王伾居然按照密議，前去向宦官們低三下四地請求用王叔文為相，且總管禁軍，這無異於是「與虎謀皮」，真是荒唐透頂。王伾請求不得，也以中風為由，回到了家裡。

「二王」的退隱，等於宣告了改革集團的全面潰敗。俱文珍等人立即採取行動，先是要求李誦下詔由太子監國，隨之又敦促其退位，讓李純繼位。李誦已屬於風前之燭，根本沒有任何掌控的能力，又沒了御用班子的支持，只能任由反對派的擺佈，同意了其所有的要求。

李純登基，尊李誦為太上皇，宦官集團旋即對王叔文等人進行全面懲處，王叔文、王伾被貶殺，柳宗元、劉禹錫、韓泰、陳諫、韓曄、凌准、程異、韋執誼等八人被貶為邊州司馬，史稱「二王八司馬事件」。曇花一現的「永貞革新」被叫停，前後只持續八個月。次年，即元和元年（806年），四十六歲的李誦死於咸寧殿，諡至德大聖大安孝皇帝，廟號順宗，葬於陝西富平之豐陵。

處事果敢的李純

唐憲宗
元和

806-820

李純是中唐頗有作為的一位皇帝，有人甚至拿他與太宗、玄宗相比，說這三位帝王在位時是唐朝發展較好的時期，分別開創了「貞觀之治」、「開元盛世」和「元和中興」時代。這麼類比可能未必恰當，但李純在當時那樣一種形勢下敢於削平藩鎮、拒納貢奉、虛心納諫、任用賢良，使唐王朝出現中興，實在難能可貴。

唐憲宗李純像

年少有志
迅即登基

李純原名淳，順宗長子，大曆十三年（778 年）二月十四日誕生於長安宮中。他出生時所處的環境跟父親很相似，都是生於亂世，歷經坎坷；但立儲及稱帝的過程卻跟父親恰恰相反，順宗在德宗剛即位就被立為太子，經歷了二十六年的等待，稱帝不足一年便崩世；而李純二十八歲時才被立為皇儲，不到一年便稱帝，在位十五年。

李純出生時正值曾祖代宗的晚年，兩歲時，祖父德宗即位，還在他幼年懵懂之時，長安城發生了「涇原之變」，德宗攜宗室成員倉皇出逃，跟着走了的都算撿了條命，沒跟着走的有七十七人死於叛軍之手，這件事使德宗一直很愧疚。小李純算是保住了性命的，在他六七歲時，德宗剛剛重返長安，一天，德宗把他抱到腿上逗着玩兒，問他：「你是誰家的孩子，怎麼在我的懷裡？」李純稚聲嫩氣地說：「我是第三天子。」這一回答使德宗大為驚詫，從此對小傢伙刮目相看，非常喜愛。貞元四年（788 年）六月，十一歲的李純就被冊封為廣陵郡王。

李純的家庭關係有點兒特別，在輩分上比較混亂。母親王氏曾是代宗的才人，祖母輩的成了自己的母親；他有個同父異母的哥哥被祖父德宗收養為子，哥哥又成了他的叔父。他自己的婚姻關係也是同樣，貞元九年（793 年），時為廣陵王的他娶了平定安史之亂的名將郭子儀的孫女為妻，其父是駙馬都尉郭曖，母親是代宗長女昇平公主，二人的故事被編成戲曲《打金枝》廣為流傳。這樣算來郭氏應當是順宗的表姑侄，比李純大一輩。那時唐對皇室婚姻的規制還不很嚴格。貞元十一年（795 年），即李純婚後兩年，郭氏為他生下了兒子李宥，即後來的唐穆宗。

貞元二十一年（805 年）四月六日，李純被立為皇太子。當時各派政治勢力鬥爭激烈，宦官俱文珍等為打擊政敵，說服順宗立他為儲，並進一步逼順宗退位，求的是擁戴之功，以便在他稱帝後處於有利的政治地位。七月二十八日，他受詔代理監國；八月四日，順宗下詔禪位；八月九日，

李純
唐憲宗

他正式即位於宣政殿。此年他二十八歲。他從一個普通的郡王一躍而成為九五之尊，僅僅用了四個月的時間。

這裡面就存有了一個謎團：李純在父皇禪位、自己稱帝的過程中究竟扮演了一個什麼角色？史籍對這段史實記述得比較含混，大都說是宦官勢力所為，李純只是作為配角並不知情。但明眼人都能看出，李純此時已經二十八歲，完全到了懂事甚至成熟的年齡，而且從其當政後的情況看，非常富有韜略和主見，在這麼大的事情上完全讓別人推着走，似乎不太符合邏輯。

不少事情也耐人琢磨，李純剛被立為太子後，「二王」集團的陸質曾借侍讀之機對「繼位」的事進行試探，結果馬上被李純制止：「陛下令先生為我講解經義，怎麼還扯其他的事？」李純避談此事，是真恪守規矩還是怕人抓住什麼把柄？最早動議讓太子監國的是劍南西川節度使韋皋，同時上表還有荊南的裴均、河東的嚴綬，三人的表章大體相同，但三地相距甚遠，顯然早有串謀；八月十七日，韋皋突然暴死，劉辟欲行接任，李純不願聽憑藩鎮恣意，任命宰相袁滋為節度使，同時徵召劉辟回長安；劉辟拒不聽命，赴任的袁滋被擋在關隘之外；此時又爆出了山人（隱士）羅令則從長安前往秦州，矯太上皇詔令，向隴西經略使劉澭請兵，要廢李純讓太上皇重登帝位。這樣的事件讓人聽起來很蹊蹺，甚至不太符合邏輯，但李純藉此機會誅殺了政敵。

順宗以太上皇身份遷居興慶宮，基本上與世隔絕，群臣再無法與之相見。元和元年（806年）正月初一，李純率群臣為順宗上尊號；十六日，他突然宣佈從即日起暫不聽政，要為父皇「親侍藥膳」；十八日，宣詔稱太上皇「舊恙愆和」，即舊病沒有治癒，這等於是向天下宣佈了順宗的病情；第二天順宗便駕崩於興慶宮，並遷殯於太極殿發喪。有人推測其實順宗早就死了，是被宦官所害，十八日詔告太上皇病情，是為了掩人耳目。以致十餘年後，元和十四年（819年）七月，群臣議給李純上尊號，一宰相主張加「孝德」二字，另一宰相崔群則認為「睿聖」的尊號已可以涵蓋此意，不必再加「孝德」，李純聽了怒不可遏，遂將崔群貶至湖

南任觀察團練使。李純此舉的真實原因可能他及旁人都很清楚。

平亂藩邦
拒納貢奉

李純在位，最令人稱譽的是扭轉了朝廷權力不斷削弱、藩鎮勢力日益膨脹的局面，平定了藩邦的叛亂，致使「中外咸理，紀律再張」，出現了唐室中興的盛況。元和元年（806年），李純剛即位不久，西川節度使劉辟叛亂。當時西川節度使韋皋死，劉辟不經朝廷自行「留後」，李純不容其繼續專行，任命了他人為節度使。劉辟不滿，欲行叛亂，李純因羽翼未豐，只得違心地重改詔令。這就吊起劉辟的胃口，得寸進尺，提出要掌管三川之地。李純不允，劉辟便公開地樹起了反旗。這時就要考量李純的勇氣和實力了，他沒有退縮，派遣左神策行營節度使高崇文、神策京西行營兵馬使李元奕等率軍前往討伐。戰初，劉辟還贏得小勝，接著打下去，劉辟便招架不住，屢屢受挫，最後徹底潰敗被俘，被送到長安斬首。看來割據勢力也並非多麼強大。

元和九年（814年）九月，彰義（淮西）節度使吳少陽死，其子吳元濟匿喪不報，自掌兵權。朝廷遣使弔祭，他拒而不納，繼而又舉兵叛亂，威脅東都。李純於次年正月決定對淮西用兵，因淮西節度使駐蔡州汝陽（今河南汝南），地處中原，戰略地位十分重要，自李希烈以來，一直處於半獨立狀態。李純對之用兵，對改變整個割據局面具有重要意義。

朝廷對淮西用兵，使淄青節度使李師道感到了威脅，他一面聲稱要協助官軍討伐吳元濟，一面又暗中製造事端，給朝廷削藩平亂設置障礙：他先派人暗中潛入河陰漕院（今河南滎陽北），殺傷十餘人，燒錢帛三十餘萬緡，穀三萬餘斛，把江、淮一帶集中在這裡的租賦全部燒燬；接著，又派人到京師暗殺了力主對淮西用兵的宰相武元衡；不久，又派人潛入東都，打算在洛陽焚燒宮闕，殺掠市民，因事情洩露未能得逞。

李純
唐憲宗

李師道的恐怖行為，雖使朝中一些人對平藩產生動搖，但李純態度堅決。元和十二年（817年）七月，他命自願親赴前線的裴度以宰相兼彰義節度使，裴度奔赴淮西，與隨鄧節度使李愬等展開攻勢，九月，李愬軍攻破蔡州，大敗淮西軍，吳元濟沒想到李愬軍能到得如此迅速，毫無準備地束手就擒，持續三年的淮西叛亂就此結束。

吳元濟敗死，李師道惶恐不安，一開始獻地歸順朝廷，並以長子入朝為質，但後又舉兵叛唐。元和十三年（818年）七月，李純調宣武、魏博、義成、武寧、橫海諸鎮前往討伐。大兵壓境，李師道軍內部產生分化，都知兵馬使劉悟殺李師道，淄、青、江州等地復為唐有。

經過一番博弈，各地的藩鎮割據勢力基本上被平定，紛紛歸順朝廷。元和十四年（819年）七月，宣武節度使韓弘入朝，要求留在京師，李純授其司徒兼中書令，委派吏部尚書張弘靖充宣武節度使；魏博節度使田弘正因討伐李師道有功，李純拜其兼侍中，田弘正為了表示忠心，使其兄弟子侄皆到朝廷做官。

李純在削藩的同時着力整飭內政，懲治貪污腐敗的官員，糾正行賄納賄的惡習，杜絕奢侈浮華之風，使得江河日下的唐朝重現曙光。他整飭行動從皇室開始，即位的第二天，昇平公主（代宗之女，李純的岳母）進獻樂妓十五人以取悅女婿，李純下詔稱：「朕即位以後，考慮的是渴望得到治國安民的賢能之士，而荊南節度使進獻神龜，一些州縣又進獻神禾、嘉木以及奇珍異獸，今天又有人獻上樂妓。這些東西是古代庸主昏君所希望得到的，沒有絲毫價值，今後此類東西一律退回，違者予以懲治。」為解決財政問題，他任用能臣李巽為江淮鹽鐵轉運使，連續三年為國庫增加了大量收入；同時，為緊縮開支，將皇宮的資金統一收歸國庫，量入為出，起到了表率作用；為了保證政令暢通，他任用賢臣為相，元和初期任用杜黃裳、李吉甫等一班忠貞耿直的大臣為相，穩定了大局；中後期又任用武元衡、裴度為相，沿襲了唐朝「出將入相」的傳統，即出征可為將帥、入朝可為丞相的文武兼備之人，特別是裴度為相期間，輔佐李純平藩鎮、黜權奸、鬥宦官、遠朋黨；李純本人也很勤勉敬業，

平時在延英殿與宰相議事，經常是很晚才退朝。

李純即位後，經常閱讀歷朝實錄，每讀到貞觀、開元的故事，都仰慕不已。他以祖上聖明之君為榜樣，心繫天下，關心百姓疾苦。元和三年（808年）冬至次年春，連續二百多天大旱，莊稼枯死，百姓生活困難。李純認為是自己連年征戰所致，得罪了上天，於是頒佈「罪己詔」，坦誠地承認了自己的過失。也許是其誠意感動了上蒼，在頒詔後的第七天，天降大雨，萬民歡呼。大詩人白居易在《賀雨》詩中道：「詔下才七日，和氣生沖融」，「晝夜三日雨，百穀青芃芃」，「乃有王者心，憂樂與眾同」，「敢賀有其始，但願有其終」，表達了民眾擁戴李純並期望其繼續勤於朝政、心繫百姓的心聲。

忘乎所以
遭弒喪命

李純削弱藩鎮、加強集權取得了不小的成就，逐漸變得剛愎自用、拒諫飾非、沉醉功業、喜好恭維，生活上開始放縱聲色、大興土木、求神拜仙，勵精圖治、勤勉敬業的勁頭越來越淡漠，而浮華、奢侈、享樂之風日盛。他開始貪圖享樂，不思進取，這可以說是歷代封建帝王都在走的老路。

李純的這種轉變大約是從平定淮西吳元濟開始的，平藩的勝利讓他志得意滿，元和十三年（818年），他命六軍修麟德殿，所謂六軍即天子統領的軍隊，包括左右龍武、左右神武和左右神策軍。右龍武將軍張奉國、大將軍李文悅以淮西初平、營繕不宜過多為由告訴宰相裴度，望其勸誡李純，李純聽到後竟然大怒，貶了二人的官。接著又命疏浚龍首池，築承暉殿，自此土木工程大興。宮中的各種費用大幅上升，戶部侍郎、判度支皇甫鎛、鹽鐵轉運使程異推波助瀾，多次向李純進「羨餘」，即額外徵收來的附加稅，以供其費，李純居然提拔二人為宰相。消息傳出，

朝野震駭，裴度、崔群極陳，說二人資性狡詐，盤剝百姓，剋扣軍餉，天下共憤，要李純收回成命。李純非但不予理睬，還指責二人為朋黨。

元和十四年（819年），韓弘入朝，貢獻馬匹三千，絹五千，雜繒三萬，金銀器數以千計，隨後又向李純進獻絹二十五萬匹，絁三萬匹，銀器二百七；左右軍中尉各獻錢萬緡。自淮西用兵以來，度支、鹽鐵及各地爭相進奉，開始稱「助軍」，平定後稱「賀禮」，後來又稱「助賞」；李純加尊號，各地更是唯恐獻之不及，珍玩物品、應有盡有，此等貢物並非來自正常賦稅，而是各級官吏通過盤剝百姓，以個人名義進奉，李純則來者不拒，心安理得。

李純自我感覺良好，開始聽不進逆耳的勸諫，那些阿諛奉承之士、宵小之徒乘機討巧，得到李純的寵信。李純自從引得皇甫鏄、程異入相，裴度、崔群等人逐漸被疏遠。皇甫鏄將宮中許多積壓多年的繒帛令度支售出，他再用高價買下供應邊軍。那些繒帛早已衰朽，一扯就斷，憤怒的士卒將其燒燬。裴度上奏，皇甫鏄竟拽着裴度的靴子說：「此靴也是內庫所出，堅固耐用，度言不可信。」李純因繒帛得了大錢，自然袒護皇甫鏄，裴度討得無趣，默默而退，後來乾脆被擠出朝廷，出任河東節度使。

為防止裴度再度入相，皇甫鏄引河陽節度使令狐楚為相，二人狼狽為奸，排除異己。宰相崔群耿直，不願與皇甫鏄同流合污，皇甫鏄進讒言，促使李純免了崔群的相職，貶到湖南做觀察使。裴度和崔群都是當朝的名相，輔佐李純平定淮西、革除弊端，二人去後，李純周圍只剩下些奸佞小人，朝政日壞，人心背離，而李純卻渾然不覺，甚至姑息縱容。

李純在晚年喜歡上了神仙長生之術，這恐怕是不少帝王在晚年都着迷的。陝西鳳翔的法門寺有一塊所謂的佛骨，李純派宦官率眾佛生迎至禁中，供奉三日，然後在京師諸佛寺巡迴供奉。在他帶動下，京城掀起了一股尊佛的熱潮，許多人爭相供奉施捨，甚至傾家蕩產。刑部侍郎韓愈上書，表示反對，提出把佛骨「投諸水火，永絕根本」。這下可惹惱了李純，要把韓愈處以極刑，後經裴度、崔群（當時二人還未罷相）說情，

韓愈才免遭刑罰，被貶為潮州刺史。

宗正卿李道古與皇甫鎛勾結，說山人（隱士）柳泌能製出長生藥，說得李純心動，便把柳泌召來煉藥。柳泌進言，說天台山有神仙、多靈草，李純信以為真，任他為台州刺史。群臣們反對，李純滿不在乎地說：「以一州之力為我至長生，你們做臣下的還捨不得嗎？」自此以後，群臣們對李純的癡心妄想再也不敢勸阻了。

柳泌到台州後，驅使吏民採藥，結果一無所獲，怕怪罪而舉家逃跑，被抓回到京師。皇甫鎛為其說情，李純竟又讓他做侍詔翰林，並繼續服用他所煉的丹藥。起居舍人裴潾上言，說金石之藥酷烈有毒，非人的五臟所能勝，李純不識好歹，將其貶為潾江令。

到元和十五年（820 年），李純因服用金丹脾氣日益暴躁，對左右稍有不遂意便行責打，宦官被杖死多人。宦官們不堪忍受，人人自危，結果宦官陳弘志與王守澄合謀將李純殺死。至此，唐朝皇帝的廢立，全由宦官操縱。李純終年四十三歲，諡昭文章武大聖至神孝皇帝，廟號憲宗，葬於陝西蒲城縣之景陵。

李純
唐憲宗

沉於享樂的李恆

821-824

帝王權及四海、威風八面，擁有三宮六院、粉黛三千，享樂一下本無可厚非，「國」和「家」在帝王那看來就是一回事。如果帝王只專注政務、像個「苦行僧」，那麼也就沒有那麼多人勾心鬥角甚至相互殘殺地去爭奪皇位了。但享樂總得有個限度，或者說總得幹點兒正經事，如果一味地只顧享樂，不問朝政，那就很成問題了，而李恆就是這樣一位皇帝。

唐穆宗李恆像

生母強勢
三子繼位

李恆於貞元十一年（795年）七月六日出生於京師長安大明宮之別殿，是憲宗之第三子。原名宥，先封為郡王，元和元年（806年）八月進封遂王，封地為今四川遂寧；元和五年（810年）三月，領彰義軍節度使；李恆是冊封為皇太子後改的名，跟憲宗做太子後改名李純一樣。

按理說照李恆的排行是無緣作太子以至稱帝的，他前面有兩個哥哥：大哥李寧和二哥李惲，作為第三子的李恆之所以能後來居上，其生母、即憲宗做廣陵王時所娶的妃子郭氏起了相當大的作用。郭氏是對唐室有再造之功的「尚父」郭子儀之孫女，所謂「尚父」即可尊敬的父輩，郭子儀是平叛安史之亂的重勳，德宗嗣位後召其還朝，賜號「尚父」。而長子李寧的生母是宮人紀氏，次子李惲的母親甚至連姓名都沒留下。在這種情況下，究竟選哪一個皇子作太子，讓憲宗頗費躊躇。

按照皇位繼承的規制是立嫡立長，但憲宗生前並未確立中宮，因唐朝自玄宗以後，後宮在活着的時候被立為皇后的只有肅宗的張后，其因在平叛的特殊時期建有功勞，而郭氏只是貴妃，皇后的名分是李恆稱帝後才封的，也就是說憲宗並無「嫡」；如此說來就該立長了，可李寧生母的身份很卑微，只是個宮女，立其為太子，血統顯然不夠高貴。於是，事情就這樣拖了下來，一拖就是四年。

元和四年（809年），大臣李絳建議早立儲君以杜絕奸人窺伺覬覦之心，憲宗才決定處斷此事。通過幾年的觀察，他發現長子李寧平素喜好讀書，舉止頗符合禮法，也就消除了偏見，喜歡上了這個長子。當年三月，憲宗正式宣佈立長子為嗣君，李寧這年十七歲。冊立的過程有些波折，本該在春天舉行儀式，由於連遭大雨，使日期一改再改，一直拖到了孟冬十月。這期間有多少來自郭氏的阻力，就不得而知了。

然而天有不測風雲，元和六年（811年）十二月，作了兩年太子的李寧

李恆
唐穆宗

突然一病而亡。憲宗悲痛欲絕，竟然廢朝十三日，這遠遠超出了一般禮儀的規制，並舉行了專門的喪禮，加諡「惠昭」。李寧的死，使憲宗在冊立太子一事上不得不面臨新的抉擇。

對此，朝廷內外對選立李宥的呼聲很高，一則李宥聰明伶俐，二則其生母郭氏一系勢力強大。但頗受憲宗寵信的宦官吐突承璀則主張按照順序冊立次子李惲，這樣才「名正言順」，當然其中不乏打壓郭氏、掌控權力的含義。憲宗感到有些左右為難，他並不是對二子李惲有多少好感，而是三子李宥貪於玩樂，有失穩重，而且捨長立幼有悖於承繼的祖制。但李惲因生母地位卑賤得不到朝臣的普遍支持，而郭氏一系在朝野上下頗有能量，這樣，立三子的呼聲便佔據了上風，憲宗無奈，只得請翰林學士崔群代李宥起草了表示謙讓的奏表，於元和七年（812年）七月下詔立李宥為太子，改名為李恆。十月，舉行了冊立大典。

經過此番較量，郭氏一系與宦官吐突承璀勢力算是結下了仇。憲宗內心對李恆並不滿意，吐突承璀揣摸其心思，並未放棄為李惲的經營。元和八年（813年）十月，冊立新太子一年後，擁立太子的官員又上表請求立郭氏為皇后，在吐突承璀的力主下，憲宗以種種借口拒絕了此番動議。郭貴妃對此非常不滿，在朝野內外廣結黨羽，包括宦官、神策軍中尉梁守謙以及王守澄等人，暗中與吐突承璀等人展開較量。

元和十四年（819年）底，憲宗因為服用丹藥身體惡化，吐突承璀等人加緊改立李惲的謀劃。為此，李恆感到十分緊張，曾經問計於舅父、時為司農卿的郭釗，郭釗叮囑他，一定要盡「孝謹」之心，不要考慮其他的事情。實際上此時梁守謙、王守澄等人已動了殺機，並對憲宗身後的事情做出了部署。

元和十五年（820年）正月二十七日，憲宗被弒暴死，梁守謙等人立即擁立李恆即位。吐突承璀和皇次子李惲被這突如其來的宮廷政變搞了個措手不及，只得聽憑對手將自己送上了黃泉路。

用人失當
藩鎮復叛

李恆就這樣有驚無險地作了皇帝，高度緊張的心情一下子鬆弛下來。按理說他應當珍惜機會，專心朝政，延續憲宗開創的「元和中興」所形成的良好局面。但是，他似乎並不太關注於此，而是對在他立儲及稱帝過程中持反對意見的人耿耿於懷，因為那段日子對他的刺激太大了，整日惶恐不安，他一定要報復，置那些人於死地。於是，對吐突承璀及憲宗在位時的寵臣、親信大開殺戒，貶斥流放；對扶植他即位的人則大行封賞，將生母郭氏冊立為皇太后。

接下來則要修改「名諱」，凡是與自己名字「撞車」的地名等都要統統改掉，如恆岳（恆山）改為鎮岳，恆州改為鎮州，定州的恆陽縣改為曲陽縣。他認為自己當政後一定要展現出與前朝不同的氣象和風貌，樹立起至高尊嚴。

但尊嚴並不是靠自己樹就能樹立起來的，很快他的至尊就受到了挑戰。憲宗一朝平息藩鎮，天下安定，可當他一上台，政局馬上就出現了變化。元和十五年（820 年），即李恆繼位的當年，成德節度使王承宗死，其弟王承元暫攝軍務，上書朝廷，請派節度使。成德軍治所位於華北平原，物產豐富，戰略地位十分重要，憲宗一朝前曾長期違抗朝廷，自行其是，因此，委派誰擔任此職則十分重要。可李恆卻不加認真考慮，竟派遣田弘正出任成德節度使，這無疑給欲裂的乾柴上投了一把火。

田弘正為魏博鎮節度使，在憲宗時歸順朝廷，曾兩次奉詔征討成德，與成德軍素有怨恨，讓其出任此職，簡直是在製造矛盾。左金吾將軍楊元卿進言李恆，認為用人不當，但李恆卻嫌他多慮，仍固執己見。

田弘正赴任成德，知道將會險象叢生，但還是服從了詔令。為防止意外，他帶了兩千親兵一同前往，但朝廷卻不供應這部分兵士的糧草，田弘正多次上表，都無回音，只得將這兩千親兵遣回了魏博。這時正趕上李恆

李恆
唐穆宗

下詔賞賜成德軍錢百萬緡，可負責供給的度支卻遲遲未將這筆錢運到，本來成德軍將士對田弘正就存有芥蒂，於是便懷疑是他截留了朝廷的賞賜，變得非常憤怒。

成德軍兵馬使王庭湊早有作亂之心，但因懼怕田弘正所帶的兩千親兵而沒敢輕舉妄動，那兩千親兵被遣回，王庭湊便利用軍士們的情緒，於長慶元年（821年）殺田弘正及隨從、家屬三百餘人，然後四出攻掠，陷冀州、進圍深州，要挾朝廷封他為節度使。

同年，盧龍鎮也發生變亂，節度使劉綜請求朝廷允許他出家為僧，建議將盧龍屬地一分為三，以幽、涿、營等州為一道，推舉河東節度使張弘靖為節度使；以平、薊、媯、檀等州為一道，推舉平盧節度使薛平為節度使；以瀛、漠二州為一道，推舉京兆尹盧世玫為觀察使；隨後又將部將朱克融等送至京師，請求朝廷予以安排提拔，並向朝廷進獻戰馬一萬五千四，然後就出家做和尚去了。

李恆對劉綜的提議並未做認真考慮，只是把瀛、漠二州交給盧世玫統領，其他的地方全部由張弘靖管轄，對朱克融等人也未作出安排。朱克融等人在京師住了許久，沒人搭理，整天找中書省，可得到的答覆竟是讓他們回盧龍受張弘靖的管轄，這下可把這些人給激怒了。

張弘靖到盧龍後作威作福、魚肉百姓，剋扣朝廷賞賜，截留軍士糧餉，鞭杖侮辱士卒，搞得怨聲載道，結果引發兵變，共推朱克融為節度使，攻掠附近州縣。一時間原本安寧的河北一帶的戰火重又燃起。

藩鎮復叛的消息傳來，舉朝震驚。李恆慌了手腳，急忙徵集魏博、橫海、河東、義武等諸軍十七萬八千餘人，以裴度為鎮州（即恆州，為避李恆名諱，治今河北正定）四面行營都招討使征討河北。裴度曾任宰相，憲宗時督諸軍平叛淮西，建有大功。但此次卻今非昔比，憲宗時對他很信任，賦予了很大的權力，統領諸軍令行禁止，而此次出征卻舉步維艱，處處掣肘。翰林學士元稹、知樞密魏弘簡怕裴度建功再度入相，對裴度謀劃的軍事行動百般刁難，李恆則聽信二人的讒言，搞得裴度欲進不可，

欲退不能。

當初，宰相蕭俛、段文昌看天下太平，暗中促使李恆密詔天下藩鎮，命每年百人中限定八人逃死，以減少軍隊的數額。那些落籍的軍士無處可去，便隱沒山林，朱克融、王庭湊舉旗作亂，這些人便聚集到其麾下。

諸軍鎮兵少，臨時招募的全是些毫無作戰經驗的農民，嚴重缺乏戰鬥力。軍隊出征，朝廷派出宦官監軍，將領們不具有獨立處理軍務的權力，每項行動都由朝廷授以方略，且朝令夕改，使得將領們無所適從。監軍的宦官將驍勇的兵卒作為衛士，讓老弱病殘者上陣，更削弱了軍隊的戰鬥力。

王庭湊圍攻深州，橫海節度使烏重胤救援，烏重胤獨擋東南，成為討敵的中堅。他見叛軍一時難破，便堅壁固守。李恆以為烏重胤怯陣不進，便以杜叔良接替烏重胤，臨陣易帥，犯了兵家之大忌，結果軍隊每戰必敗，死亡達七千多人。

成德、盧龍二鎮反叛，魏博也現變亂。田弘正調離魏博後，田布接任節度使，其牙將史憲誠煽動軍士，逼田布反叛，田布以死相拒，眾軍士推舉史憲誠為帥。李恆無奈，只得立史憲誠為節度使，史憲誠表面上服從朝廷，暗地裡與朱克融、王庭湊勾結。

憲宗末期，由於征討四方，國庫匱虛；李恆即位後賞賜無度、遊宴肆意，更加劇了財政的困難。當時凡各鎮軍隊一出本境，軍需皆由朝廷負責供給，諸軍常因糧草供應不上而無法進擊，有糧也不過是一勺陳米，官兵們士氣低落，無心戀戰，連當時的名將李光顏也只得守而不出。長慶二年（822 年），李恆感到難以為繼，只得做出妥協，承認王庭湊為成德節度使，從此罷兵，討伐河北的戰爭宣告徹底失敗。

經過此次較量，朝廷威信大跌，藩鎮氣焰囂張。幽州（盧龍）節度使朱克融耍笑朝廷，先是進獻牲畜，然後竟要朝廷按價作為犒賞撥給幽州，名義上是進獻，實際上是強賣。河北三鎮失控，各地的反叛接二連三，

李恆
唐穆宗

昭儀節度使劉悟不滿監軍劉承偕欺辱，囚禁劉承偕，反叛朝廷；武寧節度副使王智興驅趕節度使崔群，搶掠鹽鐵錢帛及汴河中進奉給朝廷的物資，襲取濠州，李恆不得已任命其為節度使；宣武鎮、浙江兩地反叛雖被鎮壓，但各地的叛逆之風日盛。李恆即位僅兩年，就將憲宗苦心經營的統一局面喪失殆盡，一時紛亂四起，戰火不斷，藩鎮勢強，王朝破敗不堪，再無復起的機緣。

遊獵無度
信用小人

人們評價李恆是「宴樂過多，畋游無度」，「不留意天下之務」，是個典型的敗家子。

他於元和十五年（820 年）正月即位，當時憲宗屍骨未寒，葬禮儀式還未舉辦，他就跑到丹鳳門和左神策軍觀看倡優的雜戲；五月，憲宗剛剛下葬景陵，他便迫不及待地帶着隨從狩獵取樂去了；六月，郭太后移居南內興慶宮，他即率領六宮侍從到興慶宮大擺酒筵，宴罷到神策軍對親信和將領大加頒賜；從此，他每三天來一次神策左右軍，同時到宸暉門、九仙門等處，為的是觀賞角抵、雜戲等表演；七月六日是他的生日，他想出一套特殊的慶祝方式，因一些大臣反對，說自古以來從未有此做法，才算作罷；他在宮內大興土木，修永安殿、寶慶殿等，在修造假山時，一次坍塌就砸死了七名工人；永安殿修成後，他在殿內觀百戲，極歡盡興；他花重金修繕京城內的安國、慈恩、千福、開業、章敬等寺院，還特意邀請吐蕃使者前來觀看。

八月，李恆到宮中魚藻池，徵調神策軍二千餘人疏浚早已淤積的水面，開通後在魚藻宮大舉宴會，觀看宮人乘船競渡；時近九九重陽，他要大宴群臣，擔任拾遺的李珏等人上疏勸諫：「陛下剛剛登臨大寶，年號尚且未改，憲宗皇帝園陵尚新，如果這樣在內廷大舉宴會，恐不合適。」

李恆則根本不聽，屆時請來舅舅郭釗等皇親貴戚、文武百官，在宣和殿飲酒作樂、一醉方休。

十一月的一天，李恆突然提出要去華清宮，當時正值西北党項族聯合吐蕃引兵犯境，神策軍四千兵馬及八鎮軍隊赴援，形勢甚為緊張，御史大夫李絳、常侍崔元略等跪在延英殿門外勸諫，望李恆取消此行。李恆竟對大臣說：「朕已決定成行，不要再上疏煩我了。」次日一早，他從大明宮的復道出城前往華清宮而去，隨行的有神策軍儀仗及六軍諸使、諸王、駙馬等千餘人，一直到天黑才還宮。

諫議大夫鄭覃等人對李恆進行勸諫：「現在邊境吃緊，形勢多變，如果前線有緊急軍情奏報，不知陛下在什麼地方，該如何是好？另外，陛下經常與倡優戲子在一起狎暱，對他們毫無節制地大肆賞賜，這些都是百姓的血汗，沒有功勞怎麼可以亂加賞賜呢！」李恆竟不知鄭覃等為何人，宰相告是諫官，李恆假意對鄭覃等加以慰勞，說「當依卿言」，可實際上依然我行我素。

李恆甚至認為經常宴飲歡會，是件很值得欣慰的事兒。一天，他在麟德殿與大臣宴飲，興奮中對給事中丁公著說：「聽說百官公卿在外面也經常歡宴，說明天下太平、五穀豐登，我感覺很安慰。」丁公著持不同看法：「凡事過了頭都不是好事。前代的名士，遇良辰美景，或置酒歡宴，或清談賦詩，都是雅事。國家自天寶以後，風俗奢靡，酒宴以喧嘩沉湎為樂。身居高位、手握大權者與衙門的雜役一起吆三喝四，毫無愧恥之心。上下相傚，漸以成俗，這就造成了極大的弊端。」李恆覺得此話有理，表示虛心接受，但就是堅決不改。

李恆即位後，將奸相皇甫鏄貶為崖州司戶，黨羽左金武李道古貶為循州司馬，杖殺山人柳泌及佛僧大通，方士均流放嶺南，其原因是這些人當初勾結宦官吐突承璀想顛覆他的太子位，懲處是為了出口惡氣；而他先後任用為相的蕭俛、段文昌、崔植、杜元穎、王播、元稹等人，不是專會阿諛奉承、搞陰謀詭計的宵小之徒，就是目光短淺、才能低下的平庸之輩。

李恆
唐穆宗

蕭俛還算清正廉潔，但缺乏治政的眼光，讓李恆密詔藩鎮限軍人逃死，就是他和段文昌出的主意，結果朝廷軍力大減，裁者又成為了叛鎮的兵源，其在相位不足一年便改任吏部尚書；崔植、杜元穎都是庸才，盧龍鎮劉綜隱退、州縣交由張弘靖統轄、慢待朱克融等，都是二人經辦的，導致後患無窮；段文昌貪圖賄賂，拉幫結派，在開科取士中請托推舉親信，未中則陷害他人，致使朋黨紛爭初起；王播原為西川節度使，靠搜刮民財進獻財寶、賄賂朝臣，被任為相；元稹雖為一代文學宗師，憲宗時曾為東台監察御史，有剛正之氣，後來則利慾熏心，結黨營私，妒賢嫉能，詆毀裴度征討河北的戰略，使其無功而返。

李恆所用的這些人，既提不出治國恤民的良策，又難於對李恆的不良行為進行有效的規勸，只會投其所好，阿諛迎奉，甚至助紂為虐、推波助瀾，最終當然是為了撈取好處，進爵封官。

其實朝間並不是沒有賢良，像裴度、崔群、白居易、韓愈等都是一代名臣。裴度於憲宗末年受皇甫鎛的排擠，李恆討伐河北時再度出山，他曾三次上表，說元稹等奸相擾政，河朔藩鎮只亂山東，而朝中奸臣則必亂天下，欲掃河朔，要先清朝廷。李恆看後很不高興，雖勉強罷了元稹翰林學士之職，可仍然重用。諫官薦裴度有將相之才，但李恆還是沒用，任其為淮南節度使，直至長慶二年（822年）三月，因群臣強烈要求，才讓裴度入朝輔政，可到六月，又藉故罷了其相位。

中書舍人白居易指出朝廷討伐王庭湊動用十幾萬兵馬，逾半年而無功，耗資巨萬，主要是由於節將太眾，其心不齊，賞罰不明。建議派李光顏率諸道精銳三四萬從東速進，裴度將河東全軍從西壓境，形成東西夾擊之勢，其餘諸軍悉遣歸本鎮，用兵減少，軍需供給充足，戰鬥力反而能夠增強。可李恆不聽勸說，白居易的上書如石沉大海。

李恆一心只顧遊玩，最後竟就是敗在遊玩上。

長慶二年（822年）十一月，他在禁中與宦官內臣打馬球取樂，一名內官突然墜馬，李恆受到了驚嚇，頓時昏厥了過去，馬上被人抬到大殿休

息，結果是中風，一病而不起。時逢李逢吉為相，與王守澄等勾結，控制朝政。病中的李恆不想着好好治療，而像他的父親一樣也吃起方士所進的金石之藥來。長慶四年（824 年）初，本來身體就極度虛弱的李恆再經金石藥力的折磨，中風病再度發作死於長安宮中的清思殿，終年三十歲，謚睿聖文惠孝皇帝，廟號穆宗，葬於陝西蒲城縣之光陵。

玩心甚重的李湛

825-827

人說「有其父必有其子」，這話用在李湛身上恐怕再合適不過了。他繼承了其父穆宗的秉性，玩心甚重，不理朝政，加之他年紀尚輕，是唐朝皇帝即位時年齡最小的，更加肆無忌憚、無所顧忌，什麼江山社稷、自己的身份、僚屬的勸諫，統統都置之腦後或不予理睬，唐朝國運再遭作賤。

唐敬宗李湛像

年少失教
貪於玩耍

李湛於元和四年（809 年）生於長安大明宮之別殿，是穆宗的長子，初封為鄂王，後進封為景王。在他少年成長時期，正值祖皇憲宗幻想着長生不老，癡迷於金石丹藥，專意修行，根本無暇他顧；而繼位的父皇穆宗又是個典型的公子哥兒，整日畋遊無度、沉於享受，李湛和幾個弟兄們疏於監管。沒人管，又不愁吃穿，皇子們便盡情地玩耍。李湛則是諸弟兄中最貪玩的一個，他從此也養成了一種任性、放縱、散漫的性格。

李湛身居皇宮，接觸的世界很窄，一天跟誰玩或者說誰帶着他玩呢？自然是那些宦官。宦官為了取悅皇子，便想方設法、花樣翻新地哄着其高興，這時玩就成為了一種政治。宦官做起事情來沒有任何底線，為達目的不擇方法。李湛身邊有個叫劉克明的宦官，是大太監劉光的養子，年齡和李湛相仿。有人說此人進宮時是靠劉光的關係，並未進行認真的查驗，實際上他並沒有被閹，以致後來在宮中與宮女甚至妃子有染。李湛喜歡蹴鞠、摔跤等，劉克明便投其所好，苦練蹴鞠等技藝，練就了一副好腳法，類似於現在的足球明星。李湛對其很欣賞，也很喜歡，把他當成自己最要好的玩伴和最信任的心腹，一天形影不離。李湛和宦官們玩常弄得灰頭土臉，其間難免有鬧矛盾的時候，他仰仗皇子以至太子的身份常耍小性子，甚至對宦官們大打出手，宦官們對他又懼又恨，這便為他日後遇害埋下了伏筆。

李湛於長慶二年（822 年）十二月被冊立為皇太子。冊立並未引發什麼爭議，可李湛似乎對做太子並不當回事。穆宗於長慶四年（824 年）正月健康惡化，李湛以太子身份監國；不幾天穆宗駕崩，李湛便順理成章地繼承了皇位，這年他十六歲。

穆宗駕崩的當天，大臣們遵照遺詔，到東宮迎李湛前去穆宗的靈柩前繼位，可趕到東宮卻找不着他，急得宰相李逢吉、國舅郭釗等人團團轉，一問宮女才得知，李湛平時貪玩，東宮就像個旅店，想回來就住兩天，

李湛
唐敬宗

不想回來則是到哪兒睡哪兒，找他非常困難。李逢吉等人沒辦法，只得派人四處尋找，李湛原來正在西偏殿附近的一片空場上跟劉克明等人在踢球，找去的郭釗等人在邊上喊了半天，李湛就像沒聽見一樣，繼續沉醉於他的蹴鞠。郭釗打發個宦官上前稟告，說先帝去世，眾人正恭候您登基，李湛則顯得很不耐煩，說等我踢完球再說。宦官說：「您舅姥爺來了！」李湛看見郭釗才悻悻地跟着來人去沐浴、更衣。

李湛在眾臣的簇擁下來到父皇的靈柩前，準備加冕。因為穆宗長期以來對他放任不管，他對父親也談不上有多少感情，站在棺槨前，本該悲痛欲絕，但他醞釀了半天感情，竟然發出了一陣嬉笑聲，把在場的大臣們全部驚呆。在接下來的時間裡，本該守孝的他就像什麼事兒都沒發生，依然我行我素，今天在中和殿踢球，明天到飛龍院宴舞，一次怕父皇寂寞，竟跑到靈柩前敲鑼打鼓取樂。

不視朝政
舉國混亂

李湛玩心甚濃，說到底是因為年少，他骨子裡並不見得有多麼壞，不能完全等同於那些暴君、惡君。有些事情跟他好好說，陳明利害，他也能接受；即使不接受，或接受了不改，也不對勸諫的官員進行打擊、報復，往往還給予賞賜。一次，他想修一座新的宮殿，木材、石料等都準備好了，宰相李程進行勸阻，說修建宮殿會助長奢靡之風，不如用這些材料拿去為父皇修墓，還能彰顯孝心，李湛痛痛快快地接受了。

李湛稱帝後配置了崔郾等人做侍講學士，崔郾學問高深，且很負責任。李湛胸無點墨、無心經史，從不找崔郾等人咨詢。崔郾出以公心，上諫李湛應認真學習，並講了太宗、玄宗、憲宗等人刻苦讀書的事例，李湛覺得挺不好意思，忙推託自己太忙，實在沒有時間，有空一定去請教。崔郾是個挺學究氣的人，李湛怕他再糾纏此事，擢其做了起草詔書的中

書舍人。崔郾認為自己無功，忙跑去請李湛免職，又就讀書的事嘮叨了半天，李湛趕緊賞了他一筆錢，把他打發走了。事後，崔郾又編撰了《諸經纂要》，將六經的精彩篇章做成小冊子送給李湛，李湛當然將其束之高閣。

李湛當學生時經常曠課，做皇帝又不臨朝聽政。當時數九寒冬，滿朝文武頂着寒風一大早就趕到皇宮，可等到晌午李湛才上朝，有些大臣饑寒難耐當場暈倒。能挺住的大臣們則餓着肚子趕快呈奏表章，悉聽批復，但李湛不學無術，根本聽不懂大臣們在說什麼，只會傻乎乎地應對「准奏」、「依卿所議」，大臣們進一步催問，李湛便不再理睬，乾脆掉轉屁股奔後宮踢球去了。

一次，李湛覺得身上癢癢，想去驪山泡泡溫泉，諫官張權輿出來勸阻，說史上周幽王、秦始皇、唐明皇和其父穆宗，都是因為去了驪山，搞得國家大亂，自己也遭厄運。李湛卻偏不信這個「邪」，執意要去，結果去驪山泡了溫泉，並沒發生什麼事兒，平平安安地回來了。事後，李湛大呼張權輿是個騙子，用牽強附會的事例來恐嚇他，但也僅此而已，並沒有懲處張權輿。

由於李湛疏於政事，使得本來就很混亂的政局變得越發糟糕。藩鎮割據是唐中後期以來的致命傷，憲宗時着力平叛，恢復了朝廷的權威；到穆宗時則藩亂再起，戰火重燃；再到李湛時割據已難以控制，朝廷成為無人聽管甚至被人嘲弄的對象。朱克融自穆宗時掌控幽州，李湛在即位的第二年派人送去將士的春裝，朱克融對春裝不滿意，便扣押了使者，上表向朝廷索要三十萬匹布料。當時李湛正準備去洛陽遊玩，朱克融上表稱要派五千兵士去幫助修繕洛陽，並聲言要朝見皇帝。李湛感到了朱克融的咄咄逼人，但又無力討伐，只得聽從裴度的建議，假意應允他的要求，靜觀事態的發展。結果不久朱克融被部將所殺，其子延嗣繼立，後又被李載義取代。另外，昭儀節度使劉悟死，其子從諫代立；橫海節度使李全略死，其子同捷代立，各藩鎮幾乎成為了一個個世襲的獨立王國，朝廷對其承襲只能詔復同意，走個過場。

李湛
唐敬宗

藩鎮這樣，朝臣也是如此。寶曆初期李逢吉任宰相，拉幫結派，肆意專權，其手下有八大親信，另有八個同夥，凡有求於李逢吉的，都要經過這十六人，稱「八關」或「十六子」。在這些人的把持下，宰相李程被排擠出朝，牛僧孺為躲避紛爭主動赴外任，有資望的李德裕、裴度因他們的阻撓長期滯留在外。李紳曾任翰林學士，頗具才華，是《憫農》一詩的作者，與李逢吉有隙。李逢吉怕李紳得重用，與大宦官王守澄相繼在李湛面前對其進行詆毀，說李紳與裴度當年反對立他為太子，結果李紳被貶為端州司馬。一次偶然的機會，李湛發現了李紳、裴度等人當年請立他為太子的奏折，才知道是誣陷。但憚於李、王專權，既沒有懲處二人，也沒給李紳平反，即便改年號大赦天下，由於李逢吉等人的歪解，也沒能給李紳赦免。

宦官更是無法無天。唐代自憲宗始，皇帝的生死承繼幾乎都掌握在宦官手中，朋黨相爭，也都需要得到宦官的支持。不僅大宦官盛氣凌人，小宦官也常無法無天。一次，一個小宦官在鄠縣（今陝西戶縣北）滋事，縣令崔發聽到喧鬧，命人把鬧事的人抓來，因天黑，沒認出是宦官，經盤問後方知。這下可闖了禍，李湛聞之不問青紅皂白，令人將崔發一干人抓來囚禁。在從聽發落之時，宮中出來五十餘個宦官，手持棍棒對崔發一陣毒打，崔發頓時昏死過去。此事引發朝臣的強烈不滿，紛紛上書為崔發鳴冤。李湛不聽，幸虧李逢吉找了個理由，說崔發捆綁審訊宦官是犯了大不敬罪，但其家有八旬老母，自崔發入獄後積鬱成疾，陛下以孝治天下，請看在老人的情分上赦免，崔發這才獲釋。但赦免得有個條件，讓崔發的老母當着宦官的面痛打兒子，並向宦官道歉，真是顛倒黑白。

地方官也是如此。李湛即位初，免了臭名昭著的貪官王播鹽鐵轉運使之職。鹽鐵轉運使負責朝廷專賣物資的調配，是個「肥差」，王播用十萬緡錢及大批奇珍異寶買通了宦官王守澄等人，結果官復原職，儘管很多大臣反對，但無濟於事。王播復職不到半年，便以「羨餘」的名義向李湛貢絹一百萬匹。所謂「羨餘」即賦稅的餘額，王播為了多交「羨餘」，巧立名目，大量增加稅收，民眾深受其害，他自己卻撈得腰包滿滿。李

湛覺得王播是棵搖錢樹，也就睜一隻眼閉一隻眼。

農曆六月九日是李湛的生日，徐泗觀察使王智興建議提早半年在泗州（今江蘇泗洪東南）設置戒壇，廣招僧尼，為李湛祝求福壽。不少老百姓為逃避稅賦，紛紛剃度出家，每個出家者只需交兩緡錢，便可領到一張度牒，王智興乘此大撈特撈。據時任浙西觀察使的李德裕預測，僅兩浙、福建地區半年內將會有六十萬人剃度，國家將失去大量稅賦。

長慶四年（824年）四月，皇宮發生了件令人震驚且極為荒唐的事情，長安街頭的染坊役夫張韶和卜卦的蘇玄明，居然闖入皇宮睡龍床、吃御膳，可見當時的政局混亂到什麼程度。蘇玄明和張韶是朋友，一天，蘇給張算了一卦，說他有坐龍床之相，張韶竟信以為真，聯絡了一百多工匠，乘李湛不在宮內，隱藏在柴草車內，混過數道宮門，被守衛的宦官察覺後衝入清思殿，坐在龍榻上大吃大喝起來。宦官趕忙向李湛報信，正在打球的李湛驚慌失措，跑到右神策軍中尉梁守謙處避難，後又轉到左神策軍，遣大將康藝全平叛。事件結果很快被平息，闖入宮中的工匠全部被俘。此事對李湛觸動很大，守備嚴密的皇宮居然在光天化日之下闖入一百多人，真是難以想像。但李湛並沒有對守衛的宦官作處理，只是處置了掌管染坊的頭領，並對護駕有功的宦官予以重賞。

專意遊樂
死於非命

李湛不專朝政，心思全放在遊樂上，玩得花樣翻新，極為忘情。馬球是唐朝很盛行的一項運動，李湛對之非常癡迷。另外，他對角抵、搏擊、摔跤、雜戲等，也都非常喜愛，寶曆二年（826年）六月，他在宮中舉行了一次盛會，設置了馬球、摔跤、散打等項目，命令宮人、士卒們參加，一時間皇宮成為了大運動場。最有創意的是他讓士兵、宮人、教坊、內園等分成若干組，騎着驢打馬球，看得他興奮異常，一直折騰到深夜

一二更方肯罷休。

李湛還喜歡觀看龍舟,坐於魚藻宮中觀看壯觀的龍舟競賽,感到非常愜意。一次,他突然給鹽鐵轉運使下詔,說要建造二十艘競渡龍舟,要求把木頭等材料運到京師,此項花銷總計要用去當年全國轉運經費的一半,經諫議大夫張仲方等人力陳,他才答應減半。閒得無聊,他又讓眾人在池中捕魚,命上千人跳進池中,以捕捉多者為勝。

自從去驪山洗浴,李湛在那兒發現了一個非常好玩的項目——打狐狸。驪山行宮是座老宅子,多年無人居住,一群狐狸竟成了那裡的主人。李湛一行的到來佔據了狐狸們巢穴,夜間狐狸便在行宮的周圍騷擾。李湛的香夢被搞,便叫上宦官去獵殺。一開始他十分膽怯,在夜色中當他鼓起勇氣,張弓搭箭,不一會兒竟殺死了十多隻狐狸。這下兒可讓他高興壞了,並慢慢地上了癮,截長補短便要到長安周圍的山上去打狐狸,因為是在夜間,故稱之為「打夜狐」。他幾天不打便感到渾身不自在。宦官為了討其歡心,經常跑到山上去找狐狸窩,晚上,李湛便帶着由宦官組成的獵狐隊出發,每次都滿載而歸。

李湛與穆宗一樣,沉於聲色,縱慾無度,致使早晨經常懶得起床,而耽誤了臨朝聽政。大臣們多次上書,請求他按時會見群臣,處理政務,但他每月至多上朝五六次,一般也就只有兩三次。左拾遺劉棲楚大聲疾呼,他也頗為感動,升了劉棲楚的官,賞賜財物,但就是不見改觀。裴度做了宰相後,為了讓李湛上朝,提出陛下要益壽延年,必須經常活動,而上朝可以增加活動量;若熱天上朝太晚,中午就會趕上最炎熱的時間,而提前上朝,則可避開這段時間。這與其說是在勸諫,還不如說是在哄小孩子。

李湛雖然年少,但對長生不老之術竟感興趣,在位期間宮中經常有和尚或道士出入。道士趙歸真對他說世上確有修仙之術,他便派其去尋訪神人;劉從政對他說確實有神藥,李湛讓其去探尋,並授其光祿少卿的官銜,賜兩萬緡錢修興唐觀;有人說牛頭山上有仙人李龍遷祠,非常靈驗,

他便派人去查看，使者回來說山脈在武則天時被挖斷，他便下令立即修復，當時正值隆冬，徵集的數萬役夫頂着寒風在陡峭的山崖上施工。

見到李湛之所為，正直的臣僚都感到非常焦慮，在地方任職的李德裕上一奏折，題為《丹扆六箴》，對李湛的做法提出勸諫：一曰「宵衣」說其上朝太遲；二曰「正服」說其着裝要符合皇帝身份；三曰「罷獻」說其對地方徵集珍玩過多；四曰「納誨」說其不聽勸諫；五曰「辨邪」說其信用小人；六曰「防微」說其嬉玩無度。李湛覺得李德裕說得有道理，命翰林學士韋處厚起草詔書進行表揚，但對自己的問題仍然不改。

李湛只顧四處遊玩，致使後宮長期無人監管，齷齪小人乘機作祟。假宦官劉克明與宮女偷情，開始還偷偷摸摸，後來竟明目張膽，與其有染的宮女能達到兩位數。慢慢地他覺得宮女的層次太低，竟將黑手伸向了李湛的董淑妃，讓李湛戴上了「綠帽子」。

李湛近乎瘋狂的遊樂，忘乎所以的嬉戲，使凶險正慢慢向他襲來。他為了玩時有伴兒，專門招募、豢養了一批力士，晝夜不離其左右。這些力士憑藉李湛的恩寵，肆意妄為；而李湛是個很隨性的人，覺得自己是皇帝，高興了對這些人大興賞賜，不高興則對其配流、籍沒；他對身邊的宦官也是如此，高興了不講尊卑，不高興了動輒打罵鞭杖，甚至處死，搞得人人自危，充滿怨氣，宦官許遂振、李少端、魚弘志等因為與之「打夜狐」配合不好而被削職。

一個漆黑的夜晚，李湛又帶着劉克明等宦官到山上去打狐狸。黑暗中李湛搭弓上箭，當時光線不好一箭射偏，竟射中了劉克明。這本來是無心之舉，但多日來一直因在後宮淫亂而惴惴不安的劉克明卻認為是自己與董淑妃的姦情敗露，李湛是故意施放冷箭。他越想越害怕，覺得不如先下手為強，他把想法跟身邊的宦官說出，得到了支持。

寶曆二年（826 年）十二月初八，李湛又叫上一幫人上山去打狐狸。這次他手風很順，連着端了好幾窩狐狸，收穫頗豐。當夜，他在宮裡大擺宴席，和宦官劉克明、許文端、蘇佐明等人舉杯暢飲，李湛喝了很多酒，

李湛
唐敬宗

醉醺醺地跑到更衣室更衣，早已準備好的劉克明和同夥兒趁機熄滅了大殿的燈火，在黑暗中將李湛殺死。但劉克明畢竟是貼身宦官，勢力有限，他本想擁立絳王李悟為帝，大宦官王守澄不肯坐視讓他來掌控局面，很快徵調兵馬殺入宮中，逼劉克明自盡，之後，擁江王李涵繼位，改名李昂。李湛在位不足三年，死時只有十八歲，謚睿武愍孝皇帝，廟號敬宗，葬於陝西三原之莊陵。

有道無才的李昂

827-840

李昂很想幹一番事業。如果是生於盛世，他也許能有所成就，只可惜他處於衰敗的亂世，就只能徒悲無奈了。

他想削弱藩鎮勢力，藩鎮威脅朝廷的局面卻更為嚴重。宦官多年來掌有皇帝的生殺予奪大權，控制朝政，李昂想改變此種狀況，經過幾番努力，均未得手，最後更發生了震驚朝野的「甘露之變」。

唐文宗李昂像

兄薨弟及
勤於朝綱

李昂於元和四年（809年）生於長安，是穆宗的第二子，敬宗同父異母的弟弟，初名涵，母親為蕭氏。他從小與敬宗的境遇相同，穆宗對他們弟兄幾個缺乏監管，處於一種放任的狀態，但他的表現卻與敬宗很不相同，他勤於讀書，且多悟性，以至他稱帝後曾對人說：「若不能甲夜（初更）親自處理政事，乙夜（二更）觀覽圖書，怎麼能夠做人間君主呢？」他常用書中的名物考問大臣，結果往往被問住。他不僅喜好古典，也留意當代人的詩文，一次，他在內殿賞花，問身邊的人：「現在京城傳唱牡丹詩，誰寫的最佳？」因前朝劉禹錫「唯有牡丹真國色，花開時節動京師」的詩句很著名，侍臣告訴他中書舍人李正封「國色朝酣酒，天香夜染衣」的詩句頗佳，他聽了很是讚歎。他平時尤喜史書，對史上的名君賢臣欽慕不已，因讀《貞觀政要》而景仰魏徵，下詔尋訪到魏徵的五世孫魏謨，任命其為右拾遺，即諫官。他時常將有學識的大臣召至宮中講談經義、評論文章，翰林學士柳公權常被他召來，一談就是很長時間，常在不覺中蠟燭燃盡，二人留有「人皆苦炎熱，我愛夏日長。薰風自南來，殿閣生微涼」的聯句。

由於敬宗沉於享樂、苛於粗暴，引得宦官劉克明、蘇佐明等將其殺害，劉克明矯詔欲立憲宗的另一子絳王李悟「權勾當軍國事」，即讓李昂的叔叔為帝。當時宦官橫行朝間，弒君如同兒戲，承繼毫無章法可言，朝臣們懾其殘忍，只能任其擺佈。劉克明陪伴敬宗多年，此次得手，頗有些不可一世。但資深的宦官內樞密使王守澄、楊承、神策軍左右護軍中尉魏從簡、梁守謙，人稱「四貴」，不肯坐等失勢，經過密謀，同時得到三朝元老裴度等朝臣的支持，動用禁軍將江王李涵迎入宮中，改名李昂，將劉克明、蘇佐明等誅殺，絳王李悟也死於亂兵之手。

李昂該以什麼名義登基呢？這讓王守澄頗費躊躇，他聽從翰林學士韋處厚的建議：先以江王的名義宣告平定了宮廷叛亂，說明李昂對社稷有功；再讓百官反覆上表勸李昂登基，說明李昂受到群臣的擁戴；又以太皇太

后的名義頒布冊文，指定李昂為繼承人，說明李昂即位具有合法性；最後再舉行新君即位的大典。

寶曆二年（826 年）十二月十日，李昂在紫宸殿外着素服與百官相見，十二日正式在宣政殿即位；十三日正式「成服」，即着帝裝，次日親政；十五日，為生母蕭氏上尊號貞獻皇太后。出於對生母的孝敬，李昂欲福蔭母親的家人，但其生母是閩人，來京後父母雙亡，家中只有一個弟弟，已經失去了聯繫。李昂令福建官員尋訪，連續有三人找來自稱是李昂的舅舅，有的還一度被確認，但最終還是假冒。據說元和、長慶時，兩京百姓在大街小巷裡見面打招呼，多說「合是阿舅」，即對李昂找國舅一事的調侃。

李昂立生母蕭氏為皇太后，居於大內；穆宗之母、即李昂的祖母懿安太皇太后郭氏居興慶宮；敬宗的生母王氏、即寶曆皇太后居義安殿，號稱「三宮太后」。李昂對三位太后每五日一問安，逢年過節都親往各宮謁見，對祖母郭氏，因有擁立之功，更為禮數有加。起初，有司給三宮獻時令新鮮瓜果時稱「賜」，李昂認為不妥，故將「賜」改為了「奉」。大和五年（831 年），在朝臣的建議下，為使太皇太后郭氏與寶曆太后的稱號有所區別，便將寶曆太后按其居所稱「義安太后」。李昂逢年過節常邀三宮太后同慶，奉觴進壽，極盡孝敬之心。

李昂即位後一改敬宗每月只上朝二三次的做法，逢單日必上朝，每次聽政的時間很長，從軍國大事、朝廷用人到國庫儲備，以及各地的災情、興修水利等，他無不過問；從大政方針到具體措施，他都一一與大臣們研討；他要求把節假日或輟朝的時間盡量安排在雙日，以便不影響上朝；他重視發揮諫官的作用，大和九年（835 年）十二月，令鑄造「諫院之印」，以改變諫官進奏表章要在其他部門請印以造成奏事洩密的現象。

有心興政
掣肘藩宦

李昂很想幹一番事業。如果是生於盛世，他也許能有所成就，只可惜他
處於衰敗的亂世，老天又不成全，旱澇蝗災等自然災害不斷，就只能徒
悲無奈了。他上台後即倡導節儉，革除奢靡之風，減少各方面的開支，
自己也身體力行，嚴格遵守。他自己所進膳食從不鋪張，遇有地方發
生災荒，他都主動要求減膳。十月十日是他的生日，此日被定為「慶成
節」，他詔告不允許宰殺豬牛，只許食用瓜果蔬菜；他特令京兆尹停止
在城南的曲江池宴請百官和在宮中為他祝壽。他嚴禁臣下穿着豪華的服
裝，有位駙馬因戴了塊很貴重的頭巾，被他嚴屬批評；有位公主在參加
宴會時所穿的衣裙超過了規定，他便下令扣除了駙馬兩月的薪俸以示懲
戒。有個官員身着桂管布做的衣服拜見他，桂管布是桂林地區生產的一
種木棉布，布質粗糙，檔次較低，他認定此人是個忠正廉潔之臣；他自
己也做了件這樣的衣服，文武百官則紛紛效仿，致使桂管布價迅速上漲。
一次他對臣下說：「我身上的衣服已洗了三次」，意在倡導大家節儉，
眾臣都讚其美德，但只有翰林學士柳公權則不以為然，認為皇上君臨天
下應選賢任能，使天下太平，至於穿不穿洗過的衣服，只是生活細節而
已。但不管怎麼講，注重節儉總是件好事，史書讚他「恭儉儒雅，出於
自然」。

大和二年（828年），為了改變官場冗員充斥、風氣不正的狀況，李昂
下詔舉賢良方正及直言極諫之士。他親臨問策，包括如何端正社會風氣、
考察官吏及管理庫府等。昌平進士劉蕡痛恨宦官專權，條陳萬言，說法
律應當統一，官應當正名，現官分外官（朝官）和中官（宦官），政權
分南司（外官）和北司（中官），在南司犯法，到北司則無事，外官定
了刑，中官則認為無罪，法出多門，是非混亂。另外，如今兵部不管軍
政，將軍只存空名，軍政大權全歸中官執掌；頭一戴武弁，便把文官看
作仇敵，足一登軍門，便把農夫視為草芥。武夫依仗宦官的勢力擅作威
福，欺壓百姓；宦官則利用武夫的力量挾制皇帝，又用皇帝的名義驅使
朝臣。他要求李昂屏退宦官，信任朝臣，把政權交給宰相，兵權交給將

帥，這樣才能救皇帝、救國家。劉蕡的對策切中時弊，考官非常讚賞，但因王守澄等人盤踞官禁，勢力強大，一旦錄用，必招打擊，所以，不得不忍痛割愛。當時有二十二人中第，道州人李郁身在其中，他憤憤地說：「劉蕡下第，我輩登科，豈不是厚顏無恥了嗎？」於是，邀集同科的裴休、杜牧、崔慎由等聯名上書，願將自己的科名讓予劉蕡，以示正直。李昂明知劉蕡之才，對其觀點也深有同感，但因害怕宦官們滋事，便將李郁等人的上書擱置。劉蕡終不得仕，抑鬱而死。

這年冬天，橫海留後李同捷發動叛亂。橫海軍轄滄、景、德、棣四州，原為烏重胤任節度使，恭順朝廷，後烏重胤調離，節度使屢經變換。敬宗末年，李同捷擅自留後，敬宗聽之任之。李昂即位，覆命烏重胤為節度使，調李同捷為克海節度使，李同捷不從，託言是將士們所留，拒不赴任，最終舉兵反叛。為了尋求支持，他遍賄河北諸鎮，成德軍節度使王庭湊公然出兵相援，魏博節度使史憲誠則靜觀其變。李昂命烏重胤、康志睦、李載義、李祐等討伐李同捷和王庭湊，李祐會同李載義等攻克德州，進逼滄州，直入外城。滄州是李同捷的住所，他見外城被破，惶恐至極，忙致書李祐，悔罪乞降。李祐遣部將萬洪入城撫眾，趁便留守。李昂派出諫議大夫柏耆前往宣慰，柏耆出言不遜，威脅諸將，萬洪不服，結果被柏耆殺死。柏耆又擅自押李同捷出城，路上聽說王庭湊來救，將李同捷斬首，送入京師。李祐時已生病，聽此消息悲憤交集，病情加重，不久死去。諸將紛紛上書，要求懲處柏耆，李昂無奈，將柏耆貶為循州司戶參軍，後又賜死。

史憲誠聽說滄、景告平，忙打發兒子到京城，說願納地聽命。李昂詔史憲誠兼侍中，調任河中節度使，命李聽兼鎮河北。史憲誠還未動身，被部下殺死，眾將推舉兵馬使何進滔為留後。李聽前往魏博，何進滔阻攔，李昂只得召李聽入朝，任太子太師。因河北用兵已久，再無力討伐，李昂無奈只得授何進滔為魏博節度使，並將相、衛、澶三州劃歸其管轄。王庭湊因叛亂上表謝罪，稱願納戰亂中佔據的景州，李昂也恢復了其被削去的官職。

大和五年（829年），盧龍副兵馬使楊志誠煽動士卒驅逐節度使李載義，又殺死了莫州刺史張慶初。李昂問宰相牛僧孺該怎麼辦？牛答安史之亂後，范陽已不屬朝廷，楊志誠和李載義其實誰佔並沒什麼區別。李昂便任命楊志誠為節度使，調李載義為山南西道節度使。此舉令楊志誠野心膨脹，又遣使要求兼僕射，李昂竟又滿足了其要求，楊甚至產生出要稱帝的想法。楊志誠驕奢淫暴，釀成眾怒，被將士趕跑，部將推舉朱元忠主持軍務，李昂又任命朱元忠為盧龍節度使。成德軍節度使王庭湊死後，其部下擁立其子王元逵為留後，李昂也加以承認，並遣絳王的長壽公主下嫁給王元逵。河北藩亂說來被平息，實際上藩鎮各自為政、威脅朝廷的局面絲毫沒有改變，而且更為嚴重。

甘露之變
抑鬱而死

李昂一朝除藩鎮割據延續外，朝臣與宦官之間的矛盾也表現得特別突出。宦官多年來掌有皇帝的生殺予奪大權，控制朝政，李昂即位後想改變此種狀況，重用朝臣，經過幾番努力，均未得手，最後發生了震驚朝野的「甘露之變」，宦官對朝臣大開殺戒，朝政幾乎完全在宦官的掌控之下。

唐朝自德宗以來，宦官率領禁軍成為了制度，宦官憑此權力為所欲為、肆無忌憚。李昂稱帝靠宦官擁立，宦官氣焰更加囂張。太和四年（830年），李昂任宋申錫為宰相，密謀剷除宦官勢力，引用王璠為京兆尹，諭以密旨，組織人馬，伺機動手。但由於王璠處事不密，被王守澄所察覺，王守澄便誣陷宋申錫。他派人告宋申錫欲謀立皇弟李湊，李湊因有聲望，李昂一向對其很提防，看到奏書後馬上命王守澄查證。王守澄立刻召集二百餘騎準備抄斬宋申錫全家，幸虧有人阻攔，才未動手。隨即又抓了李湊和宋申錫身邊的不少人，屈打成招，誣證宋申錫密謀。李昂以為證據確鑿，其實他也心知肚明，便召集滿朝文武宣佈宋申錫的罪狀，

群臣都知道是樁冤案，有人伏闕力諫，爭取將此案移交外廷，宰相牛僧孺為宋申錫辯護，同時也怕移案外廷露出馬腳，勸王守澄請李昂從寬處理，宋申錫這才免遭殺戮，被貶為開州（今四川開縣）司馬，一直到病死在那裡。

李昂本想用朝臣剪滅宦官，反倒被宦官利用絞殺了他依用的朝臣，令人唏噓不已，從此也能看出李昂的肚量和心計。宋申錫案剛了結，維州（今四川理縣西北）事案又起。維州在西部邊境，地處岷山，一面依山，三面濱江，本是唐朝領土，被吐蕃所奪，稱無憂城，遣將悉怛謀駐守。大和五年（831年）九月，悉怛謀率眾投奔成都，西川節度使李德裕迎納，派兵據維州城，並上報朝廷。李昂召集百官商議，大家普遍認為李德裕的做法正確，唯獨牛僧孺表示反對，說唐正與吐蕃修好，這樣容易惹怒吐蕃，引來麻煩，其三天便可殺到咸陽橋，京城也將不保。維州城地處邊遠，其實得到用處並不大。經牛僧孺一說，李昂感到恐慌，下令李德裕歸還維州，並將悉怛謀及部眾遣送吐蕃，李德裕只得依旨而行。

吐蕃得到悉怛謀後，在邊境上就將其與部眾殺害，場面慘不忍睹。事情傳到朝廷，有大臣說，移交悉怛謀既快虜心，尤絕外望。李昂後悔了，責備牛僧孺失策，牛僧孺心裡很不安，請求免去宰相之職，出任淮南軍節度使。李昂召李德裕入朝，授同平章事。

大和八年（834年），李昂得了中風，王守澄薦鄭注為其醫治，結果一來二去成了李昂的寵臣；王守澄又薦李訓，說其有大才，李德裕則認為其心術不正，不可重用。李昂又問宰相王涯，李德裕在一旁示意，結果被李昂看見，很氣惱。李訓、鄭注逐漸受到重用，引李宗閔入相，將李德裕排擠出朝；不久，李宗閔又遭排擠。

李昂將剪滅宦官的希望又寄託於李訓和鄭注，二人也確實擔當起了此項責任。他們首先瞄準王守澄，因王守澄為宦官的頭領，三次操縱皇帝廢立，執掌神策軍大權，儘管王守澄有恩於李訓、鄭注，但二人並未心慈手軟。他們先借用王守澄的力量將其反對派韋元素、楊承、王踐言三個

閹宦派到外地監軍，不久處死；又勸李昂將王守澄神策軍中尉的職銜授予宦官仇士良，提拔王守澄為左右神策軍觀軍容使，這實際上是將其架空，同時設置了對立面；接下來，以李昂的名義派使者用毒酒逼王守澄自盡，對外稱暴亡，追贈揚州大都督；又借追查憲宗被害事件，杖殺了在外監軍的宦官陳弘志。

在剪滅宦官的過程中，李訓、鄭注表現得很幹練，在朝中引起震動，自中尉、樞密、禁衛諸將都對其十分敬畏，見了李訓甚至要叩首迎拜。李昂擢李訓為同平章事，鄭注為鳳翔節度使。他們進一步密謀，準備在給王守澄發喪時詔令宦官全部參加，發動鳳翔兵一舉剪滅宦官集團。在這裡要提及的是接任神策軍中尉的仇士良殘暴狡詐，正是他左右了下一步的政治走向。

懲治宦官接連得手，令李訓有些飄飄然起來，他急於採取行動要爭得頭功。大和九年（835 年）十一月二十一日，李昂駕臨紫宸殿，百官依次入內，各居其位。該殿位於大明宮中的含元殿後，按照事先的謀劃，李訓在含元殿左金吾廳內設下了甲兵。此時，禁軍將領韓約前來稟告，說昨夜在左金吾議事廳後的石榴樹上天降甘露。甘露即為甜美的露水，古人視為祥瑞。李昂遂乘輿前往含元殿，命李訓前去查看，李訓去了半晌，回奏說甘露未必是真，不可馬上宣佈；李昂又派仇士良帶宦官再去查驗。

仇士良來到左金吾廳，見韓約神色緊張，額頭滲出汗珠，不免心中起疑。此時一陣風吹來，仇士良見到帷帳後埋伏着甲兵，急忙抽身退出，回到含元殿。李訓見宦官們返回，知道事已敗露，忙招呼殿下衛士上來保駕，雙方在殿中廝打起來，宦官被打死多人，李訓也被宦官打倒在地。仇士良在混亂中擁着李昂逃進了宣政殿，緊閉宮門。宦官們挾持到李昂，得意地高呼萬歲。李訓見大勢已去，遂化妝逃跑，百官驚亂，四處走散。

仇士良急命左、右神策副使劉泰倫、魏仲卿等各率五百禁兵，殺氣騰騰地衝出閣門，逢人便殺，兩省及金吾吏卒六百餘人及未能逃脫者全部被殺；仇士良還分兵關閉諸宮門，搜索各司官吏，又殺死千餘人，一時「橫屍流血，狼藉塗地，諸司印及圖籍、帷幕、器皿俱盡」。事變的主謀及

李昂
唐文宗

參與者李訓、韓約、舒元輿等相繼被抓殺死，未參與事變的宰相王涯也遭嚴刑拷打，後來被殺；鄭注在鳳翔被監軍的宦官殺死，朝廷幾乎為之一空，事變史稱「甘露之變」。

經此較量，宦官們大獲全勝，氣焰更為囂張。仇士良等根本不把李昂這個皇帝放在眼裡，時常惡語相向，李昂則敢怒而不敢言。只有獨處時才喃喃自語：「須殺此輩，令我君臣間隔。」他寫下一首「輦路生春草，上林花發時。憑高何限意，無復侍臣知」的詩，表達出孤苦無奈的心境。

開成四年（839 年），李昂在一次上朝後退坐思政殿，悄悄問當直學士周墀：「在你看來，朕是什麼樣的君主？」周墀拜：「天下都說陛下堪比堯舜。」李昂苦笑道：「朕的意思是，如果與周赧王、漢獻帝相比如何？」周墀驚駭跪奏：「陛下之德，周成、康二王和漢文、景二帝也難與相比，怎要自比那二位君主呢？」李昂道：「周赧王、漢獻帝不過是受制強臣，今朕受制家奴，自以為遠遠比不上他們。」說罷，越加傷感。

開成三年（838 年）正月，京城發生了宰相李石遇刺的事件，其傷勢雖無大礙，但引起朝野的恐慌，次日入朝者僅有九人。開成四年（839 年）六月，久旱無雨，派往各地祈雨的使者沒有帶回任何令人欣慰的消息，李昂對宰相說，如果老天繼續如此，他將退居南內興慶宮，另選賢明之主；十二月，高宗和武則天的乾陵發生了大火，李昂的身體出現不適。開成五年（840 年）新年，李昂沒有接受群臣的朝賀，正月初四，在大明宮的太和殿他默默地走完了三十二年的人生，死後諡元聖昭獻孝皇帝，廟號文宗，葬於陝西富平之章陵。

曇花一現的李炎

唐武宗 會昌

841-846

唐朝自中晚期以後，衰敗已不可逆轉，日暮途窮，苟延殘喘。其間也出現過轉機，給人們帶來過希望，李炎在位期間，任用賢良、抑制宦官、削奪藩邦、征討回紇、禁滅佛教，使朝政為之一振，史稱「會昌中興」。但時間畢竟短暫，王朝的沉痾積鬱太深，無法解決長期以來存在的問題，只能是曇花一現。

唐武宗李炎像

陰差陽錯
入主宮禁

李炎生於憲宗元和九年（815年）六月十二日，是時為皇太子的穆宗之第五子，取名瀍，母親是韋氏。李炎是他即位六年後臨死前十幾天才改的名字。長慶元年（821年）三月，穆宗封諸皇子為王，李炎受封為穎王，與他同時受封的還有景王李湛（敬宗）、江王李涵（文宗）、漳王李湊、安王李溶等，同住在皇宮之外的十六宅。

十六宅是玄宗時為諸王建造的十六座豪宅。由於諸王位高權重，分封藩地，很容易勢力膨脹，對皇位造成威脅。當時玄宗想出辦法，在皇宮附近建造了十六宅，將諸王安置於其中，賜予高官厚祿，美女良宅，供其享樂，以弱其志。這樣便消除了諸王對皇權可能造成的威脅，以後延為定制。

諸王們多是些半大小子，在宅院中憑藉朝廷提供的優厚俸祿及諸多賞賜，盡情享樂，宴游無度，不管不顧，忘乎所以。皇帝似乎也很縱容他們，甚至經常駕臨宅所，與諸王們一起歡宴。文宗與五弟李炎和八弟安王李溶的關係很好，在十六宅中為其修有穎王院和安王院，文宗屢幸其中，與兄弟倆把酒交談。「甘露之變」後，文宗因受制於宦官，心情鬱悶，更是頻繁地駕臨二王府邸，借酒消愁，賦詩寄情，向兩位兄弟吐露心聲。李炎從此深知閹臣之害，暗下決心有朝一日一定要平除禍患。

李炎自幼與那些一天只顧玩耍、沉於享樂的諸王有所不同，他性格沉穩，頗有心計，善於謀劃，史稱他「沈毅有斷，喜慍不形於色」，不為奢靡的生活所沉淪。按理說就他的排行不會有什麼非分之想，但敬宗、文宗先後稱帝，也使他萌生出某種想法，儘管很含混、不能那麼直截了當。

當時皇帝的承繼是由宦官們來左右的。文宗即位後，一度想立長兄敬宗之子晉王李普為嗣，不幸其於五歲時夭折，文宗追賜其為皇太子；大和六年（832年）十月，文宗立與他王德妃所生之魯王李永為太子，次年

八月舉行了冊禮；文宗寵愛的楊賢妃對李永心有不滿，總想讓文宗廢掉他，但因種種原因沒能成功；開成三年（838年）十月，李永突然暴死，死因撲朔迷離，文宗對此甚為傷感，哀歎枉為天子卻保全不了自己兒子的性命，追賜李永為「莊恪太子」。李永之死對文宗的打擊很大，從此抑鬱成疾。開成四年（839年）十月，文宗沒有採納楊賢妃關於立安王李溶的提議，而是立敬宗的第六子陳王成美為太子，但還沒來得及舉行冊禮，文宗便一病不起了。

開成五年（840年）正月初二，文宗密旨宦官樞密使劉弘逸與宰相李玨等奉太子監國。但掌有宮禁大權的神策軍左右中尉、宦官仇士良、魚弘志為獲取擁立之功，進一步控制局面，以太子年幼多病難當重任為由，提出重立皇太子；宰相李玨據理力爭，但無濟於事，仇士良、魚弘志假傳聖旨，動用禁軍將時為穎王的李炎立為皇太弟，從十六宅迎入宮中；太子成美仍然以陳王的爵位退居藩王府邸。李炎就這樣以政治鬥爭戰利品的身份入主東宮，待文宗駕崩，他在哥哥的靈柩前即位，開始了他的帝王的生涯，這年他二十七歲。李炎稱帝，可以說完全是被人操縱，身不由己，在很大程度上出於偶然；而閹人亂政，簡直到了無以復加的地步。朝綱無序、藩鎮失管、經濟凋蔽、邊寇連連、皇位受控於人，是李炎加冕後所面對的局面。

知人善任
禦寇平叛

皇帝即位，總要對在擁立過程中表現各異的臣屬、藩戚們獎賞貶懲一番，獎掖功將，打殺逆臣，李炎自然也不能免俗。他一登基，就將與自己爭奪皇位的陳王成美、安王溶及楊賢妃賜死於府邸；將神策軍中尉、宦官仇士良、魚弘志分別封為楚國公和韓國公，授太常卿崔鄲為戶部尚書判度支，同中書門下平章事，任宰相，冊宮人劉氏、王氏為妃。

安葬文宗，李炎遣樞密使劉弘逸、薛季稜率禁軍護送靈柩赴章陵。劉、薛素與仇士良不和，在立儲中又敗於對手，對仇士良很仇視，密謀利用率領禁軍之機誅殺仇士良和魚弘志。不想密謀被鹵簿使、兵部尚書王起和山陵使崔稜所察覺，於是先發制人，一舉殺死了劉弘逸和薛季稜。這說來是宦官之間的內訌，實際上是擁立之爭的延續。

與劉、薛伏誅的同時，宰相楊嗣復、李鈺被罷相。楊嗣復是楊賢妃的同宗，論來是姑侄之親，被貶為檢校吏部尚書、潭州刺史，充湖南都團練觀察使；李鈺被貶為檢校兵部尚書、桂州刺史，充桂管防禦觀察使。仇士良等勸李炎將二人處斬，幸得宰相崔鄲、崔珙等以國朝先例、非惡逆顯著不誅殺大臣為由力諫，楊、李才免於死，楊再被貶為潮州刺史。

賞功誅逆可逞一時之威，但難於持久。況且李炎封賞的是令他痛恨的宦官勢力，提拔的也只是些未捲入擁立的守持之人，絕非初衷，要改變現有政治格局，必須選任賢良，充當大任，以寄其志。為此，李炎經過認真的考察，選擇了富有盛望的李德裕，將其從淮南節度使任上擢為宰相，入秉朝政。

李德裕是河北趙州人，出身士族之家，父親李吉甫是憲宗倚重的宰相。李德裕從門蔭入仕，穆宗初被擢為翰林學士、中書舍人，參與朝政，後被宰相牛僧孺排擠，出任浙西觀察使、西川節度使等職，歷時十七年；任職期間頗有作為，能擔大任。李炎用李德裕為相，屬於慧眼識珠，用人得當，史稱「武宗用一李德裕，遂成其功烈」，贏得了「運策勵精，拔非常之俊傑」之美譽。李德裕後來於宣宗大中四年（850年）貶死崖州，前後從事政治活動四十餘年。

李炎詔調李德裕入朝後不久，便面臨回紇入侵，如何應對，關係到能否重振大唐雄風及樹立自己的威望。回紇原居於色欏格河流域，公元八世紀逐漸強大。安史之亂時，曾受邀助唐平叛，進入東都洛陽後，燒殺搶掠，恣意強暴，後雖退兵，但自恃平叛有功，強迫唐與之進行不等價絹馬交易，用一匹馬要換唐四十匹絹，動輒以數萬匹馬交換，而且多是些老羸瘦馬。直到文宗太和年間，朝廷每年要為此支出二十餘萬匹絹，使

得府庫空虛，多年還不清馬價。另外，唐每年還要贈予回紇兩萬匹絹，作為助唐收復兩京的經常性報酬。

開成年間，回紇發生內戰，被西方的黠戛斯部落打敗，散於西北各地。開成五年（840年），其中的一支在咀沒斯率領下投奔唐天德軍塞下，請求內附。天德軍使田牟等邊將欲謀戰功，請求出擊回紇。李德裕力請李炎約束田牟，不許其邀功生事。會昌二年（842年），咀沒斯入朝，李炎任命其為歸義軍使，從而分化了回紇。

當年七月，回紇烏介可汗認為唐軟弱可欺，提出索要牛、羊、糧食，借住天德城等無理要求，李炎予以嚴詞拒絕。八月，烏介率兵悍然越過把頭峰（今內蒙古包頭附近），掠得牛馬數萬，直逼雲州城（今山西大同）。面對回紇的入侵，朝中意見不一，牛僧孺等主張固守邊防，不可出擊；李德裕則分析形勢，認為回紇正趨衰勢，戰之必勝。李炎則採取李德裕的意見，詔調許、蔡、汴、渭等六鎮之兵，馳援天德、振武兩軍，任命太原節度使劉沔以及張仲武、李思忠分別任征討回紇南面、東面及西南面招討使，會師太原，待機討伐。

與此同時，李炎賜詔烏介，列數其罪狀，警告其要「速擇良圖，無貽後悔」，盡量招撫；但烏介一意孤行，於會昌三年（843年）正月悍然發兵振武，戰爭大幕正式拉開。劉沔遣麟州刺史石雄、都知兵馬使王逢率三千騎兵為前鋒，自己殿後；石雄挖地道攻入烏介的牙帳，各路大軍配合猛攻，在東胡山一舉打敗回紇軍隊，俘虜兩千餘人，烏介中箭敗逃，唐軍取得了決定性勝利。

外患平定，內亂又起。會昌三年（843年），昭義鎮發生了叛亂。昭義鎮轄澤（今山西晉城）、潞（今山西潞城）、邢（今河北邢台）、洺（今河北永年）、磁（今河北磁縣）五州三十一縣，為臨近兩京的戰略要地。文宗時節度使劉從諫上表斥責仇士良罪行，仇士良擁立李炎，劉感到了威脅，準備割據。劉從諫死，其姪劉積秘不發喪，打算自為留後，上表請授節鉞，遭到朝廷拒絕，聚眾叛亂。

消息傳來，舉朝嘩然。對藩鎮之亂心有餘悸的大臣們多主張退讓，但李德裕及少數大臣則力主平叛。李德裕對李炎說：「澤、潞地近京師，如果准許劉稹世襲節度使，四方藩鎮勢必仿傚，那時天子號令將難施行。」李炎問：「卿有何辦法制服劉稹？」李德裕答：「劉稹猖狂，是依恃河北三鎮（成德、魏博、幽州）的援助，只要成德、魏博兩鎮不參與，劉稹勢單力薄，便難有作為。如果借兩鎮兵力進攻邢、洺、磁三州，重賞有功將士，兩鎮權衡利弊，定會聽命朝廷。」

李炎認為言之有理，採納李德裕意見，決定對劉稹用兵。五月，下詔削奪劉從諫、劉稹官爵，任命成德軍節度使王元逵、魏博節度使何弘敬分別為澤、潞南面、北面招討使，與河東節度使劉沔、河中節度使陳夷行、河陽節度使王茂元等合力討伐，又調武寧節度使李彥佐任晉絳節度使，配合各路兵馬行動。

詔令一下，各路兵馬迅速行動，唯李彥佐行動遲緩，李炎立即調天德軍石雄任晉絳節度副使，準備取代李彥佐。同時詔令各討伐軍嚴明紀律，不准焚燒廬舍、挖掘墳墓、侵擾百姓，取得了沿途百姓的支持。李炎利用藩鎮間的矛盾，集中優勢兵力，沉重地打擊了劉稹的勢力，平叛進展順利。會昌四年（844 年）七月，邢州刺史裴向、洺州刺史王釗、磁州刺史史安玉等經受不住壓力，分別率部開城投降。消息傳到澤、潞二州，叛軍分崩離析，劉稹的親信、潞州大將郭誼等取劉稹之首級，開城迎接討伐軍。歷時十三個月的昭義之亂就此宣告平定，唐收復了五州三十一縣。

李炎在征討中處事果斷，功績顯著。一貫驕橫的河北三鎮奉命出戰，史稱「自兵興以來（安史之亂後），未之有也」；李炎「能雄謀勇斷，振已去之威權；運策勵精，拔非常之俊傑」；當時的唐朝「戎車既駕，亂略底寧，紀律再張，聲名復振，足以蹈章武（憲宗謚號）出師之跡，繼元和（憲宗年號）戡亂之功」。

李炎
唐武宗

革除弊端
飲丹喪命

李炎雖為宦官所擁立，但卻對宦官非常反感，他知道這些人既然能擁立你，也就能毀滅你。整治宦官，是李炎從做皇子時就有的想法。但這些人凶狠狡詐，做起事情來沒有任何底線，必須採取適當的方法，不然非但解決不了問題，甚至還可能搭上性命，文宗時「甘露之變」便是慘痛的教訓。

李炎對待宦官，並沒有像文宗那樣採取極端的措施，而是通過迂迴、隱蔽的辦法，逐漸削弱其力量。他重用李德裕，實行「政歸中書」的策略，提高宰相的地位，加強中書省的職能。會昌三年（843 年），李炎不同宦官樞密使商量，任命崔鉉為宰相。宦官們埋怨身為樞密使的楊欽義等人太為懦弱，破壞了多年來形成的規矩，其實，楊欽義等人又何嘗不想強硬，只是形勢所變，不敢再出面爭老規矩了。明清之際的思想家王夫之評價：「李德裕之相也，首請政事皆出中書，中豎（對宦官的蔑稱）之不得專權者，僅見於會昌，德裕之翼贊密勿，曲施銜勒者不為無力。」

李炎對仇士良等人依然客客氣氣，賞賜不斷，實際上是表面尊崇，暗中冷淡。會昌二年（842 年）四月，仇士良見李德裕勢大，害怕失去權勢，便在禁軍中散佈流言，稱宰相與度支商定，要削減禁軍衣糧及馬草料等費用，欲挑撥其鬧事。李德裕知道後即奏報，李炎很生氣，馬上遣中使到神策左、右軍去宣佈御旨：「此事純係空穴來風，一切都是朕的安排，無關宰相之事，爾等不得信口雌黃。」事態很快被控制住了。

仇士良的所為被揭穿後，惶恐地到李炎前認罪。李炎並沒對仇士良採取什麼措施，而是將他提為神策左、右軍觀軍容使，就像當年穆宗對待宦官王守澄一樣，看上去是提拔，實際上是架空。仇士良看出了李炎的用意，感到處境不妙，便以身體有疾為由提出辭呈，李炎順水推舟，同意了其請求，讓其改任內侍監；內侍監沒做多久，仇士良見大勢已去，再無東山再起的可能，被迫致仕，即退休，一個當年極度殘忍、不可一世

的大宦官，就這樣敗在了李炎不緊不慢、不溫不火的套路之下。

仇士良隱退時，曾對送他的宦官有過一段表白，耐人尋味：「天子不可令其閒暇，一有閒暇必定讀聖賢之書，見儒學之臣，就會聽到大臣的勸諫，因此而智深慮遠，減少玩樂、放棄游幸而專心理政，我等所受的恩寵和權力就會變少。為諸君考慮，最好的辦法莫過於廣殖財貨，多養鷹馬，每日以打球狩獵聲色迷惑天子的心志，越是極盡侈靡，就越會使天子喜悅，他就越不知道停息。這樣一來，天子必定排斥經術，倦怠政事，我等就可以萬機在手，恩澤權力還愁不牢固嗎？」一席話，說得眾宦官心服口服，同時也折射出李炎與他兩個哥哥的不同。仇士良退職後不久，在自己的邸中死去。會昌三年（843 年），有人揭發其生前的罪惡，李炎派人在其家中發現了數千件兵器，下詔削其官爵，籍沒家產。

李炎對吏治進行了一系列改革，最為突出的是以嚴刑峻法對貪污、腐化等現象進行嚴懲，對冗官、冗員進行裁減。會昌四年（844 年），李炎聽從李德裕的建議，一次裁掉官員兩千多人；本着「治亂世，用重典」的方法，對官吏貪贓枉法的行為進行懲治。開成五年（840 年）正月，李炎在即位赦文中宣佈：「自開成五年二月八日昧爽已前，大辟罪已下，無罪輕重，咸蠲除之。惟十惡、叛逆、故殺人、官典犯贓，不在此限。」在此，李炎將官典犯贓與十惡、叛逆、故意殺人等「不赦之罪」並提。會昌元年（841 年）正月，李炎下詔：「朝廷典刑，理當劃一，官吏坐贓，不宜有殊，內外文武官犯入已贓絹三十四，盡處極法。」不久再次下敕，對官吏貪污滿千錢的，即處以死刑；此後，又多次重申。

李炎在位期間做了一件大事，即禁滅佛教，李德裕則在其中起到了很重要的作用。唐自中晚期以來佛教勢力惡性增長，代宗引高僧入宮，禮佛誦經，極為優容，每遇外族入侵，都讓和尚們誦讀《王仁護國經》，一旦僥倖取勝，便大加賞賜；憲宗隆重地迎接佛骨，「王公士庶瞻禮舍施如恐不及，百姓有廢業竭產燒頂灼臂而云供養者，農人多廢冬作奔走京城」；穆宗去咸陽途中向善因寺一次施捨就達百萬之巨。

李炎
唐武宗

長慶四年（824 年）十二月，徐泗觀察使王智興藉口給敬宗祝賀誕辰，獲准在泗州置戒壇，度僧求福。人們為逃避徭役紛紛湧來，只要交二千錢，便可落髮為僧尼，實際上王智興是以此為名，牟取厚利。身為浙西觀察使的李德裕奏呈：「泗州有壇，戶有三丁，必令一人落髮，意欲規避王徭，影庇資產，自正月以來，落髮者無慮數萬。訪泗州壇次，凡髡夫到，人納二千，給牒即回，別無法事。」「若不特行禁止，比至誕節，計江、淮以南失六十萬丁。」敬宗見奏後下詔禁止。不久，僧人又謠傳亳州出現「聖水」，說病人喝了即可痊癒，江南一帶的人們紛紛求取，甚至壅塞了道路，一斗水賣要到三千錢，坑害了不少人。李德裕在關津設卡，勸阻人群，同時奏狀朝廷，說「本因妖僧誑惑，狡計丐錢。昨點兩浙、福建百姓，渡江日三五千人。臣於蒜山已加捉搦，若不絕其根本，絕無益於黎甿。」建議「下本道觀察使令狐楚，速令填塞，以絕妖源」。

李德裕輔政不久，極力建議禁佛，李炎接受建議，開始了大規模的禁佛運動。從會昌二年（842 年）十月起，李炎下令凡違反佛教戒律的僧侶必須還俗，並沒收其財產；限制佛寺僧侶的人數，不得私自剃度，規定僧侶蓄養奴婢的數量，很多寺院被拆毀，大量僧侶被強迫還俗。會昌四年（844 年）二月，李炎下旨「不許供養佛牙」，規定代州五台山及泗州普光寺、終南山五台寺、鳳翔府法門寺等有佛指骨之處，嚴禁供養和瞻仰，如有送錢者，背杖二十；若僧尼在這些地方受施，背杖二十。會昌五年（845 年），禁佛達到高潮，下令僧侶四十歲以下者全部還俗，不久又規定為五十歲以下，後來甚至連五十歲以上沒有度牒者也要還俗，天竺和日本來求法的僧人也要遵此規定。

七月，李炎下旨裁併天下佛寺，各地上州留寺一所，下州則要全部拆廢；長安和洛陽允許保留十寺，每寺僧十人，後又規定各留兩寺，每寺留僧三十人。京師左街留慈恩寺和薦福寺，右街留西明寺和莊嚴寺。拆廢寺院的銅像、鐘磬等所得金、銀、銅一律交付鹽鐵使鑄錢，鐵則交付本州鑄為農器，還俗僧侶放歸本籍充作納稅戶，外國人交歸屬地收管。當年，全國共拆除寺廟四千六百餘所，拆招提、蘭若四萬餘所，還俗僧尼二十六萬餘人，沒收寺院擁有的田畝數千萬頃，還奴婢為納稅戶十五萬

人。另外，對外來的祆教、摩尼教、景教、回教等也採取了相應的廢除措施。此次「滅佛」，沉重打擊了寺院經濟，增加了納稅人口，擴大了國家的經濟來源。

李炎滅佛除緩解社會矛盾外，其中有一個很重要的原因是他尊崇道教。唐自建國以來很長時間是以道教為國教，佛教大規模進入，佛道之爭一直沒有間斷。李炎在做穎王時就喜好道術，即位後更是崇尚有加。在詔調李德裕入朝的同時，他招道士趙歸真等八十一人來朝廷，拜其為師，詢問道術。他將老子的降誕日（二月二十五日）定為降聖節，在宮中設置道場，在大明宮修築望仙台，對道士們所謂長生不老之術和仙丹妙藥十分迷信。這又使李炎在禁佛的道路上格外賣力。

會昌六年（846 年）三月，李炎服食了道士們煉出的丹藥，他以為從此會變成長生不老的仙人，誰想到藥服下後，他頓感不適，繼而狂躁不安，喜怒失常，旬日間喪失了語言能力。二十三日，李炎在長安大明宮駕崩，終年三十三歲。死後諡至道昭肅孝皇帝，廟號武宗，葬於陝西三原之端陵。

韜晦威權的李忱

唐宣宗　大中

847-860

唐朝在穆宗之後經歷了敬宗、文宗、武宗三位兒子輩皇帝之後，皇位竟又鬼使神差地轉回到穆宗之弟、敬、文、武三廟的叔叔手中，在動盪不定、極富變數的晚唐時代，真是什麼事都可能發生。其間充滿着凶險與曲折，也造就出一位傳奇式的人物，即多年韜光養晦、隱沒空門，出山後威柄在握、治術有方的李忱。

唐宣宗李忱像

屢遭磨難
皇叔繼統

元和五年（810年）六月，李忱出生於長安大明宮中，原名李怡，是憲宗的第十三子，穆宗的弟弟，敬宗、文宗、武宗的叔叔。母親鄭氏原是浙西觀察使李錡的愛妾，李錡因謀反被誅，鄭氏被納入宮中。因為鄭氏長得漂亮，被憲宗看中，復被選入後宮，與憲宗生下了李忱，受封光王。

鄭氏雖得憲宗喜愛，但畢竟是位宮女，地位卑微，李忱在諸兄弟中年齡又小，與姪子輩差不多，享受不到像其他諸王那樣的恩寵，也沒有人過多地關注他，所以，從小養成了內斂、寡言的性格。他平時很少講話，經常一個人默默地發愣，不喜歡與人交往。有史籍講他患有嚴重的口吃，看東西時的眼神兒與常人不同，像個癡呆兒；還有的講他是因為小時受到了一次大的驚嚇，遇到宮中行刺，以致變成了這副模樣。但從後來的表現看這些無疑都是假象。

老實甚至癡呆自然經常會受到周圍人的戲弄。一次，文宗在十六宅宴請諸王，席間眾人歡聲笑語，唯獨李忱默不作聲。文宗見此不顧輩分上的長幼，說：「誰能讓光叔開口說話，朕重重有賞！」諸王們一齊轉向他，想盡各種辦法進行調侃，可無論眾人怎樣嘲諷，李忱就像根木頭，始終一言不發。看着他木訥的樣子，文宗笑得前仰後合，眾人也哄笑不止。

在眾人嬉笑之時，潁王、即後來的武宗卻隱約感覺到了什麼，這位小叔居然能面對眾人的嬉戲無動於衷，在任何時間、場合都是那麼一種神情，難道真如眾人所想是那樣愚不可及？可細細觀察，他在讀書學習時並非如此。武宗想來不禁有些寒慄，難道這位小叔癡呆的背後會隱藏着什麼，他是在給人以假象？武宗登基後，這種想法仍揮之不去，而且更為強烈，他預感到留這樣一個人在身邊將非常危險，遲早是個禍害！

於是，種種「意外事故」便頻繁地降臨到李忱身上：和皇帝一起玩馬球時突然從馬背上墜落；在宮中走着走着，突然被什麼東西絆倒，一骨轆

從台階上滾了下去⋯⋯他總是被摔得鼻青臉腫、渾身傷痕；一個大雪紛飛的午後，李忱和諸王陪同天子出遊，眾人在一起狩獵騎射、聚宴暢飲，回宮時天色已晚，大家都醉眼朦朧，沒人注意到，李忱從馬背上跌落下來，昏倒在冰天雪地之中，很快被漫天飄舞的雪花所覆蓋。這回武宗認定李忱是一定回不來了，心中不免暗自慶幸。可誰想第二天一大早，人們竟在十六宅裡看見了他，儘管走起路來一瘸一拐，滿身青腫，他讓人想到了老百姓常說的「命硬」。

武宗在驚詫李忱生命力頑強的同時，深感再不能靠什麼「意外」了，必須採取行動。一天，李忱突然被四名宦官綁架，被捆綁得嚴嚴實實地扔進了宮廁，浸泡在糞尿之中。這時，宦官仇公武跑來對武宗說，要做到萬無一失，必須將其「做掉」，那將一了百了。經過應允，仇公武趕到宮廁，但趁人不注意，他將奄奄一息的李忱偷偷扶上一輛木車，在身上覆上糞土，悄悄地運出了宮。

九死一生的李忱，從此離開了長安，東躲西藏，流落民間⋯⋯關於李忱的這段經歷史籍多有隱諱，一則緣於武宗，二則對李忱來說也並非正面的形象。有人稱李忱隱姓埋名，跋山涉水，一路行至浙江鹽官（今浙江海寧西南）的安國寺落髮為僧，法名瓊俊；也有的說他到了江西宜豐的黃檗寺，隨希運法師習佛，後人在黃檗山建有一座衣鉢塔，稱「皇叔塔」。北宋時蘇軾曾途經此地，有感於李忱的傳奇人生，寫下了「已將世界等微塵，空裡浮花夢裡身。豈為龍顏更分別，只應天眼識天人」的詩句；還有的說他到了新吳（今江西奉新）的百丈禪寺，當時他請教一老僧，老僧在手上寫下「百丈」二字，意為讓他離開宮禁百丈之遠，但他卻理解為讓他到叫作百丈的地方，便一路找到新吳。

宦官仇公武營救李忱，並非出於對李唐宗室的忠誠及心地的善良，而是想將其掌握在手中，成為日後皇權更替時的一枚重要砝碼。而李忱天生愚鈍，又是他們設置傀儡、控制政權最理想的人選。但這回宦官們可想錯了，他們絕對是看走了眼，砝碼倒是得到了，但絕非是個「智障」的窩囊廢，而是一位明達、強勢的高人。會昌六年（846年）春，武宗因

服用丹藥病危，其幾個兒子尚幼，國無儲君，朝野上下人心惶惶。在此緊要關頭，宦官仇公武、馬元贄等人簇擁着早已被人遺忘的光王李忱堂而皇之地回到了長安，冊立為「皇太叔」。武宗死，宦官們矯詔將他擁上了皇位。

彰顯真容
從容理政

李忱的回歸及即位令眾人驚詫不已，同時又對這位生性內向、不喜言談的新帝王表示出擔心，他能勝任帝王之職嗎？仇公武、馬元贄等宦官則暗自慶喜，為他們的「遠見卓識」而自鳴得意。但眾人的擔心及宦官的得意則很快被擊破，李忱一反「常態」，表現出一位帝王所應有的從容與果斷，他思路清晰、神色威嚴、決策有力，很快地將政局穩定下來，令朝野刮目相看。宦官們這才明白當初武宗為何不遺餘力地要將其置於死地，但後悔已經來不及了。

李忱上台後的第一件的事便是對武宗乃至穆宗一系進行清洗。在李忱看來，武宗的心實在太狠了，不顧及半點兒叔侄之情，差點兒把他摔死、凍死、熏死、溺死，逼得他隱姓埋名、雲遊四方；而當年父皇憲宗是被穆宗勾結宦官所害，開始了他們一支幾十年的統治。如今，李忱難掩積鬱多年的憤懣、冤屈和仇恨，他逼死了穆宗的生母郭太后，徹底宣告了穆宗一系的終結；在正式執政的第二天，罷免了武宗所依重的宰相李德裕，遠調荊南節度使，再貶涯州，至死也沒再讓他重返朝廷；在此後一年多的時間裡，他將所有李黨成員都貶出了朝廷；全盤否定會昌政治，包括在全國範圍內適當恢復佛教等等。

所有這些，李忱是在感情的驅使下所做出的，但接下來僅僅靠感情就不行了，必須回歸理性，展現出一國之君的風範。李忱也正是這樣做的，而且做得很好，他對先祖太宗非常景仰，推崇其所開創的貞觀盛世，有

志於再創當年的輝煌。登基後不久，他命人將《貞觀政要》書寫在屏風上，經常面對其逐字逐句地閱讀；他命翰林學士令狐綯每日朗讀太宗所撰的《金鏡》，聽到重要處，讓停下來，說：「若欲天下太平，當以此言為首要。」

他開始整頓吏治，選拔人才。他將死於「甘露之變」除鄭注、李訓之外的所有官員全部昭雪，他本想用大詩人白居易做宰相，因他十分敬重其才華和人品，喜愛其詩作，但當他下詔時白居易已經去世八個月了。為此，他寫下《弔白居易》深表懷念：「綴玉聯珠六十年，誰教冥路作詩仙。浮雲不系名居易，造化無為子樂天。童子解吟長恨曲，胡兒能唱琵琶篇。文章已滿行人耳，一度思卿一愴然。」大概是出於這份情感，他選用了白居易的堂弟白敏中為相。史籍說他結束了長達數十年的「牛李黨爭」，注重科舉出身的官員，實際上有些牽強。白敏中實為李德裕所薦，但屬於牛僧孺一派，隨着李德裕一派的失勢，大批牛黨成員進入了朝廷。由於李忱具有很強的掌控能力，才使黨爭失去了生長的土壤。

李忱選官非常看重百姓的口碑。一次，他到北苑狩獵遇一樵夫，問其縣籍，答曰涇陽（今陝西涇陽），再問縣官是誰，治政如何？樵夫答是李行言，此人不善通融，甚為固執，曾抓了幾個強盜，與北司的禁軍有關，北司點名要他放人，李行言非但不放，還將幾個強盜殺了。李忱回宮後將李行言的名字寫成貼釘於柱上。不久李行言升任海州（今江蘇連雲港）刺史入朝謝恩，李忱賜其金魚袋和紫衣，這象徵着極大的榮寵。李行言及眾人大惑不解，李忱命人取下貼子，李行言忙跪拜謝恩。

還有一次，李忱到渭水狩獵過一佛祠，見醴泉（今陝西禮泉）的不少鄉親設齋禱祝，祈求任期已滿的縣令李君奭能夠留任，李忱記住了其名字，過後懷州刺史出缺，便告訴宰相將此職授予李君奭。宰相們愕然，不知一個區區縣令怎能博得皇帝的青睞，李君奭入朝謝恩，李忱說出此事，宰相們才恍然大悟。

李忱明白知人善任必須掌握官員們的情況。一天，他對宰相令狐綯說：

「朕想知道文武百官的姓名和官秩。」令狐綯聽後甚感為難，百官人數多如牛毛，天子如何能認得過來？於是如實稟報：「六品以下，官職低微，數目眾多，都由吏部授職，五品以上，才是由宰執提名，然後制詔宣授，各有簿籍及冊命，稱為『具員』。」李忱便命人編了五卷本的《具員御覽》，放在案頭時時翻閱。

李忱的記憶力超群，不僅對官員瞭然於心，而且對宮中負責灑掃的雜役，只要見過一面也都能記得其姓名及所擔負的職責，日後宮中要做什麼事、派什麼活，他便能隨口點出擔負此項雜役的名字，讓宦官和差役們咋舌不已；遇有這些宮人生病，他還派御醫前去醫治，甚至親去探望並賞賜物品。

由於李忱用人得當，上下協力，在位期間勤勉治國、體恤百姓、減少賦稅，社會矛盾緩解，百姓日漸富裕，使衰敗的唐朝呈現中興局面，史稱「大中之治」，有人將之譽為「小貞觀」。據《新唐書》記載：「大中十三年，國庫充足，各種貨物堆積如山，戶部的錢幣多得幾乎無法計算。各州的情況也是如此，有的州積錢甚至多達三百萬緡。」大中三年（849年）二月，河湟地區歸附大唐，自安史之亂以來，河湟地區（今甘肅及青海東部）被吐蕃佔據了近百年，玄宗之後的歷任帝王、尤其是憲宗，都懷有收復河湟之志，但都力不從心。到武宗會昌年間，形勢出現逆轉，吐蕃爆發了大規模內戰，其內政紊亂，人心離散。原本在吐蕃控制之下的秦州、原州、安樂州，以及石門、驛藏、制勝、石峽、木靖、木峽、六盤等「三州七關」一夜之間全部歸降大唐。不足兩年，受吐蕃控制的沙州（今敦煌）軍民，在張義潮的帶領下驅逐其守將，使沙州重歸朝廷。兩地的歸附雖並非出於朝廷的武功，但與李忱遏制藩鎮、結束黨爭、限制宦官而使國運興盛是有直接關係的。

李忱
唐宣宗

目光如炬
律己律人

李忱一朝政局穩定，在很大程度上要歸功於李忱明察秋毫、用法無私，不給巨測之人以可乘之機；同時嚴於律己、強於監管，在朝野樹立起良好的風氣。李忱非常注意節儉，平時在宮中，大都穿洗過的衣服，只有召見大臣時才換上新衣服，有時上朝時也穿舊服，每天的飯菜很簡單。以前皇帝出行，都要先用龍腦和郁金（植物提取物，香料）鋪撒地面，李忱認為此舉太為奢侈，詔令停止。

有個地方曾經獻給李忱一隊歌舞妓，其中有位絕色佳麗被李忱收入後宮格外恩寵，一段時間後他意識到這樣下去可能會重蹈玄宗一朝之覆轍，為了斷絕對這名佳麗的思念，李忱竟用一杯毒酒將其送上了黃泉路。如此極端的行為確實太過分。

李忱的大女兒萬壽公主下嫁給起居郎鄭顥，出嫁時按常例要用銀箔飾車，李忱則下詔改為銅飾，說：「我用儉樸倡導天下，應當從自己的子女做起。」並告誡女兒到夫家要謹守婦道，儉樸持家，不得以皇家貴胄輕視夫族。一次，駙馬的弟弟得了重病，李忱派人去探視，中使回朝，李忱問是否見到公主？答曰公主在慈恩寺觀戲。李忱頓時大怒，把公主叫來訓斥：「小郎有病，為何不去看視，反倒去看戲？成何體統！」公主見父皇發怒，嚇得連忙請罪，保證以後絕不再犯。

李忱的二女兒永福公主，已經選定于綜為駙馬，她自己也很願意這門親事，不久就要下嫁。但在一次和李忱同席吃飯時，因一點兒小事慍氣折斷了筷子，李忱很生氣，說：「你這般性情，怎能嫁到士大夫家做媳婦？」於是當即傳旨，改讓四女兒廣德公主下嫁于綜，永福公主只能眼睜睜地看着自己的未婚夫成了妹妹的郎君。

朝中有個樂工叫羅程，善於演奏琵琶，李忱因通曉音律，很喜歡他。但羅程恃才橫暴，以小事殺人，被捕入獄。其他樂工跪拜於庭向李忱求情：

「羅程負陛下，萬死，然臣等惜其天下絕藝，不得復奉宴游矣！」李忱斷然答道：「汝曹所惜者羅程；朕所惜者高祖、唐宗法。」於是將羅程處以死刑。李忱的舅舅鄭光為節度使，李忱與之討論為政之道，其應對鄙淺，李忱很不高興，隨即免了鄭光的官職。

李忱對臣僚以禮相待，平易近人，但要求起來非常嚴格，他所信任的宰相令狐綯曾說：「我秉政十年，皇上對我非常信任，但是在延英殿奏事時，沒有一次不是汗流浹背。」一次，主管財政的大臣在奏疏中把「漬污帛」（被水浸濕的布帛）中的「漬」寫成了「清」，樞密承旨孫隱中將錯字塗改，李忱拿到奏疏，一眼就看出被塗改過的地方，勃然大怒，下令追查塗改奏疏的人，孫隱中以「擅改奏章」的罪名遭到了處罰。

即位初，李忱賞賜給宦官、左軍中尉馬元贄一條寶玉腰帶，作為對其擁立之功的獎賞。但在幾年後的一次朝會上，李忱發現這條腰帶竟赫然繫在了宰相馬植的腰上。要知道「禁中與外廷暗中交通」是犯有大忌的，李忱當場質問馬植，腰帶是否為馬元贄所送，馬植意識到闖了大禍，只得道出真相。第二天，李忱毫不留情地罷其相位，將其貶出朝廷。

李忱明察善斷，用法無私，但不免剛愎自用。他因武宗而斥李德裕是奸臣，一貶再貶，諫官丁柔上書為之辯解，李忱非常生氣，將丁柔貶為縣尉。宰相令狐綯向李忱推薦四川精通經史、有治國之才的李遠做杭州刺史，李忱看過李遠的詩作，其中有一句「青山不厭千杯酒，長日惟消一盤棋」，便說：「此人終日玩棋取樂，不務正業，如果把一州郡交給他治理，豈不誤了朝廷、負了百姓。」令狐綯忙做解釋，說李遠並非玩世不恭，而是閒居無事，才能無所施展，幾經推薦李忱才同意讓其到杭州試任。李遠到杭州後勤勉政務，整治法紀，將杭州治理得很好。李忱這才意識到憑幾句詩句評價一個人是不足取的。

李忱共有十一子，他不喜歡長子李溫，而喜歡三子李滋，想立其為皇太子，但怕招致臣下的異議，一直沒敢提出此事。裴休任宰相時，奏請早立太子，李忱很不高興，說：「我還沒老，如果立了太子，不是把我當成閒人嗎？」從此臣僚再不敢提及。直到李忱病重，才密囑樞密使王歸

長、馬公儒和宣徽南院使王居方三人，立三子李滋為皇太子。但宦官王宗實、兀原實卻假傳聖旨，立鄆王李溫為皇太子，並以矯詔不法的罪名將王歸長、馬公儒、王居方三人處死。

李忱晚年，乞求長生不老的想法日增，這按說是與其明察的品質相背離的，但似乎很多帝王都在這一事情上犯糊塗。大中十一年（857年），他派人前往羅浮山迎請道士入宮，尋求長生不老之秘籍。道士告訴他，只要不近女色、不食葷腥、哀樂如一、多施恩德，自然即可長壽。但李忱仍不死心，繼續尋找，最後誤信江湖術士李元伯的謊言，服用其煉製的金石丹藥，結果毒性發作，背上生疽潰爛。大中十三年（859年）八月，李忱死於宮內，享年五十歲，諡聖武獻文孝皇帝，廟號宣宗，葬於陝西涇陽仲山之貞陵。

昏庸無道的李漼

860-874

人常說「事在人為」，其中既包括好事，也包括壞事。唐朝的滅亡，縱然有長期以來積鬱的問題，但經武宗、宣宗兩朝的中興，多少也出現了些轉機。可到了李漼，遊宴無度、任相不明、賞賜無節、貪慕虛榮、崇仰佛法，致使官場風氣日壞，社會矛盾尖銳，各種危機重重，不少地方揭竿而起，敲響了王朝的喪鐘，李漼應當說是唐朝最終的葬送者，儘管其後還經歷了三位皇帝。

唐懿宗李漼像

紈褲繼嗣
癡於享樂

李漼於文宗大和七年（833 年）十一月生於長安光王府，是宣宗做光王時與晁氏所生，是家中的長子，初名溫，受封鄆王。史籍形容他「器度沈厚，形貌瑰偉」、「洞曉音律，猶如天縱」，即長得相貌堂堂，天生擁有藝術細胞，對音律很在行，這大概也是他日後沉湎聲色、貪於玩樂的某種潛能。

宣宗共有十一個兒子，李漼是長子，但宣宗不喜歡他，主要因其貪於玩耍，胸無大志，不思進取，而宣宗是個很有志向的人。這裡要說明一點，宣宗一生命運坎坷，年少藏匿心智，裝呆賣傻，成年後被武宗視為權障，幾欲置於死地，被逼雲遊四方，四處躲匿。作為宣宗之子的李漼在那段日子裡自然不會好過，處事艱難，時時要看別人的冷眼，生活雖不至於太為拮据，但奢華絕對離他很遠。他沉湎聲色的習性應當說是在其父皇稱帝後所養成的。人遭遇磨難而贏得轉機，有的會發憤圖強，抓住機遇；有的人則會貪慕享樂，彌補歲月的不公，李漼無疑屬於後者。當然，這其中不乏宣宗對後宮親疏有異、缺乏對李漼的監管有關。

宣宗喜歡三子夔王李滋，欲立為儲，但他覺得廢長立幼難於服眾，勢必遭致臣下的異議，事情就此拖延了下來。其間臣屬曾提及此事，宣宗都有意岔開。直至大中十三年（859 年）宣宗病重，才感到了事情緊迫，密囑樞密使王歸長等三人，擬立李滋為皇太子。王歸長與宦官、右軍中尉王宗實素來不和，為消除傳嗣的障礙，將其調往淮南監軍。王宗實心生不滿，接到調令後並未赴職，聽到宣宗的死訊，便聯合其他宦官矯詔迎立李漼在宣宗靈柩前即位，次年改元咸通。不久，王歸長等三人因「矯詔罪」被殺，實在是顛倒黑白，此年李漼十八歲。

李漼即位後，其迷戀享樂的秉性一下子迸發出來。整日招呼皇親貴戚、文武百官大擺筵席，幾乎是每日一小宴，三天一大宴，每月要在宮中設宴十幾次，山珍海味，無所不嘗，每次都要喝得酩酊大醉。除了宴飲，他還癡於觀看樂工優伶的演出，幾乎一天不落，就是外出遊幸也是如此。

他在宮中供養的樂工有五百人之多，只要他高興，就會對這些人大加賞賜，動輒就是上千貫錢。在宮中呆膩了，他隨時要到長安郊外的行宮別館行樂，由於來去不定，行宮負責接待的官員隨時要做好準備，美味、佳麗、豪宅等一樣都不能少。陪他玩的諸王，也要常常備好坐騎，以防他隨時招呼外出，弄得大家苦不堪言。史籍講，李漼每次出行，宮內外的扈從多達十餘萬人，費用開支難以計數，成為庫府的一項沉重負擔。晚唐詩人韋莊的一句詩「咸通時代物情奢」，正是對當時情形的寫照。對此，左拾遺劉蛻勸諫，希望聖上能夠以國事為重，向天下展示體恤邊將、關懷臣民的姿態，要減少娛樂，可李漼根本都聽不進去，反將劉蛻貶為華陰令。咸通四年（863年）二月，李漼一時興起，將唐代自高祖的獻陵至宣宗的貞陵共十六座帝陵統統拜謁了一遍，大肆祭奉，前呼後擁，耗費巨大。

與他癡迷享樂形成鮮明對照的，是他任相不明，對朝政放手不管。他即位之初罷免了宰相令狐綯，改任白敏中。白敏中是位老臣，入朝時不慎摔傷，臥病在床，根本無法理政，曾三次遞交辭呈，李漼均不批准。白敏中有病，李漼正好可以藉故不上朝，即便到廷與其他官員議事也是敷衍了事，心不在焉。右補闕王譜說：「白敏中自正月臥病，已有四個月。陛下雖也和其他宰相坐語，但未嘗有到三刻（古代一晝夜為一百刻）的。這樣，陛下哪有閒暇和宰相討論天下大事呢？」李漼聽此很不舒服，將王譜貶為縣令。負責行使封駁權（即審核權）的給事中認為諫官議事不應遭到貶斥，遂按規制將詔令退回，李漼又將此事交宰相復議，宰相懾於李漼的權威，認為王譜不僅是勸諫，還涉及到宰相白敏中，故同意將王譜貶職。

李漼在位期間，共任用了二十一位宰相，大都是些碌碌無為、貪財索賄、為人不堪之輩，咸通初任宰相的杜悰，是德宗朝宰相杜佑之孫、憲宗的駙馬，毫無才幹，尸位素餐，綽號「禿角犀」；咸通五年（862年）任相的路巖拉幫結派，貪污受賄，生活奢靡，其親信邊咸大肆聚斂，至德令陳蟠叟上書，說如果抄了邊咸的家，可供國家兩年的軍費，李漼非但不聽，反將陳蟠叟貶至邊地；路巖和稍後任相的駙馬都尉韋保衡沆瀣一氣，二人「勢動天下」，人稱「牛頭阿旁」，意為像魔鬼一樣「陰惡可畏」；

京城百姓非常憎惡這些貪婪、庸碌的官員，將曹確、楊收、徐商、路巖等幾名宰相姓名編成打油詩：「確確無論事，錢財總被收；商人都不管，貨賂（路）幾時休？」

危機四起
內憂外患

由於李漼沉於享樂，極度奢靡，很快將宣宗中興的成果消耗殆盡；他無心朝政，任用貪庸，王朝的統治出現了前所未有的危機。翰林學士劉允章在《直諫書》中用「國有九破」、「民有八苦」來描繪當時的局勢：「九破」為終年聚兵、蠻夷熾興、權豪奢僭、大將不朝、廣造佛寺、賂賄公行、長吏殘暴、賦役不等、食祿人多和輸稅人少；「八苦」為官吏苛刻、私債征奪、賦稅繁多、所由乞斂、替逃人差科、冤屈不得申理、凍無衣饑無食、病不得醫死不得葬。「國有九破」昭示着王朝難以為繼，「民有八苦」則預示着人民無法生存，只有起來反抗。

大中十三年（859年）十二月，浙東爆發了裘甫領導的民變，揭開了唐末民變的序幕。浙東是富庶地區，是朝廷財政的主要來源地之一，也是軍事部署較為薄弱的地區。裘甫很快攻佔了象山，觀察使鄭祗德派兵鎮壓，被民軍打敗；裘甫進佔郯縣（今浙江嵊縣），開庫府、募壯丁、聚眾數千人；鄭祗德再派兵迎擊，又被打敗；裘甫接連獲勝，聲勢大震，民眾紛紛投奔，發展到三萬多人。裘甫自稱天下都知兵馬使，改元羅平，鑄印天平，以劉暀為謀主，劉慶、劉從簡為偏帥，建立了政權；之後又攻下上虞、余姚、奉化、寧海等縣。

李漼聞訊接受宰相夏侯孜的建議，任命前安南都護王式為浙東觀察使，忠武、義成和淮南諸軍盡歸其指揮。王式到達浙東，分兩路包圍民軍，徵集居留在浙東的吐蕃、回紇人作騎兵，將地方武裝「土團子弟」配備到軍中做嚮導，與民軍作戰。民軍進行抵抗，均告失利，在郯縣與官軍在三日內打了八十三仗，婦女們都被編入軍隊，以瓦礫打擊官軍，終因

寡不敵眾而失敗，裘甫、劉暅、劉慶等人被俘處死；劉從簡帶五百人轉戰大蘭山（今奉化西北），不久也陣亡。此事前後經歷了八個月。

咸通九年（868年），桂林又爆發了龐勳領導徐泗地區戍兵的叛亂。唐與南詔作戰時在徐泗地區招募兩千士兵，八百人戍桂林，說好三年輪換，但六年仍不兌現。士兵們憤怒地殺死都將王仲甫，推舉糧料判官龐勳為首領，自桂林經湖南、浙西、淮南到泗州（今江蘇盱眙），人數達到千餘人，相繼攻下宿州（今安徽宿縣）和徐州，殺死徐泗觀察使崔彥曾，淮、浙及山東、河南南部一帶的農民紛紛響應，至二十餘萬人。反叛軍佔領了淮南、淮北廣大地區，攻下都梁城（今江蘇盱眙北）和淮口，切斷了江淮通往長安的漕運線。

李漼非常驚慌，急派右金吾大將軍康承訓任義成軍節度使和徐州行營都招討使，王晏權、戴可師分別任徐州北面和南面行營招討使，發諸道兵，聯合沙陀、吐谷渾的兵力共十萬人前去鎮壓。反叛軍開始取勝，後不堪朝廷重兵，原投奔反叛軍的豪強、守軍叛離，官軍攻陷徐州城，龐勳在蘄縣（今安徽宿縣南）被官軍包圍，因力量懸殊，與一萬多反叛軍將士身死。此次變亂成為唐末民眾起義的火種，像《新唐書》所言：「唐亡於黃巢，而禍基於桂林。」

國內危機四伏，周邊也不安定。宣宗死後，唐派使者給南詔發去訃告，正巧南詔王豐祐也剛死去，嗣君酋龍藉口唐不弔唁，與唐決裂，自稱皇帝，攻佔播州（今貴州遵義）。當時唐正忙於鎮壓義軍，平定後才應對南詔。此時安南都護李鄠已收復播州，但李鄠曾殺死安南首領杜守澄，安南人憎恨他，暗中引來南詔兵。李漼命鹽州防禦使王寬為安南經略使，安撫安南人。咸通二年（861年），南詔向唐進攻，李漼命前湖南觀察使蔡襲代任安南經略，調許、滑、徐、汴等道兵馬。嶺南西道節度使蔡京生性狡詐，怕蔡襲立功，上書說在安南多留戍兵徒勞無益，不如遣歸本道，結果造成防禦空虛，南詔乘虛進攻，包圍交趾，蔡襲率部奮力抵抗，城陷自盡。南詔又進攻邕州（今廣西南寧），李漼急調義武節度使康承訓出鎮嶺南西道，發荊、襄、洪、鄂四道兵馬。康承訓到邕州後，自恃兵眾不作防備，被南詔兵打得大敗。李漼又命高駢出仟安南都護，

高駢是位名將，赴任後屢敗南詔兵，但監軍李維周與之不和，隱軍功不報，誣告其膽小懼敵。李漼相信，下詔易帥。此時高駢已包圍了交趾，破城在即，派人向朝廷匯報戰況，李漼瞭解了真情，改命高駢仍鎮守安南，並召回了李維周，高駢率部攻下了交趾。李漼下旨在安南設靜海軍，高駢為節度使。與南詔的戰事暫告平息。

貪慕虛榮
崇仰佛教

內憂外患雖使李漼驚心，但並沒有真正觸動他，在他心中根本就沒把變亂和外寇入侵當回事。世人評價他：面對內憂不知其危，遭遇外患不覺其難，用老百姓的話說是個不知死的鬼。

李漼的虛榮心非常強，喜歡那種居高臨下、賞賜臣僚的快感。他賞人官職、賜人錢財常常是興之所至、隨心所欲。伶官李可及，善音律，歌喉高亢寬宏，音辭宛轉曲折，李漼喜愛他，竟封其為威衛將軍。授伶官以朝廷官職，這在唐朝是未有先例的，宰相對此提出意見，他根本不聽。李可及的兒子娶妻，李漼賜其二銀樽酒，說是酒，其實是「金翠」。科舉取士是唐朝入仕的必經之途，凡要為官都需經過考試，禮部在每年春天負責選拔。李漼打破這種規矩，讓自己的親信不需要參加考試，便可直接以「特敕賜及第」的方式授予進士出身，選用官員一時成了他個人的行為。皇帝的敕書代替了禮部的金榜，君主成為士子進第的座主，因皇帝的恩崇而「登龍門」，「禁門就是龍門，聖主永為座主」，成為當時人們嘲諷的話題。

李漼在位未立皇后，獨寵郭淑妃，同時特別溺愛他與郭淑妃所生的同昌公主。公主長大，選韋保衡為駙馬。公主下嫁之日，李漼傾宮中珍玩作為陪送嫁妝，在京師賜給公主一處宅院，門窗均用各種寶石鑲嵌，井欄、藥臼、槽櫃等都為金銀製作，連笊籬箕筐等都是用金縷編織而成；婚床

是用水晶、玳瑁、琉璃等製作的，床腿的雕飾為金龜銀鹿，其他鷓鴣枕、翡翠匣、神絲繡被、玉如意、瑟瑟幙、紋布巾、火蠶綿、九玉釵等均來自異域；公主有一種「澄水帛」，似布但比布細，色亮透明，光可照人，夏日掛在屋中暑氣全無；公主在家用紅琉璃盤盛夜光珠，晚上光明如畫。誰料公主在出嫁的第二年不幸染病身亡，李漼遷怒於御醫，將其中二人處死，滿門入獄。宰相劉瞻為醫官辯解，竟被罷相，與之關係密切的官員數人被貶斥嶺南。李漼為公主舉行了隆重的葬禮，用木料建造了數座殿堂，陪葬品不可勝計，發喪的當天，李漼與郭淑妃親臨延興門送行並慟哭，場面宏大，送葬的隊伍長達二十餘里。

唐朝自武宗滅佛，佛教受到沉重打擊，宣宗即位後，陸續恢復了寺院。李漼時則極崇佛教，廣建佛寺，大造佛像，佈施錢財無數。在他的倡導下，大規模的佛教法會道場空前興盛，現存於世界上最早的印刷品《金剛經》、《陀羅尼經咒》以及從法門寺地宮發現的「捧真身菩薩」和「銀金花雙輪十二環錫仗」等，都是咸通年間的產物。李漼對此並不滿足，又發起了一場大規模的崇佛活動——法門寺迎奉佛骨。咸通十四年（873年）三月，李漼頒布迎奉佛骨的詔書，立即招致群臣的勸諫，但李漼充耳不聞，對大臣們講：「朕能活着見到佛骨，就是死了也無遺憾了！」迎奉佛骨從京師到法門寺，沿途禁軍和兵仗綿延數十里，場面之壯觀，遠遠超出了皇帝主持的祭天大典。佛骨舍利被迎入京城，在宮中供奉三天後，被送到寺院讓百姓瞻仰，虔誠的信眾不惜點燃自己的手臂或在頭頂上燃香奉禮，富豪之家不惜重金舉辦法會，甚至以水銀為池，金玉為樹，請來高僧、戲班；朝廷百官也競相施捨金帛，數量相當可觀。迎奉佛骨持續了相當長的時間，直至僖宗即位才將佛骨送歸法門寺。

李漼迎奉佛骨說是「為百姓祈福」，實際是想給自己帶來福氣，「聖壽萬春」，但具有諷刺意味的是，佛骨迎入京師後的當年六月，李漼染病，七月，「疾大漸」，已無力回天。史人評價：「佛骨才入於應門，龍已泣於蒼野。」咸通十四年（873年）七月十九日，四十一歲的李漼在咸寧殿駕崩，謚昭聖恭惠孝皇帝，廟號懿宗，葬於陝西富平之簡陵。

渾噩癡玩的李儇

唐僖宗

乾符 明
廣 和
中 光啟
文德

874-888

如果說懿宗是個無道昏君，那麼李儇則應加上一個「更」字，更加癡於玩樂。當然也有其客觀原因，他即位時只有十二歲，這樣的年齡生理、心智尚不成熟，不識政務，將他推上皇位，只能大權旁落，受控於人。有賢臣輔政當然幸運，但朝權落入閹宦之手，就只能聽任王朝走向毀滅了。

唐僖宗李儇像

廢長立幼
權落閹宦

李儇生於咸通三年（862年）五月，是懿宗的第五子，初名儼，母親王氏，受封晉王。他幼少時，父皇懿宗專意玩樂，無暇顧及皇子們的教育，李儇便和兄弟們由着性子地玩。由此可見，懿宗不但貽誤了朝政，也敗壞了家風。當然還有一個原因，那就是受宦官們的唆使，在宦官們看來，只要把皇子們哄得高興，便會有賞賜和機會，其中有一個人特別值得關注，那就是後來擅權攬政的宦官田令孜。

咸通十四年（873年）七月，懿宗病重，立誰為嗣便成為朝間各派勢力爭鬥的焦點。懿宗在位期間並未確立中宮，也未立太子，這便使得立儲一事存有着很大的變數；而懿宗昏庸，所用宰相都是些苟且、貪婪之徒，缺乏掌控能力，這又使得傳嗣像晚唐以來一以貫之的那樣，由宦官們來左右。李儇排行第五，按理說是無緣袞冕的，可宦官卻偏偏選中了他，無非是他年幼無知，容易控制。大宦官左、右神策軍中尉劉行深和韓文約矯詔立李儼為皇太子，改名李儇；懿宗駕崩，李儇在百官的簇擁下在父皇的靈柩前即位，立王氏為皇太后，改次年為乾符。

李儇登基時十二歲，歷史上也有不少英主年少即位，展露出很好的心智，但李儇絕非英才，權力實際掌握在有擁立之功的劉行深、韓文約兩名宦官的手中。宰相韋保衡名為託孤大臣，但根本不能主持政事，李儇即位不到兩個月，韋保衡即被貶為賀州刺史，逐出朝廷，不久又令其自殺。此種政治格局很快又被打破，劉、韓兩人的地位被另一位宦官田令孜所取代。

田令孜本姓陳，懿宗時隨義父田某入內侍省做宦官，改為田姓。此人很聰明，讀過不少書，長於心計，很快從一名普通的宦官做到了左監門衛大將軍。李儇在做晉王時，就與田令孜熟悉，對其抱有好感，原因是田令孜能陪着他玩，很會玩。田令孜憑着這層關係，在李儇即位後，對其施加影響，先是將韋保衡貶死，接着將繼任的路巖趕下台，隨後又讓劉

行深和韓文約兩名宦官先後因病致仕，即退休。乾符二年（875 年）正月，田令孜接替韓文約出任右神策軍中尉，成為了宦官的頭面人物，開始能夠決定對朝廷及地方官員的任免、獎懲，可謂威風八面。右補闕蕭瑀只因在上書中涉及了宦官，便被貶為郴州司馬。

李儇稱帝後並沒有實現角色的轉換，仍是一頑童。與當皇子時所不同的，是現在他與同伴們玩得高興時，可以隨意將庫府中的錢財拿來賞賜。此種情況讓群臣們感到心焦，但卻是田令孜等人所求之不得的。每當需要用皇帝的名義發布旨令時，田令孜便帶上李儇喜歡的食物去陪他玩，玩到高興處跟李儇談及政事，李儇便顯得很不耐煩，讓他自己去處理，事情就這樣順利地辦成了。李儇稱田令孜為「阿父」，在尊重之餘有一種很強的依賴感。

李儇很聰明，只是沒用到正經地方。他玩兒什麼往往一學就會，有很高的悟性，什麼鬥雞、賭鵝、騎射、劍槊、法算、音樂、圍棋等等，他幾乎無所不精，特別是打馬球，具有很高的水準。他曾不無得意地對優伶石野豬說：「若在科舉中設擊球科，朕肯定能中得狀元。」石野豬答：「若是遇到堯舜那樣的賢君做禮部侍郎主考的話，恐怕陛下會被責難而落選呢！」李儇聽後笑笑，並未動怒，他倒不是個暴君。

李儇遊戲人生，甚至把朝政也當成遊戲。民變爆發，田令孜感到京師處境危險，便決定安排退路，讓自己的同胞兄弟陳敬瑄及心腹楊師立、牛勖等去四川開闢將來的避難所。在分配四人去處時，李儇想出了個「別出心裁」的法子，讓四人騎馬擊球，獲勝者先挑，結果陳敬瑄先射中，成為西川節度使，楊師立、牛勖依次為東川、山南西道節度使，真是荒唐至極。

變亂逼近
出逃四川

藩鎮割據，截留了大部分地方稅賦；民變頻仍，阻斷了多條物資運輸線，使得朝廷的財政變得異常困難。李儇對此漠不關心，仍是隨心所欲。主管財政的度支楊嚴三番五次地請辭，田令孜始終不答應。為了滿足李儇及皇室的大量支出，田令孜派人沒收了一批長安殷商富賈的家產，有人提出異議，田令孜便指使京兆尹治其罪。此種方法總難於持久，田令孜又以朝廷名義向社會借貸，根據借貸的數量，封給債主一定的空頭職銜，賣官鬻爵。李儇對此毫不知情，也不感興趣。

李儇即位的當年，關東（今潼關以東地區）大旱，赤地千里，百姓無以為生，而地方官為完成稅額及中飽私囊，仍在橫徵暴斂。翰林學士盧攜上書建議停止一切徵調，廣開義倉濟貧，讓百姓度過難關。經過一番爭議，李儇接受了建議，頒詔停徵。但朝廷的府庫早已枯竭，李儇及皇室仍在大肆揮霍；地方藩鎮需要養兵，各級官員利慾熏心，都要向百姓進行搜刮，所以，詔書便成為一紙空文。商州（今河南商縣）刺史王樞不僅沒有減徵，反而壓低糧價，迫使農民多交穀物。農民們憤怒，發生了毆打官吏的事件，當場致死兩人，朝廷非但沒有追究貪官，而是另派刺史前去鎮壓農民，捕殺了三十餘人。

次年發生大面積蝗災，蝗蟲遮天蔽日，所到農田顆粒無收。但朝廷議事，京兆尹楊知至卻大放厥詞：「蝗蟲入京畿後不吃莊稼，紛紛抱荊棘而死。」此無疑是為恭頌李儇的所謂「聖政」而編造出的一派胡言，但無人敢挑明，李儇也不關心此事，只想着他的馬球。

官逼民反，乾薪易燃。乾符元年（874 年）冬，濮州（今河南濮陽東）人王仙芝聚眾數千人，在長垣（今屬河南）造反；冤句（今山東菏澤西南）人黃巢起兵響應，兩支人馬很快聯合，聲威大震，在黃、淮間攻州掠縣，流動作戰，給前來鎮壓的官軍以沉重打擊。

李儇
唐僖宗

變亂爆發後，州縣隱瞞事態，不向朝廷報告；藩鎮為求自保，則坐視不管；農民軍提出「平均」的口號，應者如雲。農民軍迅速壯大，南下進攻浙東，入福建，克廣州，進而回師北上，克潭州，下江陵，直進中原。乾符三年（876年）秋，農民軍已逼近洛陽，這下李儇才感到恐慌，一面調兵遣將對農民軍進行圍追堵截，一面頒詔招安。對此，王仙芝一度產生動搖，農民軍出現裂痕。次年，王仙芝戰敗被殺，黃巢自稱「沖天太保均平大將軍」，改元「王霸」，明確了代唐自立的目標，轉戰黃、淮數年後於廣明元年（880年）再次北上，目標直指長安。

朝廷亂了陣腳，宰相豆盧瑑、崔沆提議立即組織軍隊赴潼關堵截黃巢軍，田令孜深知自己作為神策軍首領有不可推卸的責任，表示願意兼任都指揮制置把截使，即阻截黃巢軍的最高指揮官，立即先派神策軍弓弩手援助潼關。這次，李儇可不敢再置之不理了，他畢竟已經十七歲，嚴酷的現實讓他警醒。面對滿目愁雲的百官，一向不知愁滋味的李儇淚流滿面，他認為神策軍雖由朝廷直接統轄，比藩鎮軍隊可靠，但從未參加過戰鬥，基本上沒有什麼戰鬥力，如果開赴前線根本發揮不了什麼作用。李儇的分析應當說是客觀的，田令孜心裡也清楚，他主張赴潼關禦敵無非是想擺擺樣子，他接過李儇的話，提議讓李儇「幸蜀」，因為他在前早有準備。但宰相們不同意田令孜的意見，認為那樣李儇則完全處於田令孜的控制之下，大家主張固守潼關。

李儇雖玩世不恭，但還是知道丟失社稷意味着什麼，更何況京師奢侈的生活讓他十分留戀，李儇選擇支持宰相們的意見，決定讓田令孜主持固守潼關。當朝廷討論逃守之策時，黃巢軍已攻克洛陽，守將齊克讓退守潼關，官軍精神疲憊，糧草匱缺，士氣低落。齊克讓上書請援，但朝廷的援軍尚未組成。神策軍是皇家禁衛，待遇優厚，極少有征戰的危險，不少富貴子弟便通過各種途徑在神策軍中掛名。他們平時養尊處優，欺壓百姓，聽說要去前線打仗，早嚇得屁滾尿流。當時長安城中設有專門收留孤寡窮苦病人的場所，許多富貴子弟不惜用高價僱傭這些人去做自己的替身。奉命率領先頭部隊的張承范看到這些衣衫不整甚至連兵器都拿不動的「兵士」，頓感心灰意冷，懇請李儇趕快重組援軍。李儇明知

實情，但為安慰張承范，說：「你們儘管先走，援軍隨後就到。」李儇在欺騙張承范的同時也在欺騙着自己。

張承范率部到達華州（今陝西華縣），當地官軍和百姓早已逃之一空，幸好府庫中尚有糧食，士卒才得以每人補充到三天的口糧。到達潼關，張承范命士兵從四處找來百餘名百姓為他們擔水、搬運石頭，為防禦做準備。張承范和齊克讓的軍隊都已斷糧，援軍和糧草遲遲不到，兵士們情緒低落。

廣明元年（880 年）十二月二日，黃巢軍到達潼關，沒進行激烈的對抗，官軍便自行潰散，潼關輕易被佔領。五日，潰逃的官兵回到長安，進城後四處搶掠，已分不清誰是兵誰是賊，城內一片混亂。剛下早朝的官員紛紛藏匿，田令孜見大勢已去，沒有告訴任何朝官，便挑選了數百名神策軍士卒，帶了少數宗室成員，保護着李儇從長安西門在混亂中秘密出逃。此時的李儇已顧不得祖宗的基業和長安城的百姓，猶如喪家之犬。

李儇一行逃到鳳翔，節度使鄭畋希望朝廷將這裡作為據點組織力量收復京師。李儇此時已如驚弓之鳥，怕黃巢軍尾隨而來，不敢久留，決定聽從田令孜的勸諫南下「幸蜀」。臨行前他對鄭畋說，可見機行事，聯絡附近官軍伺機收復長安，至於有多大希望，他十分迷茫。

經過長途跋涉，李儇一行到達興元（今陝西漢中東），稍作休息。一路上風餐露宿，擔驚受怕，李儇及隨從疲憊不堪，幸虧漢陰令李康運來數百馱糧食，才解了燃眉之急。此時，從長安逃出的文武百官也有些追來，使潰散中的朝廷重又集結，這時才想起該向全國頒布詔書，號召各地組織勤王軍收復京師。興元是個小地方，條件很差，李儇不願久住，便讓田令孜派人告知陳敬瑄、楊師立、牛勗等人在四川做好接駕的準備。中和元年（881 年）正月，李儇等人經過一個多月的長途跋涉抵達成都，用川西節度使陳敬瑄的府衙作行宮，憑借川地富庶的條件和藩鎮的供奉，暫時安定了下來。

幾經磨難
氣數當盡

李儇能「幸蜀」，田令孜起了至關重要的作用。他自恃護駕有功，表現得盛氣凌人，對隨行的神策軍行賞，但對當地的軍隊卻不理不睬，形成了不小的矛盾。在一次召集當地軍隊首領的會議上，西川黃頭軍使郭琪表示出不滿，要求給自己的軍隊提高待遇。田令孜沒有正面回答，反問郭琪立過什麼戰功？郭琪侃侃道來：自從山東老家戍邊，參加過與黨項的戰鬥十七次，與契丹的戰鬥十餘次，身上有纍纍傷痕，在與吐谷渾的戰鬥中，曾裹腹再戰等等，弄得田令孜很尷尬。田令孜內心裡憤怒，表面上卻裝得很敬佩郭琪的樣子向其敬酒，暗地裡則使人往郭琪的酒杯中放了毒。

郭琪感到身體不舒服，酒席未散便趕回軍營，經過自行消解，才保住了性命。他深知今後再難以生存，便率部舉行兵變，向李儇臨時的行宮發動攻擊。田令孜等人保護李儇逃到東門城樓上，同時命令陳敬瑄鎮壓，由於力量懸殊，郭琪很快失敗，李儇又逃過了一劫。

李儇逃出長安，田令孜並沒有告訴文武百官，致使很多官員做了黃巢軍的俘虜；李儇躲避郭琪之亂，百官們也不知曉。自入成都，田令孜處置軍國大事，很少讓朝官們參與，對此，朝官們很有意見。左拾遺孟朝圖上書，公開批評宦官的做法，認為李儇兩次避難都不顧及文武百官，讓大家身陷困境，實在不應該，建議李儇對內（宦官）對外（朝官）應一視同仁。當時的奏章都要經田令孜之手上呈，結果孟朝圖在上書的第二天便被貶為嘉州司戶，在赴任途中被害。李儇對孟朝圖貶死根本不知情，完全是由田令孜一手操縱。此時，李儇已近二十歲，開始對自己的處境、對田令孜專權感到不滿，與親信談及時曾涕淚交流，但又無力改變，只能聽任事態的發展。

成都是田令孜胞兄陳敬瑄的轄地，此人專橫跋扈、殘暴欺凌，地方官員經常受到無端的猜疑、迫害。資陽鎮將謝弘就因一點兒小事被活活整死，

邛州牙將阡能擔心遭遇同樣的下場，打起了叛旗，吸收當地百姓參加，很快發展到萬餘人，攻城掠地；羅渾擎、句胡僧、羅夫子、韓求等人也紛紛組織武裝，與阡能呼應，多次打敗陳敬瑄派去鎮壓的官軍。

東川節度使楊師立本是田令孜的親信，但對田、陳的做法不滿，時有牢騷。田令孜為整治異己，以朝廷名義授楊師立為右僕射，實為奪其兵權。楊師立識破了田的陰謀，立即率部向成都開進，聲討陳敬瑄，雙方混戰數月，楊師立敗死，陳敬瑄的部將高仁厚接任東川節度使。

李儇逃離長安的當天，黃巢軍就攻入城內。但他們沒有乘勝追擊逃亡中的小朝廷，也沒有攻打周圍藩鎮。鳳翔節度使鄭畋忠於李儇的囑託，在加強守備的同時與附近節度使聯絡，伺機攻打黃巢。一些曾投降的官軍紛紛反叛。中和元年（881 年）四月，長安周圍的官軍形成對長安的包圍之勢，聯合發動攻擊，黃巢被迫撤離。但各路藩軍進入長安後燒殺搶掠，甚至火併，黃巢乘機再入長安，但仍處於包圍之中。

黃巢軍長期流動作戰，沒有建立起穩固的根據地和缺乏軍需來源，在長安只能控制同（今陝西大荔）、華（今陝西華縣）二州，處境異常艱難。中和二年（882 年）九月，黃巢派駐同州的刺史朱溫叛變，接受官軍的招安，李儇大喜過望，賜其名朱全忠；次年，一度被官軍打擊的李克用父子接受朝廷的召使，再度南下；四月，黃巢被迫撤離長安，於第二年被殺，歷時十年的變亂暫時結束。

這裡要說一下黃巢。他與歷代綠林勢力不同，是個文人，自幼富有志向，但屢試不第，抱負無以施展，開始販賣私鹽，最終扯起了造反大旗。他喜愛賦詩，尤喜詠菊，詩作《不第後賦菊》是舉進士不第後寫的：「待到秋來九月八，我花開後百花殺。沖天香陣透長安，滿城盡帶黃金甲。」另一首「颯颯西風滿院栽，蕊寒香冷蝶難來。他年我若為青帝，報與桃花一處開。」表達出他傲世獨行的心境。

李儇在川蜀避難的四年中，全國形勢發生了重大變化。原藩鎮勢力雖強但並不敢公開對抗朝廷，至少還承認皇帝是天下共主，名分還需得到朝

李儇
唐僖宗

廷的認定。李儇出逃蜀地，朝廷則完全喪失了威信，也失去了對地方的控制。藩鎮在鎮壓義軍中競相擴充實力，相互兼併，形成了一個個軍事集團。藩鎮割據衍化成為軍閥混戰，是當時形勢的一大特點，李唐王朝已名存實亡，成為進入五代十國前的一個過渡。

藩鎮自強，不再繳納貢奉，朝廷財政捉襟見肘。田令孜為了獲取財政來源，欲將原屬國家專賣的安邑（今山西運城東北）、解縣（今山西解州）兩大鹽池收到自己手中，宣佈自任榷鹽使。鹽池原由河中節度使王重榮掌控，其為鎮壓黃巢義軍、收復京城的功臣，非但沒得到朝廷的封賞反被收去鹽稅的徵收權，王重榮感到非常不滿。他多次上書，田令孜派人相勸，王重榮絕不讓步，田令孜便以朝廷名義將其調離河中，他再次上書，指斥田令孜專權誤國，田令孜意識到必須用武力解決了。

當時，李克用正與朱全忠爭雄，邠寧（今陝西彬縣）節度使朱玫和鳳翔節度使李昌符暗中依附朱全忠。田令孜拉攏朱玫和李昌符，請求共同對付王重榮，並許以好處。朱玫、李昌符出兵，與部分神策軍合圍王重榮，王重榮見勢求救於李克用，李克用出於自身利益的考慮決定援助王重榮。聯軍圍攻王重榮月餘不下，李克用兵至，田令孜自知不敵，便向李克用求和。李克用不允，要求朝廷殺死田令孜作為和談的條件。雙方再戰，朱玫、李昌符大敗，李克用兵臨長安城下。光啟元年（885年）十二月二十五日，田令孜再次護送李儇出逃到鳳翔，京師再遭塗炭。

李克用、王重榮派人請李儇回宮，條件是必須殺掉田令孜。田令孜則讓李儇再去興元，準備再次「幸蜀」。李儇經過十幾年的傀儡帝王生涯，早想擺脫田令孜的控制，公開表示要留在鳳翔，他甚至盼着叛軍的到來。但田令孜並不想放棄對李儇的控制，光啟二年（886年）正月初八夜，強行挾持李儇出走，前往寶雞，當時只有宮廷數百衛士跟隨，百官被拋在了鳳翔。

朱玫、李昌符見大勢已去，不願再為田令孜賣力，投降了李克用，並自願作為追擊御駕的先頭部隊。追兵至，田令孜如驚弓之鳥，連夜挾持李儇到散關（今陝西寶雞西南大散嶺上），追兵又到，李儇等人再逃，為

阻止追兵，有人點燃了棧道，一路奔波，李儇於三月十七日到達興元。

在逃竄中，皇室後裔襄王李熅掉隊做了俘虜。朱玫認為不如立其為帝，控制在手中，以壓制天下軍閥。於是威脅原宰相蕭遘等人在長安擁立李熅為帝，改元建貞，遙尊在興元的李儇為太上皇，建立了與李儇相對立的小朝廷。官員們因李儇兩次出逃不願他們的生死，紛紛表示擁戴李熅，並在其小朝廷中任職。

田令孜見此情景，感到李儇已沒有了價值，便將朝權交予了宦官楊復恭，自己去投靠蜀地的胞兄陳敬瑄。這時李儇已沒人搭理，被困在了偏僻的興元，連隨從們吃飯都成為了問題。

朱玫擁立李熅完全是自作主張，李克用、李昌符、王重榮等人對此很不滿。這些人當初對抗朝廷主要是針對田令孜，田令孜已走，他們與朱玫的矛盾便凸顯出來。出於對朱玫的不滿，他們又反過來支持李儇，因為李儇畢竟是正統的帝王。李昌符率先宣佈支持李儇，王重榮給興元送去了貢物，李克用則公開聲討朱玫。這下兒李儇又成為了受人推崇的帝王，光啟二年（886年）十二月，朱玫被部將王行瑜所殺，李熅在逃亡中被王重榮部下俘獲遇害，李熅的小朝廷歷時八個月而終。

形勢好轉，李儇便帶着隨從於光啟三年（887年）三月離開興元，準備返回京師。自田令孜出走，楊復恭控制了朝廷，避難時相安無事，但隨着形勢好轉，爭鬥重又興起。為確立自己的地位，楊復恭黨同伐異，對田令孜餘黨及曾經表示擁立李熅的官員或貶或殺。駐紮在長安的李昌符曾是追趕御駕的首犯，後雖在討伐朱玫時立功，但對楊復恭存有戒心，李儇一行到達鳳翔，李昌符便藉口京師殘破、宮殿需要修復為由阻攔其進入長安。

楊復恭雖代田令孜為左神策軍中尉，但對李昌符之所為無可奈何，李儇一行只得暫住鳳翔。六月，楊復恭之子、神策軍都頭楊守立在行宮中與李昌符發生口角，致使雙方兵士混戰，李儇調解，雙方都不予理會，李儇只得緊閉宮門，聽任事態的發展。結果李昌符失敗，李儇暫時安定下

李儇
唐僖宗

來。逃亡中，唐朝列祖列宗的牌位盡失，李儇感到無顏向祖宗交代，命右僕射、大明宮留守王徽為京兆尹，負責重修皇宮、太廟、重制牌位，為朝廷重返長安做準備，自己仍暫留鳳翔。

文德元年（888年）二月，李儇生病。他怕病死他鄉，命隨從急速回京。此時的長安雖經修復，但仍一派蒼涼，昔日繁華的景象蕩然無存。但就這樣的景象李儇也無力觀覽，他的病情日漸加重。楊復恭主持冊立李儇的七弟壽王李曄為皇太弟，暫執朝政。三月初六李儇在武德殿駕崩，雖十數載顛沛於外，最後好歹算是死在了宮中。李儇死時二十七歲，諡惠聖恭定孝皇帝，廟號僖宗，葬於陝西乾縣之靖陵。

生不逢時的李曄

唐昭宗

龍紀｜大順｜景福｜乾寧｜光化｜天復｜天祐

889-904

當一個朝代臨近「崩盤」時，總讓人感到分外悲涼，儘管李曄很敬業，極力想挽回頹勢，但大廈將傾，他也無能為力，只能哀歎生不逢時。

李曄從很小便經歷動盪，隨皇室顛沛流離，偏安一方，在他的記憶中，更多的是艱辛與苦難，屈辱與擔心，繼位後很希望圖強求變。但是，藩鎮已經完全處於失控狀態，李曄則成為其間爭奪的玩偶，最後身死於叛亂軍閥的劍下。

唐昭宗李曄像

兄終弟及
逐殺宦官

李曄生於懿宗咸通八年（867年）二月，是懿宗的第七子，僖宗的弟弟，初封壽王，名傑。咸通十四年（873年），懿宗斃，宦官殺其年長的諸子，立五子僖宗為帝，時年僖宗十二歲，李曄只有六歲。僖宗年少，朝政全由宦官、神策軍中尉田令孜執掌，自己只是個傀儡。不久，王仙芝、黃巢造反，聚眾數十萬，聲勢浩大。李曄受封開府儀同三司、幽州大都督、幽州盧龍等軍節度、押奚、契丹、管內觀察使等職。黃巢義軍攻入長安後，僖宗出逃成都，李曄東奔西走，始終陪伴在皇兄身邊。

李曄雖與僖宗為一母同胞，但所處的境況有所不同，僖宗年少時形勢相對穩定，父皇失教，僖宗專於玩樂；而李曄從很小便經歷動盪，隨皇室顛沛流離，偏安一方，在他的記憶中，更多的是艱辛與苦難，屈辱與擔心，時時萌發出的是圖強與求變，而這些在他繼位後很明顯地表現出來。

文德元年（888年），僖宗返回長安，經過數年的奔波，很快病倒。群臣議立，因僖宗子幼，大家都主張立皇弟吉王李保為嗣君，唯有宦官楊復恭請立皇弟壽王李傑。因楊復恭勢強，奏請僖宗，此時僖宗已不能講話，略微點了下兒頭算是恩准，於是下詔立李傑為皇太弟，監軍國事。當天，神策軍中尉劉季述率禁兵將李傑迎至少陽院，宰相孔緯、杜讓能帶人叩見，只見其「體貌明粹，饒有英氣，亦皆私慶得人」；次日，僖宗駕崩，遺詔皇太弟嗣位，改名敏；在僖宗靈柩前即位，又改名曄，此年他二十二歲。

李曄繼位後顯示出要重整河山、號令天下、恢復祖業的雄心，史書稱他「攻書好文，尤重儒術，神氣雄俊，有會昌（武宗）之遺風。以先朝威武不振、國命浸微，而尊禮大臣、祥延道術，意在恢張舊業，號令天下。即位之始，中外稱之。」龍紀元年（889年）春，頒詔大赦天下，文武百官加官進爵，以劍南西川節度使、兩川招撫制置使韋昭度為檢校司尉、東都留守；翰林學士承旨、兵部侍郎、知制誥劉崇望同平章政事；刑部

侍郎孫揆為京兆尹。次年二月，割據蔡州的秦宗權被朱全忠執送長安處死。朱全忠即朱溫，黃巢軍的降將，宣武節度使，大順元年（890年）進位檢校太尉、中書令，封東平王。

李曄首先面對的是宦官。晚唐以來歷朝皇帝的承繼，幾乎無一例外由宦官們所左右，李曄從骨子裡對宦官很反感，發誓有朝一日一定要剪除宦官勢力。但他的繼位，又是憑藉宦官楊復恭的相助，其力排眾議，才使他得以加冕，這無疑是一筆很大的感情債。楊復恭憑藉享有擁立之功，握有禁軍大權，豢養多名義子，分任州刺史，執掌兵權，號稱「外宅郎君」；同時領六百多名宦官為養子，作諸道監軍，形成龐大的權力掌控體系。

李曄並未因背負感情債而改變初衷。大順二年（891年）九月，李曄讓楊復恭以大將軍致仕，即退休，楊復恭怒其恩將仇報，稱病不受詔，並殺了前來宣敕的使者。十月，李曄命天威軍使李順節以殺戮使者罪領禁兵討伐楊復恭。李順節原為楊復恭的義子，名胡弘立，李曄收買其賜名李順節，為爭寵，李順節經常打楊復恭的「小報告」，揭發其不法行為。楊復恭的養子、玉山軍使楊守信見來討以兵拒之，雙方對峙於楊宅所在的昌化裡，李曄登上皇宮的安喜樓觀望。楊復恭見李順節所率禁兵勢眾，帶多名義子且戰且退，出通化門逃往漢中。李順節為此而建功，頗受恩寵，變得「恃恩驕橫，出入常以兵自隨」，引得其他宦官的不滿，上奏請除。李曄又讓兩名掌兵的宦官以議事為名召李順節入宮，三人剛坐定準備飲酒，埋伏在堂內的一名將領突然上前，一劍結束了李順節的性命。

頭腦發熱
敗於藩鎮

李曄相繼處死兩名大宦官，顯示出極大勇氣，這是晚唐以來歷朝帝王想為所不敢為的。他開始變得有些不謹慎起來，沒有顧及朝廷的實力，想

用對付宦官的辦法去進一步對付藩鎮，這是草率的。

李克用是當時最大的一支藩鎮勢力，此人為沙陀人，性格彪悍，別號「李鴉兒」，因一目失明，人稱「獨眼龍」。其父朱邪赤心，懿宗賜名李國昌。李克用早年隨父出兵鎮壓龐勛之亂，衝鋒陷陣，稱之「飛虎子」；朱邪赤心出任振武節度使，李克用為雲中守捉使。乾符五年（878年），李克用於雲州發動兵變，殺主將段文楚，自請留後。廣明元年（880年），唐發兵討伐，李克用與其父北逃到韃靼部；次年，朝廷召李克用鎮壓黃巢，他率沙陀、韃靼兵攻入關中，迫使黃巢軍撤出長安，因功授河東節度使；中和四年（885年），又率軍渡河，敗黃巢於中牟，使之一蹶不振；次年，與河中節度使王重榮擊敗盤踞關中的朱玫、李昌符，攻入長安，縱火大掠，僖宗出逃。

大順元年（890年）四月，李克用遣大將安金俊率師攻打雲州（今山西大同）。朱全忠奏請朝廷下令討伐，李曄猶豫不決，宰相杜讓能、劉宗望勸諫不可，但另兩位宰相張浚、孔緯則想借助朱全忠的兵力削弱宦官，力主用兵，因各道的監軍均為宦官。經過一番權衡，李曄採納了張浚等人的意見，下詔革去李克用的官爵，任命張浚為太原四面行營兵馬都統，京兆尹孫揆為副，華州節度使韓建為北面行營招討都虞候、供軍特使；宣武節度使朱全忠、成德軍節度使王鎔、幽州節度使李匡威分別為太原東南面、東面和北面招討使；六月，張浚會諸軍於晉州（今山西臨汾）。李克用派養子李存孝攻打官軍，其驍勇無比，交戰不久即生擒了副都統孫揆，解送至李克用處。李克用想招降孫揆，許以河東副使，孫揆寧死不屈，憤然痛罵，李克用命人鋸殺，孫揆至死罵聲不絕。張浚出城再戰，又敗，最後棄城而逃。大順二年（891年），李曄貶張浚、孔緯，下詔恢復了李克用的全部官爵，使歸晉陽，加授中書令，征討行動徹底宣告失敗。

李茂貞是另一支大的藩鎮勢力，鳳翔節度使。景福元年（892年），李茂貞與邠州的王行瑜、華州的韓建、同州的王行約、秦州的李茂莊等五名節度使相繼上書，說興元楊守亮接納叛臣楊復恭，請求出兵討伐，並

請任命李茂貞為山南招討使。李曄召集朝議，大家都認為李茂貞若得山南招討使，勢力過大，則難以制馭，不可允准。李曄便沒有同意五名節度使的請求，只是頒詔慰諭。

李茂貞得知後暴跳如雷，遂與王行瑜發兵攻取興元，並執意索要山南招討使一職。李曄再次朝議，宰相面面相覷，李曄無奈，只得任命其為招討使。李茂貞見李曄讓步，越加肆無忌憚，率軍攻取漢中，並上表李曄說：「陛下貴為萬乘，不能庇元舅之一身（指李曄的舅父王環被楊復恭所殺）；尊極九州，不能戮復恭一豎。」極盡羞辱。李曄盛怒，但又無能為力。

李茂貞獲取興元後，自請鎮守。景福二年（893 年），李曄改任李茂貞為山南西道節度使，並要其讓出鳳翔節度使，李茂貞不肯，上表言語張狂，詆毀朝政。李曄怒不可遏，命宰相杜讓能將兵出討，杜讓能是位書生，泣諫道：「臣不敢避命不從。但此時情勢與憲宗時代大異，臣恐日後徒受晁錯之誅，也不能免七國之禍！」李曄則不聽勸告，堅持命杜讓能出動軍隊，結果一戰即潰，李茂貞乘勝直抵長安，要求李曄詔殺杜讓能。杜讓能進奏：「臣早知道有今日之事，請陛下犧牲我一人以救社稷。」李曄不忍，處死了西門君遂等三名宦官以應對，聲稱出兵與杜讓能無關，李茂貞執意不肯，不得已，李曄只得賜死杜讓能。十一月，李曄授李茂貞為中書令，進封秦王，兼興元尹、山南西道節度使。從此，李茂貞、王行瑜等節度使恣意妄為，無視朝廷，動輒訓斥李曄，成了大唐的實際主人。

此時，藩鎮間的矛盾凸顯，都想擴充實力，控制朝廷，並進一步問鼎江山。乾寧二年（895 年）初，河中節度使、琅邪郡王王重盈卒，三軍立王重榮之子行軍司馬王珂為留後。但王重盈之子陝州節度使王珙、絳州刺史王瑤舉兵征討，斥王珂為假冒，並非王重榮之子。王珂是李克用的女婿，李克用上奏王重榮有功於國，應讓王珂承襲；而李茂貞、王行瑜、韓建等節度使則支持王珙、王瑤，亦各自上奏，稱王珂螟蛉，意為義子或養子，不宜繼承。李曄則以先應允李克用為由，對李茂貞等人的上奏

沒置可否。五月，李茂貞、王行瑜、韓建各率精兵數千入覲，京師百姓、官吏驚恐萬端。此時李谿為宰相，得李曄信任，另一宰相崔昭緯嫉恨，使人告王行瑜說李谿可能學杜讓能用兵，李茂貞、王行瑜便迫使李曄貶殺李谿和韋昭度，同時合謀廢掉李曄，另立吉王保為帝。李克用見此起兵太原，聲稱要保衛朝廷，討伐三鎮，廢立之謀才得以終止。

七月，李克用舉兵渡河。李茂貞欲挾持李曄到鳳翔，王行瑜則想劫持其到邠州，兩人發生爭執，相互用兵；同州節度使王行實也闖入京師，一時京師大亂。李曄乘亂逃出京城，到終南山，詔諭宗室李知柔任宰相兼京兆尹，傳詔李克用監太原行營兵馬，出兵討伐王行瑜。八月，李克用發兵的前鋒已至渭北，不久進攻邠州，十一月，王行瑜攜家人五百餘人逃至慶州，被部下所殺，乞降；李茂貞聞之懼怕，上表請罪。李曄怕李克用乘機擴展實力，不許進兵，授其太師、中書令，進封晉王，改賜「忠貞平難功臣」，李克用明白李曄的用意，班師太原。

淪為傀儡
死於非命

藩鎮當時完全處於失控狀態，李曄則成為其間爭奪的玩偶。乾寧三年（896 年），朱全忠薦張濬為宰相，李曄欲任命，李克用則上表反對，聲稱張濬若早上為相，他晚上即率軍到宮門，李曄害怕，只得下詔和解。六月，李克用率沙陀兵五萬攻魏州，大掠其六郡，攻陷成安、臨漳等十餘邑；鳳翔李茂貞也絕朝貢，欲謀犯闕，即舉兵入犯朝廷；李曄忙令諸王分守安聖、捧宸、保寧、宣化四郡，以衛近畿。不久，李茂貞率兵進逼京城，覃王周率部抵抗，很快失敗，李茂貞闖入了京師，燒殺擄掠。李克用因去年李曄不許其攻鳳翔而不肯相救，李曄忙向太原告急，自己也準備逃往太原。行至渭北，華州節度使韓建派人勸李曄到華州，李曄應允，授韓建為京畿都指揮、安撫制置等職。李曄到華州，落入了韓建之手。

正當諸藩爭鬥之時，有一個人在靜觀其變，以圖坐享漁翁之利，那人就是朱全忠。朱全忠原名朱溫，碭山（今安徽碭山縣）人，出身貧賤。幼年喪父，母親攜其弟兄三人寄住在蕭縣人劉崇家裡做傭工。朱溫漸漸長大，好逸惡勞，以雄勇自負，鄉人都很討厭他。劉崇因其懶惰經常訓打，劉崇的母親則憐其幼小，常常袒護。一次，朱溫將劉崇家的鍋偷走，劉崇追上，準備施以拳腳，劉母又出來說話，問朱溫：「你都這麼大了，不該再這樣，若不願耕作的話，你能做什麼呢？」朱溫答：「兒平生只會騎射。不如給我弓箭，到深山裡獵些野味。」劉母取了家中的弓箭給他，從此朱溫每日到深山裡追逐野獸，練就了一副好身手。之後，朱溫投身黃巢軍，縱橫沙場，有萬人不敵之勇。

也許跟從小追殺野獸有關，朱溫殘虐成性，殺人如芥，在軍中動輒處死將士，用法嚴苛。每次出戰，若軍隊主帥未歸，士兵一律處斬，稱作「跋隊斬」，故戰無不勝。士兵們不忍酷法，多逃匿，朱溫疲於追捕，下令全軍紋面。其妻張氏聰敏賢惠，時常婉言規勸，對將士進行保護。只可惜張氏紅顏薄命，臨終遺言：「君人中英傑，妾無他慮，惟『戒殺遠色』四字，請君留意。」但朱溫性格使然，根本做不到。黃巢攻入長安，建大齊政權，朱溫任同州防禦使。官軍圍剿，黃巢被迫撤出長安，朱溫降唐，僖宗任命其為左金吾衛大將軍、河中行營副招討使，賜名朱全忠。

李曄貶斥崔昭緯的黨羽宰相崔胤，崔胤暗中與朱全忠交往，請求庇護。朱全忠上表說崔胤不宜去相，李曄害怕得罪朱全忠，便恢復了崔胤的相位。從此朱全忠與崔胤內外勾結在一起，形成不容忽視的力量。

乾寧四年（897年）二月，華州防城將花重武告宗室八王欲謀害韓建，韓建得知，逼李曄下令解散諸王所率的禁軍。韓建隨即囚禁了八王，並以謀逆為名與樞密使劉季述矯詔發兵，將覃王周、延王玿、通王滋等十一王和家屬、侍者，以及李曄所寵信的太子詹事馬道殷、將作監許嚴士等全部殺害，使李曄失去了依靠。

光化元年（898年），韓建聽說朱全忠趕修洛陽，欲迎李曄到東都，於是修復長安，將李曄迎回了京師。光化二年（899年）二月，幽州節度

使劉仁恭驅燕軍十萬進攻山西、河北，陷貝州，大肆殺掠；三月，朱全忠遣大將張存敬援救，大敗燕軍，生擒燕將單可及，劉仁恭父子倖免。朱全忠大敗劉仁恭後，為了進一步擴充勢力，奏請李曄任命其黨羽李罕之為孟州刺史，丁會為澤、潞等節度使；與崔胤合謀，殺害了宰相王摶、樞密使宋道弼、景務修等人，掌控了很大的權力。

李曄回到長安後，終日飲酒消愁，脾氣變得狂躁不安，引得身邊宦官恐懼。一日，李曄在禁苑中打獵大醉而歸，夜間殺死了多名宦官、侍女。左右神策軍中尉劉季述、王仲先挾宰相召百官署狀「廢昏立明」，帶兵突入宮中，逼李曄交出國璽，將其軟禁於東宮，加封大鎖，並假傳李曄之命讓皇太子登基，自為太上皇。

朱全忠意識到這樣將失去對皇權的控制，於是，遣親信蔣玄暉到京師與崔胤共謀迎李曄復位。經過一番準備，天復元年（901 年）春，李曄恢復皇位，劉季述被亂棍打死，皇太子裕被降為德王，崔胤進位司空，對李曄復位有功的宦官韓全海、張彥弘分任神策軍左右中尉。韓全海和張彥弘曾做過鳳翔的監軍，與李茂貞關係密切，李茂貞便通過二人將李曄迎至鳳翔，欲挾天子以令諸侯。此舉招致朱全忠的強烈不滿，天復二年（902 年），朱全忠率大軍圍攻鳳翔，李茂貞迎戰，每戰輒敗，便閉門不出。朱全忠攻取了周圍諸州，鳳翔成為了一座孤城，糧食盡絕，老百姓每日死者千餘，李曄只能在行宮中自磨豆麥以充飢。李茂貞見無出路，只得將李曄交出，斬殺了韓全海等二十餘人，向朱全忠投降。

天復三年（903 年），李曄在朱全忠的挾持下還京，賜朱全忠「回天再造竭忠守正功臣」，並親解玉帶相賜。回到長安，朱全忠馬上大開殺戒，將朝中七八百名宦官全部殺死，並下令斬殺各地擔任監軍的宦官，除河東監軍張承業等少數人得節度使保護外，其餘宦官全部被殺，中晚唐以來朝廷宦官專權的局面隨之結束。左右神策軍和所屬八鎮均歸崔胤統領，依附李茂貞的朝官一律被貶，朝中全換成了朱全忠的黨羽，朱全忠大權獨攬。

崔胤借朱全忠保住了相位，開始培植自己的力量。他徵得李曄同意，募

集精壯兵士六千六百人，作為朝廷衛士，加緊訓練，製造武器。朱全忠聞知，於天祐元年（904年）初密令殺死崔胤，另用裴樞、劉璨等人為宰相。為了更好地控制李曄，朱全忠遣牙將寇彥卿脅迫李曄連同長安的百姓還都洛陽。為了杜絕長安市民對京師的思念，令居民按戶籍遷居，宮室和民居全部被毀，其木料被扔於渭河之中，順流而下，月餘不息，數百年的古都毀於一旦。城內哭聲四起，百姓大罵崔胤是「國賊」，引來朱全忠傾覆社稷，連累眾生。

李曄行至陝州，秘密派人請求西川的王建、淮南的楊行密、河東的李克用起兵相救，李克用、李茂貞、王建、楊行密等人知朱全忠有篡奪之心，相互進行書信往來，欲聯合興兵，以光復唐室為名討伐朱全忠。朱全忠感到李曄雖握於手中，但其仍擁有很強的號召力，決定將其殺死，以絕諸藩之望。於是，密令蔣玄暉見機行事，天祐元年（904年）八月十一日夜，蔣玄暉與左龍武統軍朱友恭、右龍武統軍氏叔琮率兵闖入東都之椒殿院，當時李曄正飲得大醉，聞聲而起，「單衣繞柱走」，被龍武衙官史太追上，一槍刺死。之後，蔣玄暉謊稱李、裴二妃弒逆。朱全忠得知李曄死，假惺惺地痛哭：「奴輩負我，令我受惡名於萬代！」遂斬殺朱友恭等人。李曄終年三十八歲，謚聖穆景文孝皇帝，廟號昭宗，葬於河南顧縣曲家寨之和陵，是唐朝葬於長安地區以外僅有的兩位皇帝之一。

命運悲慘的李柷

唐哀帝　天祐　905-906

李柷與其說是位皇帝，不如說是隻「羔羊」。說其是「羔羊」，一是替他人以及行將滅亡的王朝受過，擔負罪名，有個詞叫「替罪羔羊」；二是任人宰割，是朱全忠手中的一張牌或曰其滅唐建梁過程中的緩衝物，一旦時機成熟或遭遇麻煩，隨時隨地可以將其拋棄或者殺戮，落得悲慘的結局，而他的結局也就是大唐王朝的結局。

唐哀帝李柷像

生於衰亂
命運使然

景福元年（892年）九月三日，李柷出生於皇宮的大內宮，初名祚，是昭宗的第九子，母親何氏時為淑妃，不久後被立為皇后。乾寧四年（897年），李柷受封輝王，此年他不滿五歲；天復三年（903年）二月，他受封開府儀同三司、諸道兵馬元帥，實際上這些是虛銜，照他的年齡根本不可能勝任此職；而身為梁王、檢校太師、中書令的朱全忠為副元帥，真正統領軍隊的權力實際掌握在朱全忠的手中。命運似乎從這時起就將他與朱全忠緊緊地聯繫在一起，始終處於其掌控之下，蒙受種種屈辱，最後慘遭殺戮，儘管他是皇帝。

這裡要說一下李柷名字的讀音《辭海》中念「住」，意為古代的打擊樂，木製，形狀像方形的斗；但「中國歷史紀元表」中特別標明念「處」。

天祐元年（904年），朱全忠挾昭宗及長安百姓至洛陽，為改朝換代做着準備，同時也是在投石問路、打探風聲。李克用、李茂貞、王建等強藩見朱全忠有篡奪之心，「連盟舉義，以興復為辭」，而昭宗「英傑不群」，還有着相當的號召力，朱全忠便動了殺機。八月十一日夜，朱全忠遣親信朱友恭、氏叔宗、蔣玄暉等率龍武軍闖入宮中，殺死昭宗，河東夫人裴貞一和昭儀李漸榮試圖保護，也一同被殺。皇后何氏向蔣玄暉苦苦哀求，願以身侍奉，蔣玄暉頓生淫念，刀下留情。李柷稱帝後立何氏為太后，為其建積善宮，故何氏又稱積善皇太后。

次日早朝，蔣玄暉矯詔立李祚為皇太子，隨即又宣皇太后命，說太子可於昭宗的靈柩前即位，改名李柷。蔣玄暉遣太子家令李能往十六宅向諸王及宗室報喪，並宣佈是裴夫人和李昭儀殺死了昭宗，其罪大惡極，將二人削為庶人。宗室諸王及文武百官心知肚明，但懾於朱全忠等人的淫威，甚至不敢哭出聲來。即位由太常卿王溥為禮儀使，舉行了一個簡單的儀式，李柷就這樣被推入了政治的漩渦，開始了他的帝王生涯，這年他只有十四歲。

忍氣吞聲
提心吊膽

李柷繼位後朝政大權全由朱全忠執掌。他即位後並沒有改元，仍沿用「天祐」的年號，期願老天能佑護大唐的社稷，使其迴光返照，但事與願違，王朝已病入膏肓、危在旦夕。朱全忠對李柷頤指氣使，李柷只能默默地忍受，小心從事，他在這樣尚未成熟的年齡，每天要去應對巨大的心理甚至生死的壓力，其滋味可想而知。他知道朱全忠可以在任何時候、以任何理由廢掉甚至殺掉他，他在朱全忠面前是一隻隨時可以被碾死的螞蟻。

李柷在位，根本無權發布什麼實質性的政令，以他的名義下達的旨敕，全由朱全忠一手操控，「時政出賊臣，哀帝不能制」，他作為皇帝臨朝秉政也往往以各種冠冕堂皇理由被停罷。他所能做的就是順乎朱全忠的心思，提高和鞏固其政治地位和威望，天祐二年（905年）十月，下敕將成德軍改為武順軍，下轄的稿城縣改為稿平，信都為堯都，樂城為樂氏，阜城為漢阜，臨城為房子，全是為了避朱全忠祖父朱信、父親朱誠的名諱。大家知道，避名諱是只有帝王才能享有的權力，朱全忠不顧儀制，冒天下之大不韙，其僭越之心昭然若揭。

李柷忍氣吞聲、逆來順受並未換得朱全忠的絲毫憐憫，相反，朱全忠越加不把他當回事兒，在代唐自立的道路上更加快了腳步。在清除了宦官勢力之後，朱全忠又瞄準了宗室，他要為結束唐朝的統治掃清障礙。天祐二年（905年）二月，朱全忠指使蔣玄暉召集諸王到九曲池大擺筵席，李柷的兄弟德王裕、棣王羽、虔王楔、瓊王祥、沂王㳥、遂王緯、景王祕、祁王祺、雅王禛等九王悉數到場，諸王不知有詐，在宴會上還推杯換盞、哄笑打鬧，個個喝得酩酊大醉，蔣玄暉一聲令下，埋伏在四周的刀斧手一擁而上，將九王全部用繩索勒死。

收拾完宗室，該向朝官開刀了。朱全忠一方面是為了培植自己的勢力，另一方面則要通過殺戮來樹立威望，讓朝野懼怕。然而，就在這國破家

亡之時，那些朝臣們還在勾心鬥角，相互傾軋，都想通過討好朱全忠來獲取利益。可是他們想錯了，朱全忠是個利令智昏之人，全然不顧任何道義上的善惡，任何人在他眼中都不過是被利用的對象，一旦失去價值或對他稍有不恭，即便是原來跟他死心塌地的人，也會揮舞起屠刀。

宰相劉璨自進士及第不滿四年便被朱全忠推上相位，裴樞等宰相自恃資深對其輕慢，劉璨心生忌恨尋機報復。他極力討好朱全忠及其心腹，詆毀裴樞等人，使之遠貶他郡；他開出了一張黑名單，將與之不合的人全列入其中，稱其喜結朋黨、搬弄是非，應盡快清除。朱全忠的謀士李振因屢舉進士不第，對科舉出身的人充滿仇視，他對朱全忠說，唐朝之所以衰敗，全因浮薄士人紊亂朝綱，大王要成就大業，必須要清除這些人。於是，朱全忠將裴樞、獨孤損、崔遠等三十餘名朝官人騙至黃河岸邊的白馬驛全部殺死，投屍於河，是為「白馬之變」。

但那些陷害同僚的奸佞也未落得好下場。天祐二年（905 年）十二月，朱全忠處死了蔣玄暉，這個朱全忠最大的幫兇，在殺昭宗時，惜何皇后的姿色而刀下留情，後與之在積善宮頻繁幽會，幹出苟且之事；二人在歡愛之餘，竟生出要篡政的想法，於是，蔣玄暉說服李柷及諸臣，假借祭南郊來拖延朱全忠禪位的時間。此謀未能逃脫朱全忠的眼線，朱全忠以「玄暉私侍積善宮皇太后何氏，又與柳璨、張廷范為盟誓，求興唐祚」為由將其處斬，當眾焚屍；同時殺死了何皇后，廢其為庶人；不久，柳璨被賜死，太常卿張廷范被五馬分屍，並殺死了其兄弟、同夥不計其數。劉璨在臨刑前悔之陷害他人、喪盡天良，大喊：「負國賊劉璨，該殺該殺！」

被迫禪位
客死曹州

朱全忠此時在受封梁王、任諸道兵馬元帥、太尉、中書令、宣武、宣義、天平、護國等軍節度、觀察處置使等高職之外，又加授為相國、總百揆、

李柷
唐哀帝

進封魏王，「入朝不趨，劍履上殿，贊拜不名，兼備九錫之命」，其地位已經超過了漢初的蕭何和漢末的曹操，可謂威震朝野、大權獨攬，下一步的目標無疑是改朝換代、問鼎皇權。這是晚唐的衰敗為其提供了千載難逢的機會，也是其性格使然，他急切地期盼着這一天的到來。

天祐四年（907 年）正月，李柷遣御史大夫薛貽矩赴大梁（開封）慰問朱全忠，薛貽矩乘機獻禪讓之計，這正好說到了朱全忠的心坎上，朱全忠隨即頷首應允。薛貽矩返回洛陽後，即上奏李柷：「元帥（即朱全忠）同意受禪，陛下應早日卸去身上的重負，即行禪位之禮。」李柷在萬般無奈的情況下，下詔準備於二月舉行傳禪大禮。

三月初，對於李柷以及大唐王朝都是個極度悲傷的日子，李柷詔告群臣，禪皇帝位於朱全忠，遣宰相張文蔚、楊涉率文武百官奉寶綬赴大梁，舉行禪位儀式。朱全忠經過一番假意的推辭之後，接受了禪請，改名朱晃，即皇帝位，建國號梁，改元開平，以開封為國都，史稱「後梁」。歷時二百九十餘年的大唐王朝至此宣告壽終正寢，中國歷史自此進入了五代十國時代，開始了自魏晉南北朝以來又一個分裂割據的時期。李柷是大唐的亡國之君，但似乎並不用過多地去承擔亡國的沉重責任。

李柷遜位後被降為濟陰王，遷於開封以北的曹州（今山東菏澤），被安置在朱全忠的親信氏叔琮的宅第。按理說李柷這下該輕鬆了，他可以遠離政治的爭鬥，默默無聞地去享受「退休」後的生活。但命運似乎注定了他根本離不開政治，即使遜位也擁有着相當的煩惱和憂慮。朱晃建立大梁，實際上只控制了中原的部分地區，並不具備稱霸全國甚至北方地區的實力，強藩李克用、王建、楊行密、李茂貞等仍各自坐擁一方，紛紛打出匡復唐室的旗幟，欲討伐朱晃，其口號和旗幟無疑非常能贏得人心，而其最具殺傷力的無疑是再次擁立李柷，重複唐室，這是朱晃最氣惱也是最擔心的。

朱晃是個窮兇極惡的人，他知道留下李柷遲早是個麻煩，不如索性一不做二不休，除掉這個隱患，至於人性方面的問題，那不是他所考慮的，他這個人根本就沒有這方面的顧及，也不會為此而拖累。天祐五年（後

梁開平二年，908 年）二月二十一日，朱晃用鴆酒毒死了年僅十七歲的李柷，為之上諡號「哀皇帝」，以王禮葬於濟陰縣定陶鄉（今山東定陶縣）之溫陵；後唐明宗李嗣源為李柷改諡昭宣光烈孝皇帝，但廟號景宗並未被採用，故後世稱李柷為唐哀帝或唐昭宣帝。

篡唐建立後梁的朱溫（朱晃）

皇帝也是人

隋唐卷

范捷 著

責任編輯　張俊峰

書籍設計　黃沛盈

出　　版　三聯書店（香港）有限公司
　　　　　香港北角英皇道四九九號北角工業大廈二十樓
　　　　　Joint Publishing（Hong Kong）Co., Ltd.
　　　　　20/F., North Point Industrial Building,
　　　　　499 King's Road, North Point, Hong Kong
香港發行　香港聯合書刊物流有限公司
　　　　　香港新界大埔汀麗路三十六號三字樓
印　　刷　中華商務彩色印刷有限公司
　　　　　香港新界大埔汀麗路三十六號十四字樓
版　　次　二〇一二年九月香港第一版第一次印刷
規　　格　十六開（165mm×260mm）二八八面
國際書號　ISBN 978-962-04-3281-1

頁一一七‧頁一六五‧頁一七七‧頁二二七‧頁二五七‧頁二七九插圖由彭大立繪製。